PARIS EN DÉCEMBRE 1851

ÉTUDE HISTORIQUE

SUR

LE COUP D'ÉTAT

PAR

EUGÈNE TÉNOT

Rédacteur du *Siècle*, auteur de *la Province en décembre 1851*

PARIS

ARMAND LE CHEVALIER, ÉDITEUR

61, RUE DE RICHELIEU, 61

—

1868

AVANT-PROPOS

Il y a deux ans et demi, je publiai le récit des résistances que le Coup d'État du 2 décembre avait rencontrées dans les départements.

En écrivant ce travail sur *la Province en décembre* 1851, je m'étais proposé un double but :

1º Fournir quelques matériaux utiles aux historiens de l'avenir, en racontant des faits importants, qui menaçaient de demeurer oubliés, quoique contemporains ;

2º Détruire par un récit simple, impartial, appuyé sur de fortes preuves, cette légende de la *jacquerie* démagogique de décembre en province, légende qui passait de plus en plus à l'état de fait historique incontesté.

Cette dernière partie de ma tâche, je dois le dire, me te nait particulièrement à cœur. J'avais souffert des accusations odieuses, — assassinats, pillages, viols, incendies — avec lesquelles on essaya de flétrir, en 1852, les républicains des départements qui avaient résisté, les armes à la main, au Coup d'État du 2 décembre, et que les conseils de guerre et les commissions mixtes avaient jetés, par milliers, à Cayenne, en Afrique ou en exil.

Républicain moi-même, — bien que je ne fusse encore alors qu'un adolescent, — j'éprouvais, avec la vive sensibilité de cet âge, une douleur plus forte que je ne saurais l'exprimer, en voyant que personne ne répondait à ces accusations. Que de fois me suis-je senti humilié, navré, en voyant les personnes même qui refusaient d'y croire, réduites à l'impossibilité de répondre par quelque preuve positive à ceux — et Dieu sait s'ils étaient nombreux — qui, de très-bonne foi, répétaient ces récits d'excès révoltants, commis par des bandes de *jacques*, menées au meurtre et au pillage par les *démagogues*, sous prétexte de défendre la Constitution et la République contre le Coup d'État?

Lorsque, douze ans plus tard, diverses circonstances favorables m'eurent mis à même de rechercher et d'établir la vérité sur ces événements, de jeter bas cet entassement de calomnies, d'inventions éhontées, que la majorité du public français avait cru réelles, je pensai que je ferais une œuvre utile en livrant à la publicité le résultat de mes patientes et —j'ai le droit de le dire, — consciencieuses recherches.

L'accueil que firent à ce travail un grand nombre d'hommes, aussi distingués par le caractère que par le talent, me permit de croire que je ne m'étais pas trompé.

On m'a souvent engagé, depuis la publication de *la Province en décembre* 1851, à compléter cette impartiale étude des événements de décembre par le récit du Coup d'État à Paris.

J'ai hésité longtemps, ayant conscience de mon insuffisance en présence d'une tâche aussi ardue.

Une considération me détermine aujourd'hui.

Les années passent. Il y en a tantôt dix-sept écoulées depuis le 2 décembre. Toute une génération a grandi, qui ne sait pas, qui ne peut savoir comment s'est accompli ce Coup d'Etat célèbre, origine du régime sous lequel elle vit.

Où irait-elle puiser la connaissance exacte des faits? Où est le livre honnêtement écrit qui raconte ces événements? Les quelques relations publiées en France, à ce sujet, dans les premiers mois de 1852, sont effrayantes de partialité. Les faits s'y noient dans une masse boueuse de calomnies, de faussetés, d'incidents défigurés, de documents tronqués. Ces récits ne peuvent servir qu'à ceux qui ont le temps et les moyens d'y démêler le réel du faux, en contrôlant soigneusement chaque assertion par l'application d'une saine et rigoureuse critique (1).

J'ai donc résolu de raconter le Coup d'Etat de décembre à Paris. Je n'ai pas la prétention d'écrire une histoire, dans l'acception complète et élevée de ce terme. Je raconte, en simple et modeste narrateur. J'expose les faits; je ne les apprécie, ni ne les juge. Je ne m'occupe donc pas de savoir si le Coup d'État était rendu nécessaire par de hautes considérations de salut public, ou si ses auteurs ont obéi à des mobiles différents; je ne recherche pas davantage si cet acte était ou n'était pas légitime; je ne blâme pas plus que je ne loue les moyens mis en usage pour l'exécuter; je ne controverse pas non plus à propos du plébiscite du 20 décembre : je constate les chiffres et je donne les discours officiels prononcés à cette occasion.

Ma méthode consiste donc à rechercher la vérité des faits, à les présenter autant que possible sous leur vrai jour, à ne rien avancer que sur des preuves sérieuses, à ne citer que des documents exacts, sans me préoccuper aucunement des conséquences qu'en pourra tirer le lecteur et des jugements qu'il pourra porter.

J'ai prouvé, suffisamment je pense, dans *la Province en décembre*, que je n'étais pas de ceux qui torturent les faits pour les accommoder à une théorie, ou pour les besoins d'une cause. Quand j'ai dû constater des excès commis par des hommes qui faisaient partie des bandes républicaines, non-seulement je l'ai fait consciencieusement, mais je crois avoir forcé les couleurs plutôt que les avoir atténuées.

Je suis persuadé, — bien que beaucoup pensent le con-

(1) C'est ainsi que j'ai procédé moi-même. Ces récits, dont la lecture donne souvent des nausées de dégoût, m'ont servi a établir certains faits que je savais d'autre source, mais qu'il était utile d'appuyer sur le dire d'écrivains admirateurs du 2 décembre, et dont les livres ou brochures avaient paru en France.

traire, — qu'une relation de ce genre, impartiale, vraie, aussi éloignée du pamphlet que de l'apologie, peut se produire sans inconvénients aujourd'hui. Il me semble que ce serait faire une grave injure à un gouvernement fier de son origine, qui se base sur deux plébiscites rendus à d'immenses majorités, qui gouverne depuis plus de seize ans, sans avoir jamais eu à réprimer ni insurrection, ni émeute sérieuse, qui trouve dans le suffrage universel, à chaque élection législative, une majorité compacte et dévouée, qui vient de proclamer lui-même que le moment était venu de couronner l'édifice affermi des institutions de 1852 par des réformes libérales, il me semble, dis-je, que ce serait faire une injure grave à ce gouvernement que de le supposer incapable de souffrir un récit consciencieux et impartial de faits antérieurs au plébiscite du 20 décembre, de faits *absous* (l'expression est de Louis-Napoléon), *absous* par ce plébiscite.

J'ai pu, avant qu'il ne fût question des réformes libérales du 19 janvier, raconter consciencieusement le 2 décembre en province, sans que le pouvoir s'en soit préoccupé le moins du monde ; à plus forte raison suis-je convaincu qu'il ne s'inquiétera pas davantage de me voir appliquer la même méthode historique au récit du 2 décembre à Paris.

Je place ce nouveau travail sous la protection de son aîné.

Un dernier mot, après quoi je débarrasserai le lecteur de ces préliminaires trop personnels, que j'ai cru nécessaires, mais qu'il n'est pas tenu de lire jusqu'au bout s'ils lui paraissent oiseux.

J'avais pensé d'abord qu'il convenait de prendre pour point de départ du récit du 2 décembre à Paris l'ouverture de la session de l'Assemblée législative, le 4 novembre 1851, ouverture suivie de si près par le dépôt de la proposition des questeurs. Réflexion faite, je me suis convaincu que procéder de la sorte aurait été manquer le but que je me proposais. Le lecteur ne verrait pas l'enchaînement des causes qui ont agi pour déterminer cette crise décisive; les faits se poseraient comme une énigme indéchiffrable; je déroulerais sous ses yeux un tableau placé dans une chambre obscure dont j'aurais, comme le singe de la fable, oublié d'allumer la lanterne.

La génération nouvelle, en vue de laquelle j'écris, connaît assez bien la Révolution de 1848 jusqu'aux élections de la Présidence. Il existe de fort bons livres sur cette période. Mais je n'en connais pas où l'on puisse apprendre les événements survenus depuis le 10 décembre 1848 jusqu'au 4 novembre 1851. Or, ce sont ces événements qui ont préparé et amené le Coup d'État.

J'ai donc consacré mon premier chapitre à une analyse succincte de cette période. Forcé de n'en présenter que les traits saillants, il ne m'a pas toujours été possible de le faire, sans que ma façon personnelle de juger ces événements ne se manifestât. Mais, les quelques appréciations qui se sont glissées dans ce premier chapitre ne portent que sur des faits bien antérieurs au 2 décembre, pour lesquels je n'ai pas d'ailleurs les mêmes raisons de m'abstenir de jugement qu'en ce qui concerne le Coup d'Etat lui-même.

EUGÈNE TÉNOT.

Paris, le 14 juillet 1868.

PARIS EN DÉCEMBRE 1851

ÉTUDE HISTORIQUE SUR LE COUP D'ÉTAT

CHAPITRE PREMIER

Avant d'aborder le récit des événements qui bri-

sèrent la Constitution républicaine de 1848, il convient
de dire ce qu'était cette Constitution, par qui et comment elle fut appliquée jusqu'au 2 décembre 1851.

La loi fondamentale de la République, définitivement votée par l'Assemblée constituante, le 4 novembre 1848, fut un compromis entre les aspirations
démocratiques de la France et ses traditions monarchiques. Exploitant avec habileté l'impression produite
par les funestes journées de Juin, les réactionnaires
de l'Assemblée réussirent à introduire le plus de monarchie possible dans la Constitution de la République.
Les préjugés autoritaires d'un certain nombre de républicains contribuèrent aussi, dans une large mesure,
à ce résultat.

Cette Constitution conservait intact tout l'orga-
nisme despotique, édifié par le premier Bonaparte
après le 18 brumaire.

Elle maintenait la centralisation absolue, qui étouffe
toute indépendance, toute vie locale, développe le
fonctionnarisme dans des proportions exorbitantes,
paralyse la libre initiative des citoyens, enlace la
France entière dans les mailles d'un immense filet
dont la corde maîtresse est au ministère de l'intérieur.

Elle confirmait pour l'Église catholique le régime
bâtard du Concordat; le clergé, ennemi de la liberté
démocratique, recevait ainsi de la République des sub-
sides destinés le plus souvent à la combattre.

Elle conservait la magistrature inamovible, choisie
par le pouvoir exécutif, tenue dans sa dépendance par
l'espoir de l'avancement et des distinctions honori-
fiques, composée d'ailleurs d'hommes foncièrement

hostiles à l'affermissement de la démocratie républicaine.

L'institution enfin la plus incompatible avec l'existence d'une libre République, l'armée permanente,
recrutée par la conscription, était maintenue. Cinq
cent mille soldats, n'ayant qu'un dogme : l'obéissance
passive, ne connaissant qu'une loi : l'ordre du chef
hiérarchique, continuaient de camper, en pleine paix,
armés au sein de la nation désarmée.

Ce n'est pas tout. La Constitution de 1848 déléguait
la plénitude du pouvoir exécutif à un Président,
nommé par le suffrage universel. Elle l'investissait de
pouvoirs très-étendus, supérieurs même, à certains
égards, à ceux dont disposent les souverains de plusieurs monarchies parlementaires. Le Président exerçait l'autorité suprême sur les deux grandes forces
organisées, au moyen desquelles on tient la France :
l'armée administrative et l'armée proprement dite, cinq
cent mille fonctionnaires et cinq cent mille soldats. Il
puisait d'ailleurs dans son origine un prestige et une
autorité considérables. Le Président seul était incon-
testablement l'élu de la majorité du peuple. Tandis que
chaque membre de l'Assemblée ne représentait, en
fait, que les quelques milliers d'électeurs qui l'avaient
nommé, le Président recevait son investiture de millions de citoyens.

La Constitution mettait en face du Président une
Assemblée nationale, souveraine en matière de finances, d'impôts et de législation, souveraine aussi —
théoriquement du moins — quant à la direction de la
politique extérieure du pays. En principe, le Président

était subordonné à l'Assemblée nationale. Dans l'esprit de la Constitution, l'Assemblée devait être le cerveau qui pense et ordonne, le Président le bras qui obéit et exécute.

L'éventualité d'un refus d'obéissance du Président aux décisions de l'Assemblée avait été soigneusement prévue par la Constitution. L'Assemblée nationale avait le droit de mettre en accusation le Président et ses ministres, et de les renvoyer devant une haute cour de justice.

Il est vrai que l'Assemblée ne possédait aucun moyen matériel de contraindre un Président rebelle. Elle s'était réservée la force morale qui résulte d'un droit inscrit dans un texte de loi; mais elle s'était dessaisie de toute force matérielle entre les mains du Président de la République.

On avait jugé que le grand principe de la séparation des pouvoirs exigeait qu'il en fût ainsi.

Cette conception malheureuse condamnait la direction de la République à un dualisme fatal; les deux pouvoirs rivaux, ainsi placés au sommet de l'État, devaient tendre naturellement à entrer en conflit. Combien un tel conflit pouvait devenir périlleux pour les institutions nouvelles, si le Président se trouvait être l'héritier d'une ancienne dynastie, suspect à tort ou à raison d'aspirer au trône, pendant que l'Assemblée elle-même ne professerait qu'un médiocre attachement pour la Constitution républicaine?

Ces considérations furent développées avec beaucoup de force, nous dirions volontiers avec une intuition prophétique, par beaucoup de républicains de l'As-

semblée constituante (1). La majorité passa outre.
Elle voulait un « pouvoir fort. »

Malgré les graves défauts qu'on pouvait lui repro-
cher, au point de vue démocratique, la Constitution
de 1848 fut loyalement acceptée par la grande majorité
des républicains.

Elle présentait en effet divers avantages précieux.
Elle instituait le suffrage universel ; elle garantissait
l'essentiel en fait de liberté de presse et de réunion ; elle
imposait une sanction sérieuse à la responsabilité du
Président de la République et des représentants, par
la durée limitée de leur mandat. Le Président n'était
nommé que pour quatre ans et l'Assemblée pour trois.
Nul Président n'était rééligible qu'après un intervalle
de quatre années. La Constitution enfin n'était pas immuable. Chaque Assemblée triennale, parvenue à sa
troisième session, avait le droit de décider la révision
du pacte fondamental et de convoquer une Assemblée
spéciale à cet effet. Une seule restriction, fort sage
d'ailleurs, était imposée à cette faculté. La convocation d'une Assemblée de révision ne pouvait être décidée qu'à la majorité des trois quarts des votants. Une
précaution analogue existe pour l'adoption de toute
modification constitutionnelle aux États-Unis.

Il semblerait que cette Constitution semi-monar-
chique, par la force accordée au pouvoir exécutif, eût
dû rallier sans peine les conservateurs. Il n'en fut
rien. Leur œuvre, dès qu'ils furent en possession du
pouvoir, consista à la démolir pièce à pièce.

(1) Se reporter à la discussion de l'amendement Grevy, et plus tard
de l'amendement Leblond.

L'écueil principal de la Constitution de 1848 était, ainsi que nous avons dit, la probabilité d'un conflit entre l'Assemblée, impuissante matériellement, et un Président ambitieux, investi de la disposition des forces organisées.

Les auteurs du pacte fondamental avaient pensé mettre l'Assemblée à l'abri de toute atteinte de la part du chef du pouvoir exécutif par un moyen bien simple, et qui dénote chez les Constituants de 1848 une robuste confiance dans l'excellence de la nature humaine. Ils avaient donné pour rempart à l'Assemblée nationale deux articles de la Constitution, les articles 68 et 48.

Voici le premier de ces articles :

Art. 68. — « Le Président de la République, les ministres, les agents et dépositaires de l'autorité publique sont responsables, chacun en ce qui le concerne, de tous les actes du gouvernement et de l'administration.

« Toute mesure par laquelle le Président de la République *dissout l'Assemblée nationale, la proroge, ou met obstacle à l'exercice de son mandat*, est UN CRIME DE HAUTE TRAHISON.

« Par ce seul fait, *le Président est déchu de ses fonctions; les citoyens sont tenus de lui refuser obéissance;* le pouvoir exécutif passe de plein droit à l'Assemblée nationale; les juges de la Haute Cour de justice se réunissent immédiatement à peine de forfaiture; ils convoquent les jurés dans le lieu qu'ils désignent, pour procéder au jugement du Président et de ses complices; ils nomment eux-mêmes des magistrats chargés de remplir les fonctions de ministère public.

« Une loi déterminera les autres cas de responsabilité, ainsi que les formes et les conditions de la poursuite. »

Voici maintenant l'article 48 :

Art. 48. — « Avant d'entrer en fonctions, le Président de la République prête, au sein de l'Assemblée nationale, le serment dont la teneur suit :

« En présence de Dieu et devant le peuple français représenté
« par l'Assemblée nationale, je jure de rester fidèle à la Répu-
« blique démocratique, une et indivisible, et de remplir tous les
« devoirs que m'impose la Constitution. »

Pour apprécier l'importance que l'Assemblée constituante attachait à ce dernier article, il est bon de rappeler que le serment politique avait été aboli pour tous les fonctionnaires de la République. Le Président seul était excepté ; lui seul était lié de la sorte : d'autant plus solennel devait être, dans l'esprit des auteurs de la Constitution, l'engagement qui lui était imposé.

On sait que les deux principaux candidats à la présidence de la République furent le général Eugène Cavaignac, chef du pouvoir exécutif depuis le 24 juin 1848, et le prince Louis-Napoléon Bonaparte.

Il n'est pas nécessaire, pour l'objet de ce travail, de s'arrêter sur le premier de ces candidats. Il suffira de dire que, dans l'opinion de beaucoup de personnes éclairées, le général Cavaignac était peut-être l'homme de son temps le plus capable de remplir convenablement le poste de Président, sans qu'il y eût lieu de redouter aucune tentative d'usurpation de sa part.

Le deuxième candidat, le prince Louis-Napoléon Bonaparte, était le neveu de l'Empereur Napoléon Ier, son héritier en vertu du sénatus-consulte de floréal an XII.

Son histoire antérieure à 1848 est assez connue

pour qu'il suffise d'en rappeler les traits saillants.

Tous ses actes, jusqu'à cette époque, n'avaient tendu qu'à un seul but : renouer le pacte que, dans son opinion, le peuple français avait conclu en 1800 et 1804 avec les Bonaparte, pacte que l'invasion étrangère avait brisé en fait, mais non en droit. Ce but, Louis-Napoléon avait tenté deux fois de l'atteindre, à Strasbourg en 1836, à Boulogne en 1840, en provoquant des insurrections militaires. Il semble qu'il eût rêvé, dans les années de sa jeunesse, de renouveler la grande entrevue de 1815, entre les soldats et l'homme des cent batailles, et de réaliser pour lui-même, au moyen des troupes de la monarchie de juillet, un triomphal « retour de l'île d'Elbe. » Ses deux tentatives avaient complétement échoué. Jugé et condamné par la Cour des pairs, après l'affaire de Boulogne, il avait été emprisonné au fort de Ham. Là, il écrivit beaucoup. Ses livres et ses articles de journaux fortement imbus d'idées démocratiques et libérales furent remarqués. Il serait toutefois inexact de dire que ces écrits aient produit une impression de quelque puissance sur l'esprit des contemporains.

On sait que Louis-Napoléon avait réussi à s'évader de Ham, et que la Révolution du 24 février le trouva en Angleterre,

Il accourut à Paris et adressa la lettre suivante au Gouvernement provisoire :

« Paris, le 28 fevrier 1848

« Messieurs,

« Le peuple de Paris ayant détruit, par son héroisme. les der-
« niers vestiges de l'invasion étrangère, j'arrive de l'exil pour

« me ranger sous le drapeau de la République, qu'on vient de
« proclamer.

« Sans autre ambition que celle de servir mon pays, je viens
« annoncer mon arrivée aux membres du Gouvernement provi-
« soire, et les assurer de mon dévouement à la cause qu'ils re-
« présentent, comme de ma sympathie pour leurs personnes.

« Recevez, Messieurs, l'assurance de ces sentiments.

« LOUIS-NAPOLÉON BONAPARTE. »

Malgré cette adhésion spontanée de Louis-Napoléon
à la République, le Gouvernement provisoire ne crut
pas prudent de l'autoriser à séjourner en France, tant
que l'Assemblée nationale n'aurait pas décidé du sort
des anciennes familles régnantes que les lois tenaient
exilées.

Louis-Napoléon retourna en Angleterre.

Il laissait à Paris quelques amis dévoués, qui tra-
vaillèrent avec ardeur à réunir les éléments d'un parti
napoléonien. Des journaux furent créés, des brochures
répandues, tous les moyens de propagande mis en
œuvre pour populariser le nom de Louis-Napoléon.
La prodigieuse influence que le souvenir de l'Empereur exerçait encore sur le peuple des villes et des
campagnes rendait cette tâche facile. Aussi eut-elle
un succès aussi rapide que considérable. Dès les premiers jours de mai jusqu'aux journées de juin, le cri
de « vive Napoléon! » fut souvent le cri dominant
dans les agitations populaires. L'Assemblée nationale
constituante s'en était émue.

Louis-Napoléon lui adressa de Londres la lettre suivante :

« Londres, le 21 mai 1848.

A L'ASSEMBLÉE NATIONALE.

« Citoyens représentants,

« J'apprends, par les journaux du 22, qu'on a proposé, dans
« les bureaux de l'Assemblée, de maintenir contre moi seul la
« loi d'exil qui frappe ma famille depuis 1816. Je viens demander
« aux représentants du peuple pourquoi je mériterais une sem-
« blable peine?

« Serait-ce pour avoir toujours publiquement déclaré que,
« dans mes opinions, la France n'était l'apanage ni d'un homme,
« ni d'une famille, ni d'un parti? Serait-ce parce que, désirant
« faire triompher sans anarchie ni licence le principe de la sou-
« veraineté nationale, qui seule pouvait mettre un terme à nos
« dissensions, j'ai deux fois été victime de mon hostilité contre
« le gouvernement que vous avez renversé?

« Serait-ce pour avoir consenti, par déférence pour le Gou-
« vernement provisoire, à retourner à l'étranger après être ac-
« couru à Paris au premier bruit de la Révolution? Serait-ce,
« enfin, pour avoir refusé, par désintéressement, les candida-
« tures à l'Assemblée qui m'étaient proposées, résolu de ne re-
« tourner en France que lorsque la Constitution serait établie et
« la République affermie?

« Les mêmes raisons qui m'ont fait prendre les armes contre
« le gouvernement de Louis-Philippe, me porteraient, si on ré-
« clamait mes services, à me dévouer à la défense de l'Assem-
« blée, résultat du suffrage universel.

« En présence d'un roi élu par deux cents députés, je pouvais
« me rappeler être l'héritier d'un empire fondé sur l'assenti-
« ment de quatre millions de Français; en présence de la sou-
« veraineté nationale, je ne peux et ne veux revendiquer que
« mes droits de citoyen français, mais ceux-là je les réclamerai
« sans cesse avec l'énergie que donne à un cœur honnête le
« sentiment de n'avoir jamais démérité de la patrie.

« Recevez, Messieurs, l'assurance de ma haute estime.

« Votre concitoyen,

« NAPOLÉON-LOUIS BONAPARTE. »

Cette lettre, où les déclarations d'adhésion à la République et la reconnaissance des droits de l'Assemblée s'affirment d'une manière si catégorique, ne fut pas sans influence sur le vote par lequel la Constituante abrogea les lois d'exil portées contre la famille Bonaparte.

Dans l'intervalle, Louis-Napoléon fut élu représentant du peuple dans des élections partielles, par les départements de la Charente-Inférieure, de l'Yonne, de la Seine et de la Corse. Il déclina ce mandat. Peu après, il fut réélu par ces quatre départements et par celui de la Meuse. Il accepta et vint prendre place au sein de l'Assemblée constituante, le 26 septembre 1848.

Le discours qu'il prononça à cette occasion est remarquable à divers titres; il ne saurait être omis dans ce travail. Le voici, extrait du *Moniteur officiel :*

« Citoyens représentants, il ne m'est pas permis de garder le silence après les calomnies dont j'ai été l'objet. J'ai besoin d'exposer ici hautement, et dès le premier jour où il m'est donné de siéger parmi vous, les vrais sentiments qui m'animent et qui m'ont toujours animé Après trente-trois années de proscription et d'exil, je retrouve enfin ma patrie et tous mes droits de citoyen ! La République m'a fait ce bonheur, que la République reçoive mon serment de reconnaissance, mon serment de dévouement, et que les généreux compatriotes qui m'ont porté dans cette enceinte soient certains que je m'efforcerai de justifier leurs suffrages, en travaillant avec vous au maintien de la tranquillité, ce premier besoin du pays, et au développement des institutions démocratiques que le peuple a le droit de réclamer.

« Longtemps je n'ai pu consacrer à la France que les méditations de l'exil et de la captivité. Aujourd'hui, la carrière où vous marchez m'est ouverte : recevez-moi dans vos rangs, mes chers collègues, avec le même sentiment d'affectueuse confiance que j'y apporte. Ma conduite, toujours inspirée par le devoir, toujours animée par le respect de la loi, prouvera à l'encontre des passions qui ont essayé de me noircir pour me proscrire encore, que nul ici plus que moi n'est résolu à se dévouer à la défense de l'ordre et à l'affermissement de la République. » •

Deux mois après, Louis-Napoléon était le candidat du « parti de l'ordre » à la présidence de la République.

On sait que les hommes influents des anciens partis monarchiques s'étaient coalisés sous cette dénomination. Ils soutinrent en général la candidature de Louis-Napoléon. La préoccupation toute-puissante en ce moment, au sein de la majorité du pays, était la nécessité de maintenir l'ordre et de sauvegarder la sécurité publique. On était encore sous l'impression des sanglantes journées de juin.

Le manifeste électoral de Louis-Napoléon, daté du 27 novembre 1848, donnait satisfaction à ce sentiment, en même temps qu'il accentuait avec une singulière énergie le caractère strictement constitutionnel et purement républicain de sa candidature. On en jugera par l'extrait suivant de ce manifeste :

« ..... Il ne faut pas qu'il y ait d'équivoque entre vous et moi.

« Je ne suis pas un ambitieux qui rêve tantôt l'empire et la guerre, tantôt l'application de théories subversives. Elevé dans les pays libres à l'école du malheur, je resterai toujours fidèle aux devoirs que m'imposeront vos suffrages et les volontés de l'Assemblée.

« Si j'étais nommé Président, je ne reculerais devant aucun

danger, devant aucun sacrifice pour défendre la société si audacieusement attaquée ; je me dévouerais tout entier, sans arrière-
pensée, à l'affermissement d'une République sage par ses lois,
honnête par ses intentions, grande et forte par ses actes.

« Je mettrais mon honneur à laisser, au bout de quatre ans, à
mon successeur, le pouvoir affermi, la liberté intacte, un progrès réel accompli. »

Les élections présidentielles eurent lieu le 10 décembre 1848. Louis-Napoléon fut élu. Son élection fut due
beaucoup plus au prestige exercé par le nom de Napoléon qu'à l'appui des comités électoraux du « parti
de l'ordre. » Ce fut d'ailleurs une élection sincère,
faite en pleine liberté, contre la validité de laquelle
ne s'éleva jamais aucune réclamation sérieuse.

C'est le 20 décembre que Louis-Napoléon fut ins-
tallé en qualité de Président de la République. La
séance de l'Assemblée nationale dans laquelle s'accomplit cet acte mémorable a sa place marquée dans
notre récit. Le compte rendu suivant est extrait du
Moniteur :

ASSEMBLÉE NATIONALE

Séance du 20 décembre 1848. — Présidence du citoyen Armand Marrast.

LE CITOYEN WALDECK-ROUSSEAU, *rapporteur de la commission
chargée de vérifier les élections du Président de la République.* —
..... Citoyens représentants, les suffrages recueillis sur la surface
de la République doivent être attribués aux divers candidats
désignés, dans la proportion suivante, arrêtée par le travail de
votre commission :

Suffrages exprimés,	7,327,345
Le citoyen Napoléon Bonaparte en a obtenu	5,434,226

Le citoyen Cavaignac,	1,448,107
Le citoyen Ledru-Rollin,	370,119
Le citoyen Raspail,	36,920
Le citoyen Lamartine,	17,910
Le citoyen Changarnier,	4,790
Voix perdues,	12,600

... Citoyens représentants, il y a neuf mois bientôt vous proclamiez sur le seuil de ce palais la République sortie des luttes populaires du 24 février. Aujourd'hui vous imprimez à votre œuvre le sceau de la ratification nationale! Ayez confiance : Dieu protége la France.

..... LE CITOYEN GÉNÉRAL CAVAIGNAC, *chef du pouvoir exécutif.* — Citoyens représentants, j'ai l'honneur d'informer l'Assemblée que MM. les ministres viennent de remettre à l'instant entre mes mains leur démission collective.

Je viens, à mon tour, remettre entre les mains de l'Assemblée les pouvoirs qu'elle avait bien voulu me confier.

L'Assemblée comprendra, mieux que je ne pourrais l'exprimer, quels sont les sentiments de reconnaissance que me laissera le souvenir de sa confiance et de ses bontés pour moi. (Très-bien ! — Longs et vifs applaudissements.)

LE CITOYEN PRÉSIDENT. — L'Assemblée nationale reçoit la démission des pouvoirs, et elle en donne acte. Je mets aux voix maintenant les conclusions de la commission.

(Ces conclusions, mises aux voix, sont adoptées à l'unanimité.)

LE CITOYEN PRÉSIDENT. — L'Assemblée a adopté les conclusions de la commission. En conséquence :

Au nom du peuple français,

Attendu que le citoyen Charles-Louis-Napoléon Bonaparte, né à Paris, remplit les conditions d'éligibilité prescrites par l'article 44 de la Constitution ;

Attendu que, dans le scrutin ouvert sur toute l'étendue du territoire de la République, pour l'élection du Président, il a réuni la majorité absolue des suffrages ;

En vertu des articles 47 et 48 de la Constitution, l'Assemblée nationale le proclame Président de la République française, depuis le présent jour jusqu'au deuxième dimanche du mois de mai 1852.

Aux termes du décret, j'invite le citoyen Président de la République à vouloir bien se transporter à la tribune pour y prêter serment.

(Le citoyen Charles-Louis-Napoléon Bonaparte, Président de la République, monte à la tribune.)

LE CITOYEN PRÉSIDENT DE L'ASSEMBLÉE. — Je vais lire la formule du serment :

« En présence de Dieu et devant le peuple français, représenté par l'Assemblée nationale, je jure de rester fidèle à la République démocratique, une et indivisible, et de remplir tous les devoirs que m'impose la Constitution. »

LE CITOYEN PRÉSIDENT DE LA RÉPUBLIQUE, *levant la main :* — Je le jure !

LE CITOYEN PRÉSIDENT DE L'ASSEMBLÉE. — Nous prenons Dieu et les hommes à témoin du serment qui vient d'être prêté ; l'Assemblée nationale en donne acte, ordonne qu'il sera transcrit au procès-verbal, inséré au *Moniteur*, publié et affiché dans la forme des actes législatifs.

LE CITOYEN PRÉSIDENT DE LA RÉPUBLIQUE. — Je demande la parole.

LE CITOYEN PRÉSIDENT DE L'ASSEMBLÉE. — Vous avez la parole. (Marques générales d'attention.)

LE CITOYEN PRÉSIDENT DE LA RÉPUBLIQUE. — Les suffrages de la nation et le serment que je viens de prêter commandent ma conduite future. Mon devoir est tracé, je le remplirai en homme d'honneur.

Je verrai des ennemis de la patrie dans tous ceux qui tenteraient de changer, par des voies illégales, ce que la France entière a établi. (Très-bien ! très-bien !)

Entre vous et moi, citoyens représentants, il ne saurait y avoir de véritables dissentiments ; nos volontés sont les mêmes.

Je veux, comme vous, rasseoir la société sur ses bases, affermir les institutions démocratiques et rechercher tous les moyens propres à soulager les maux de ce peuple généreux et intelligent qui vient de me donner un témoignage si éclatant de sa confiance. (Très-bien ! très-bien !)

La majorité que j'ai obtenue, non-seulement me pénètre de reconnaissance, mais elle donnera au gouvernement nouveau la force morale sans laquelle il n'y a pas d'autorité.

Avec la paix et l'ordre, notre pays peut se relever, guérir ses plaies, ramener les hommes égarés et calmer les passions.

Animé de cet esprit de conciliation, j'ai appelé près de moi des hommes honnêtes, capables et dévoués au pays, assuré que, malgré les diversités d'origine politique, ils sont d'accord pour concourir avec vous à l'application de la Constitution, au perfectionnement des lois, à la gloire de la République. (Approbation.)

La nouvelle administration, en entrant aux affaires, doit remercier celle qui l'a précédée des efforts qu'elle a faits pour transmettre le pouvoir intact, pour maintenir la tranquillité publique. (Marques d'assentiment.)

La conduite de l'honorable général Cavaignac a été digne de la loyauté de son caractère et de ce sentiment du devoir, qui est la première qualité du chef d'un Etat. (Nouvelle approbation.)

Nous avons, citoyens représentants, une grande mission à remplir : c'est de fonder une République dans l'intérêt de tous, et un gouvernement juste, ferme, qui soit animé d'un sincère amour du progrès, sans être réactionnaire ou utopiste. (Très-bien !)

Soyons les hommes du pays et non les hommes d'un parti, et, Dieu aidant, nous ferons du moins le bien, si nous ne pouvons faire de grandes choses.

(Après ce discours, l'Assemblée entière se lève, et fait entendre à plusieurs reprises le cri de : *Vive la République!* — Le citoyen Louis Bonaparte se rend au banc où le général Cavaignac a été se placer, et ils échangent un serrement de main.)

Au moment où commençait la Présidence de Louis-Napoléon Bonaparte, le courant réactionnaire, qui s'était prononcé, depuis plusieurs mois déjà, contre les hommes et les choses de Février, conservait encore toute sa force.

Cette réaction tenait à bien des causes dont l'examen nous entraînerait trop loin. Nous nous bornerons à quelques brèves indications. Le pays avait été mal préparé à la pratique des institutions républicaines; il n'en avait ni prévu, ni désiré l'avénement; si, le premier moment de surprise passé, la République avait été accueillie avec un entraînement enthousiaste, sincère chez beaucoup de ceux même qui la devaient renier bientôt, ce sentiment, si unanime dans les mois de mars et d'avril, avait peu duré. Les violences des révolutionnaires extrêmes (15 mai), les attaques des socialistes autoritaires contre le principe de la propriété, l'horreur produite par la lamentable lutte de Juin avaient rejeté les masses vers le « grand parti de l'ordre », organisé par les anciens parlementaires royalistes, lesquels s'intitulaient « républicains honnêtes et modérés ». Les moyens d'action de la coalition réactionnaire n'avaient cependant pas toujours été marqués au coin de l'honnêteté et de la modération. Le Comité central du parti, — devenu fameux sous le nom de *Comité de la rue de Poitiers,* — avait dirigé contre les hommes les plus intègres du parti républicain une campagne de pamphlets et de libelles calomnieux, dont le Comité faisait les frais, et qui étaient répandus par des centaines de mille exemplaires.

Les divisions intestines du parti républicain contribuaient d'ailleurs très-largement à faire perdre à ce parti son premier ascendant sur les masses, que le suffrage universel avait rendues souveraines.

Les élections de mai 1849 pour l'Assemblée législative se firent sous cette impression. Leur résultat fut déplorable, au point de vue de l'affermissement de la République. Sur sept cent cinquante représentants, qui composèrent l'Assemblée, plus de cinq cents appartenaient à la coalition réactionnaire. Les orléanistes y étaient en grand nombre ; les légitimistes y exerçaient aussi une influence considérable. A peine comptait-on dans l'Assemblée deux cent vingt ou deux cent trente républicains, de diverses nuances.

Il serait peut-être inexact de dire que la majorité royaliste de la Législative aspirât à un renversement violent des institutions républicaines. Très-disposée à tourner hypocritement la Constitution, elle eût reculé devant une violation brutale. Ce qu'elle voulait, avant tout, c'était garantir, à tout prix, le maintien de l'ordre matériel et des intérêts particuliers de la classe moyenne. Malheureusement une passion funeste dominait cette majorité. Elle avait peur du peuple qui l'avait élue ; elle avait peur de la liberté ; elle avait peur du suffrage universel ; elle avait peur des républicains. L'idée que ceux-ci pourraient, dans quelques années, prendre régulièrement, légalement, la direction des affaires l'épouvantait à l'égal d'une catastrophe irrémédiable.

C'est à ce sentiment qu'il convient surtout d'attribuer les mesures funestes qui soulevèrent contre l'Assemblée législative les ressentiments populaires, et creusèrent l'abîme où elle tomba, entraînant dans sa chute la République et la liberté.

Au début, l'accord fut complet entre Louis-Napoléon et l'Assemblée.

La destruction par la force de la République romaine, la restauration du pouvoir temporel du pape, la répression rigoureuse des tentatives de protestation contre cette expédition de Rome, que les républicains considéraient comme la violation d'un principe inscrit dans le pacte fondamental, furent le premier résultat de cette entente cordiale entre le pouvoir exécutif et la législature.

Il n'est pas sans intérêt de rappeler ici que la première attaque de Rome, le 29 avril 1849, exécutée contrairement aux volontés de l'Assemblée constituante, suspendue après un vote formel de cette Assemblée, avait été reprise, par ordre du Président Louis-Napoléon, dès qu'il avait connu le résultat des élections pour l'Assemblée législative.

La majorité de la nouvelle chambre avait couvert de son vote cet excès de pouvoir. L'essai de protestation de la Montagne, au 13 juin, avait eu pour résultat unique la proscription d'un grand nombre de représentants républicains.

A partir de ce moment, commença ce spectacle inouï d'une République, sous laquelle la qualité de républicain était un motif de suspicion et de persécution. Le gouvernement se livra à une soigneuse épuration des administrations publiques. Tout fonctionnaire suspect de républicanisme fut destitué. On n'a pas encore perdu le souvenir du nombre prodigieux de malheureux instituteurs primaires, qui furent victimes de cette réaction où les rancunes cléricales se mêlaient aux

haines politiques. Les procès de presse se multipliè-
rent. Les journaux démocrates étaient saisis sous
les moindres prétextes, tandis que les feuilles royalistes ou napoléoniennes jouissaient d'une licence
effrénée. La presse persécutée trouva néanmoins dans
le jury, son seul juge aux termes de la Constitution,
une puissante garantie; elle put conserver ainsi, jusqu'au dernier moment, une somme de liberté qu'elle
n'a plus retrouvée. Les accusations de complots ou de
sociétés secrètes, suivies de longs mois de détention
préventive, devinrent pour les républicains chose commune. Les départements furent soumis au régime de
l'état de siége sous des prétextes futiles. Toutes les
lois politiques, votées dans cette période, furent des
monuments de défiance et de restrictions. Toutes les
libertés furent atteintes; il n'en resta que ce qui était
couvert par des prescriptions formelles de la Constitution. Ce furent les coryphées du libéralisme parlementaire, les Thiers, les Berryer, les Barrot, les
Molé, les Montalembert, les Falloux qui menèrent cette
œuvre de réaction insensée. Aveuglement qu'ils devaient cruellement expier plus tard !

Deux incidents qu'il convient de noter se produisirent dans la deuxième moitié de 1849 : le discours de Louis-Napoléon à Ham et son Message
du 31 octobre.

Le Président avait voulu revoir les lieux témoins de
sa captivité. Il y fut reçu avec solennité. C'est en réponse à un toast du maire de Ham qu'il prononça la
mémorable allocution qu'on va lire :

« Monsieur le Maire,

« Je suis profondément ému de la réception affectueuse que je
« reçois de vos concitoyens; mais, croyez-le, si je suis venu à
« Ham, ce n'est pas par orgueil, c'est par reconnaissance. J'a-
« vais à cœur de remercier les habitants de cette ville et des
« environs de toutes les marques de sympathie qu'ils n'ont cessé
« de me donner pendant mes malheurs.

« Aujourd'hui qu'élu par la France entière, je suis devenu le
« chef légitime de cette grande nation, je ne saurais me glori-
« fier d'une captivité qui avait pour cause l'attaque contre un
« gouvernement régulier. Quand on a vu combien les révolu-
« tions les plus justes entraînent de maux après elles, on com-
« prend à peine l'audace d'avoir voulu assumer sur soi la terrible
« responsabilité d'un changement. Je ne me plains donc pas
« d'avoir expié ici, par un emprisonnement de six années, ma té-
« mérité contre les lois de ma patrie, et c'est avec bonheur que,
« dans les lieux mêmes où j'ai souffert, je vous propose un toast
« en l'honneur des hommes qui sont déterminés, malgré leurs
« convictions, à respecter les institutions de leur pays. »

Le Message présidentiel du 31 octobre 1849 fut un
vrai coup de théâtre. Louis-Napoléon congédiait son
ministère et en installait un autre, à l'improviste, sans
qu'il fût possible de découvrir un motif politique de
ce changement.

Le ministère Barrot-Dufaure avait gouverné dans
un accord parfait avec le Président et la majorité de
l'Assemblée législative. Le Message n'expliquait cette
crise ministérielle que par des raisons vagues, inap-
préciables pour l'observateur ignorant des mobiles
secrets qui pouvaient déterminer le Président de la
République.

Voici les passages saillants de ce Message :

« Pour raffermir la République, menacée de tous côtés par

« l'anarchie, pour assurer l'ordre plus efficacement qu'il ne l'a
« été jusqu'à ce jour, pour maintenir à l'extérieur le nom de la
» France à la hauteur de sa renommée, il faut des hommes qui,
« animés d'un dévouement patriotique, comprennent la néces-
« sité d'une direction unique et ferme et d'une politique nette-
« ment formulée, qui ne compromettent le pouvoir par aucune
« irrésolution ; qui soient aussi préoccupés de ma propre res-
« ponsabilité que de la leur, et de l'action que de la parole.

« ..... La France, inquiète parce qu'elle ne voit pas de direc-
« tion, cherche la main, la volonté, le drapeau de l'élu du 10
« décembre..... Tout un système a triomphé au 10 décembre :
« car le nom de Napoléon est, à lui seul, tout un programme.
« Il veut dire, à l'intérieur, ordre, autorité, religion, bien-être
« du peuple ; à l'extérieur, dignité nationale. C'est cette politi-
« que inaugurée par mon élection que je veux faire triompher
« avec l'appui de l'Assemblée et celui du peuple. Je veux être
« digne de la confiance de la nation, en maintenant la Constitu-
« tion que j'ai jurée...

« Relevons donc l'autorité sans inquiéter la vraie liberté.....
« Affermissons la religion sans rien abandonner des conquêtes
« de la Révolution... etc. »

La surprise, disons-nous, fut générale. Le ministère
Barrot-Dufaure avait donné au Président le concours
le plus énergique et le plus dévoué. Ils avaient fait
ensemble l'expédition romaine et les élections pour
l'Assemblée législative ; ils avaient ensemble résisté à
la manifestation parisienne du 13 juin, écrasé l'insurrection lyonnaise, mis plusieurs départements en état
de siége, renvoyé trente-huit représentants républicains
devant la Haute Cour de justice. Ils avaient relevé
l'autorité, affermi la religion, en restaurant le pape
roi, et toutes ces choses avaient été accomplies dans
une harmonie parfaite avec la majorité de l'Assem·
blée législative.

Les contemporains se livrèrent aux commentaires les plus divers sur ce brusque Manifeste. Les noms des nouveaux ministres ne signifiaient absolument rien. C'étaient MM. d'Hautpoul, de Rayneval, Ferdinand Barrot (ne pas confondre avec son frère Odilon), Rouher, Fould, Bineau, Dumas, de Parieu, Des Fossés, tous personnages d'assez mince autorité, en ces temps-là.

On prétendit, entre autres choses, que le renvoi subit du ministère Barrot-Dufaure avait été causé par le refus des principaux membres du cabinet de présenter à l'Assemblée nationale un projet de loi demandant trois millions de suppléments de frais de représentation, en faveur du Président de la République. La Constitution avait fixé son traitement à six cent mille francs par an, et l'Assemblée constituante, peu avant de se séparer, lui avait accordé un crédit de six cent mille autres francs, pour frais de représentation, somme que tous les écrivains napoléoniens ont déclarée « misérable. ». Le Constitutionnel, dirigé alors par le docteur Véron, publia un grand article pour réfuter ces bruits; il affirma que l'ancien ministère avait eu, lui-même, l'intention de proposer à l'Assemblée l'octroi de ce supplément de crédit. M. Dufaure contesta très-vivement, dans un autre journal, l'assertion du Constitutionnel. Cette dernière feuille venait de passer, en ce moment, de l'inspiration de M. Thiers à la dévotion complète aux intérêts de la présidence (1).

(1) Voir, à ce sujet, et pour tout ce qui touche aux bruits dont il est fait mention, les Nouveaux Mémoires du docteur Veron, p, 60. ... 92.

La ligne politique suivie par le Président de la République et ses nouveaux ministres pendant toute la session législative, qui s'ouvrait en ce moment, n'est pas la chose la moins singulière à noter, en présence du langage tenu par Louis-Napoléon dans le Message du 31 octobre. Le Président se borna, comme il avait fait depuis la réunion de l'Assemblée législative, à suivre la majorité, et à gouverner d'accord avec elle, dans toutes les questions importantes, sans montrer, plus qu'il ne l'avait fait jusqu'alors, « la direction, la main, la volonté, le drapeau de l'élu du 10 décembre. »

Pendant ce temps, un phénomène important, qui n'a peut-être pas été suffisamment remarqué, se produisait dans le pays. L'idée républicaine gagnait au sein des populations, en province surtout, infiniment plus de terrain qu'elle n'en avait perdu depuis les premiers mois de 1848.

Les excès rétrogrades de l'Assemblée législative avaient rejeté dans le mouvement démocratique la fraction très-nombreuse et très-influente du parti républicain, qui avait soutenu la politique du général Cavaignac, et qui, après les journées de juin, avait contribué à réagir. L'arrogance du parti prêtre, si puissant dans l'Assemblée législative, devenu intraitable depuis l'expédition romaine, avait stimulé l'esprit voltairien de la bourgeoisie. L'effacement des révolutionnaires extrêmes, joint aux progrès croissants du socialisme libéral — ce qu'on appelle aujourd'hui *Coopération* — sur le socialisme autoritaire, avaient facilité un rapprochement sincère entre toutes les nuances du parti républicain. La résolution, unanime-

ment prise par les démocrates, d'attendre paisiblement les élections générales de 1852, de renoncer à
tout appel à la violence, de se cantonner dans la Constitution, d'user des libertés encore intactes pour éclai-
rer le suffrage universel, propager l'idée républicaine
parmi les paysans, et n'attendre ainsi le triomphe définitif que du jeu régulier des institutions républicaines, cette résolution, disons-nous, en même temps
qu'elle déconcertait les calculs de la réaction, donnait
une force nouvelle à la propagande démocratique. Les
républicains déployaient d'ailleurs tant d'ardeur, une
telle fièvre de prosélytisme, que leur triomphe aux
élections de 1852 ne paraissait plus douteux. Telle
était, du moins, l'opinion de leurs adversaires alarmés,
dès les premiers mois de l'année 1850.

Les élections partielles de mars et d'avril, à Paris
et dans plusieurs départements, furent favorables aux
candidats républicains. A Paris, les diverses nuances
de la démocratie avaient fusionné (1). L'impression
produite par ces élections, qui révélaient quelles puis-
santes racines la République avait jetées déjà dans la
population, fut extrême. A la Bourse, la rente baissa
de 2 fr. 20. Au sein de la majorité royaliste de l'Assemblée, ce fut une alarme folle. On ne se donna pas
même la peine de réfléchir à cette considération si na-

(1) M. Granier de Cassagnac, *Histoire de la chute de Louis-Philippe,
de la République et du rétablissement de l'Empire*, page 127, dit à ce
sujet : « La bourgeoisie parisienne vota la liste tout entière, entraînee
« au dernier moment par le journal qui représente le mieux ses égare-
« ments et ses défaillances ». Une note de M. de Cassagnac nomme ce
journal : c'est *le Siècle*.

turelle, qu'il ne s'agissait, après tout, que d'une défaite partielle; on se crut en péril.

Les conservateurs de l'Assemblée législative, — tant était prédominante leur terreur d'un triomphe légal des républicains en 1852, — ne reculèrent pas devant la pensée de porter la main sur la base même de la Constitution, sur le suffrage universel.

Alors fut préparée la trop fameuse loi du 31 mai 1850, qui, d'un trait de plume, rayait trois millions d'électeurs.

Dans cette circonstance décisive se produisit un fait que l'historien serait coupable de ne pas mettre en lumière. Le Président Louis-Napoléon agit parfaitement d'accord avec la majorité. On a dit qu'il montra une répugnance très-vive en présence de cette proposition de restreindre le suffrage universel. Les faits démentent cette assertion. Le ministère du 31 octobre, ce ministère institué, au dire du Message présidentiel, pour affirmer plus spécialement la responsabilité personnelle du Président de la République, pour montrer la main, la volonté de l'élu du 10 décembre, ce ministère revendiqua l'honneur de présenter, au nom du pouvoir exécutif, la loi qui mutilait le suffrage universel.

M. Baroche, qui était entré ultérieurement dans le cabinet, convoqua au Ministère de l'intérieur, le 3 mai, une commission de dix-sept membres choisis par l'Assemblée parmi les diverses nuances de la droite réactionnaire, pour élaborer d'urgence la nouvelle loi électorale. Il faut reproduire ici les noms de ces préparateurs d'une mesure qui a exercé une influence si décisive sur les destinées de la deuxième République. C'étaient MM. Benoît d'Azy, Berryer, Beugnot, de Broglie, Buffet, de Chasseloup-Laubat, Daru, Léon Faucher, Jules de Lasteyrie, Molé, de Montalembert, de Montebello, Piscatory, de Sèze, le général de Saint-Priest, Thiers et de Vatimesnil.

Le rapport fut lu le 18 mai par M. Léon Faucher ; l'urgence décrétée, et la discussion commença sur-le-champ.

Le ministère et les orateurs de la majorité soutinrent, malgré le bon sens et l'évidence, que leur projet de loi ne violait pas l'article de la Constitution qui garantissait le droit de suffrage, sans conditions de cens, à tout citoyen français âgé de vingt et un ans, jouissant de ses droits civils et politiques. Ils se basaient sur cet argument, digne des plus tristes docteurs de l'école jésuitique, que la loi réglementaire du 15 mars 1848, exigeant pour l'inscription d'un citoyen sur les listes électorales six mois de résidence dans la commune, on pouvait, sans enfreindre le pacte fondamental, exiger *trois années* (pourquoi pas vingt ou trente?) au lieu de six mois.

La majorité emportée par ses passions réactionnaires ne réfléchit à rien, n'écouta rien. Vainement les orateurs républicains lui démontrèrent-ils non-seulement l'inconstitutionalité, mais encore l'absurdité flagrante de ce projet de loi, qui allait priver arbitrairement de leurs droits politiques une multitude de citoyens honorables, que la nature de leurs professions empêchait de résider trois années consécutives dans une même commune ; vainement démontrèrent-

ils que le mode de constatation du domicile — preuve
de trois années d'inscription sur le rôle des imposi-
tions — était un rétablissement indirect du cens électoral, prohibé en termes formels par la Constitution;
vainement multiplièrent-ils les avertissements prophé-
tiques ; la majorité vota la loi.

Cette violation évidente de la Constitution, dans
l'une de ses dispositions fondamentales, transformait
radicalement la situation. Elle introduisait dans le
pays un élément de perturbation profonde, remettait
tout en question, et provoquait la guerre civile à
échéance fixe. Les républicains, en effet, contre
lesquels était dirigé ce coup d'État parlementaire,
laissèrent passer sans résistance matérielle la loi du
31 mai; mais ils ne dissimulèrent pas que si le
suffrage universel n'était pas rétabli avant les élections générales de mai 1852, ils se considéreraient
comme autorisés à revendiquer le droit écrit dans la
Constitution, les armes à la main, s'il le fallait.

En votant la loi du 31 mai, la majorité réactionnaire
pensait avoir garanti l'ordre social contre les anar-
chistes, avoir simplement épuré le suffrage universel,
en en excluant ce que M. Thiers appelait « la vile multitude » ; elle s'était suicidée.

Dès lors alla grandissant, chaque jour, au sein de
cette foule honnête, timide, satisfaite, passionnée pour
la tranquillité, qui compose les trois quarts des classes
moyennes de France, ce mal, dont les contemporains
n'ont pas oublié la prodigieuse intensité, *la peur
de 1852.*

Il est incontestable qu'une multitude de braves gens,

perdant tout sang-froid, affolés par les déclamations furibondes de la presse réactionnaire, crurent, de très-bonne foi, à l'imminence d'un affreux cataclysme social, à la présence au milieu d'eux de hordes de barbares prêts à se ruer sur leurs familles et leurs propriétés.

Il est non moins incontestable que ces épouvantés étaient prêts à acclamer, comme un sauveur, quiconque les délivrerait du « spectre rouge, » de la presse libre, de la tribune, qui avaient causé tout le mal, et écarterait, à quelque prix que ce fût, cette affreuse échéance de 1852.

Cependant, la session législative de 1850 ne s'était pas terminée sans amener quelques froissements entre la majorité et le Président de la République. Les chefs parlementaires de la droite n'avaient pu pardonner à Louis-Napoléon son langage altier du 31 octobre. La docilité, apparente du moins, avec laquelle il s'était prêté à leurs vues, durant toute la session et surtout dans la grande affaire de la loi du 31 mai, n'avait pu les désarmer.

Le supplément de crédit de trois millions pour frais de représentation demandé par le Président ne fut accordé qu'après une discussion pleine d'aigreur, et à la faible majorité de 46 voix sur 662 votants. Peu de jours après, l'appoint fourni par la fraction légitimiste à la gauche républicaine entraîna le rejet d'un projet de loi qui livrait au Président, en l'investissant de la nomination des maires dans toutes les communes, le peu qui subsistait encore de franchises municipales.

Au commencement d'août, l'Assemblée se prorogea

jusqu'au **11** novembre suivant. La rupture était dès lors à peu près consommée entre le Président et la majorité.

Malgré la netteté de ses protestations de respect à la Constitution et de dévouement à la République, Louis-Napoléon passait toujours, aux yeux du plus grand nombre, pour aspirer à l'Empire. On n'admettait pas qu'ayant en main des moyens si puissants de se saisir de la dictature, il pût se défendre de rêver un 18 brumaire.

Les excès de zèle de ses partisans contribuaient d'ailleurs à entretenir ce sentiment de méfiance. Le langage des journaux napoléoniens, — élyséens, comme on disait alors, — était aussi clair que possible. Ils conspuaient journellement la Constitution et demandaient le rétablissement de l'Empire, sous le voile transparent d'une prorogation des pouvoirs présidentiels.

Louis-Napoléon cependant s'était renfermé dans un système de réserve qui ne donnait prise à aucune accusation directe. Son Message du 31 octobre, très-constitutionnel d'ailleurs, n'avait été suivi d'aucun acte qui permit de lui attribuer l'intention positive d'attenter aux droits que l'Assemblée nationale tenait de la Constitution.

Aussi, grande fut l'émotion, lorsque l'on vit, pendant les vacances de l'Assemblée, le Président de la République se départir avec éclat de son attitude circonspecte, et tenir un langage dont la portée menaçante fut comprise par tous les contemporains, bien

que ce langage fût accompagné de protestations
contre l'idée d'un Coup d'État.

C'est durant le cours d'un voyage entrepris dans les
départements que furent prononcées ces allocutions
fameuses. A Lyon, le Président disait :

« Je ne suis pas le représentant d'un parti, mais le représen-
« tant des deux grandes manifestations nationales qui, en 1804
« (établissement du premier Empire) comme en 1848 (vote pour
« la Présidence), ont voulu sauver par l'ordre les grands prin-
« cipes de la Révolution française. Fier de mon origine et de
« mon drapeau, je leur resterai fidèle; je serai tout entier
« au pays, quelque chose qu'il exige de moi, *abnégation ou per-*
« *sévérance.*

« Des bruits de Coup d'État sont peut-être venus jusqu'à
« vous, Messieurs; mais vous n'y avez pas ajouté foi; je vous en
« remercie. Les surprises et les usurpations peuvent être le rêve
« des partis sans appui dans la nation ; mais l'Elu de six mil-
« lions de suffrages exécute les volontés du peuple, il ne les
« trahit pas...

« Mais, d'un autre côté, si des prétentions coupables se ra-
« nimaient et menaçaient de compromettre le repos de la
« France, je saurais les réduire à l'impuissance, en invoquant
« encore la souveraineté du peuple, car *je ne reconnais à per-*
« *sonne le droit de se dire son représentant plus que moi.* »

A Cherbourg, vers la fin de son voyage, faisant allusion aux vœux émis partout de voir commencer de
grandes entreprises de travaux publics, Louis-Napoléon disait :

« Ces résultats tant désirés ne s'obtiendront que si vous me
« donnez le moyen de les accomplir, et ce moyen est tout entier
« dans votre concours à fortifier le pouvoir et à écarter les dan-
« gers de l'avenir.

« Pourquoi l'Empereur, malgré la guerre, a-t-il couvert la

« France de ces travaux impérissables qu'on retrouve à chaque
« pas, et nulle part plus remarquables qu'ici? C'est qu'indé-
« pendamment de son génie, il vint à une époque où la nation,
« fatiguée de révolutions, lui donna *le pouvoir nécessaire* pour
« abattre l'anarchie, combattre les factions, et faire triompher, à
« l'extérieur par la gloire, à l'intérieur par une impulsion vigou-
« reuse, les intérêts généraux du pays. »

On se rendra aisément compte de l'émotion produite
par ces paroles et d'autres analogues, prononcées à
Besançon, à Reims, à Caen, si l'on veut bien remarquer
que Louis-Napoléon, président pour quatre ans, en
vertu de la Constitution républicaine, n'avait pas même
prononcé le nom de la République, de cette République à laquelle il avait spontanément offert, le 26 septembre 1848, son serment de reconnaissance, son serment de dévouement (1); qu'il n'avait pas dit un mot du
respect dû à la Constitution, solennellement jurée par
lui, le 20 décembre; qu'il paraissait enfin oublier totalement le premier magistrat de la République, pour
remettre en scène le prétendant à l'Empire.

Les incidents qui se produisirent peu après, à la
suite de la revue fameuse du 10 octobre 1850, à Satory,
portèrent cette émotion au comble.

Les troupes de l'armée de Paris avaient défilé devant le Président, l'infanterie, en ordre admirable,
mais silencieuse, ainsi que le comportait le règlement
militaire, la cavalerie, au contraire, au signal de quelques-uns de ses chefs, poussant d'immenses acclamations : « Vive Napoléon! vive l'Empereur! »

(1) Voir plus haut le discours de Louis-Napoléon à l'Assemblée
constituante.

Le Président, étonné du silence de l'infanterie, avait pris des informations sur le terrain même ; il en était résulté que le général Neumayer, commandant la première division, consulté par le colonel du 15e léger sur l'opportunité de faire crier ou de laisser crier aux soldats « vive Napoléon ! vive l'Empereur ! » avait répondu en rappelant l'esprit et la lettre du règlement militaire : le silence sous les armes. Quelque étrange que la chose puisse paraître à ceux qui réfléchiront à ce fait, que le cri de « vive l'Empereur ! » était alors un cri séditieux, il est incontestable que le général Neumayer fut privé de son commandement par le Président de la République, pour avoir empêché ces cris inconstitutionnels, en rappelant aux colonels sous ses ordres les prescriptions du règlement militaire (1).

Cette destitution causa un véritable scandale. La Commission permanente de l'Assemblée s'en émut, non moins que de quelques incidents dont nous dirons un mot tout à l'heure. On s'étonna du silence du général Changarnier, commandant en chef de l'armée de Paris. La disgrâce du général Neumayer semblait l'atteindre directement lui-même, car nul ne pouvait penser que le général Changarnier se prêtât à une restauration de l'Empire, au profit de Louis-Napoléon. Le 2 novembre, le général Changarnier rompit enfin le silence et fit lire aux corps de troupes placés sous son commandement l'ordre du jour suivant :

(1) Ce que nous disons là n'a jamais été contesté, même par les écrivains bonapartistes les plus notoirement connus pour leur partialité. (Voir *l'Histoire de la chute de Louis-Philippe et de la restauration de l'Empire*, par M. Granier de Cassagnac, IIe volume, pages 196 et 197.)

« Aux termes de la loi, l'armée ne délibère point ; aux termes
« des règlements militaires, elle doit s'abstenir de toute dé-
« monstration et ne proférer aucun cri sous les armes.

« Le général en chef rappelle ces dispositions aux troupes
« placées sous son commandement. »

Le général Neumayer avait été remplacé dans son
commandement dès le 31 octobre.

Pendant que se passaient ces événements, une asso-
ciation bonapartiste, fameuse en ce temps-là, la *Société du Dix Décembre*, remplissait Paris du bruit de ses
exploits. Les membres de la société ne se bornaient pas
à manifester leur enthousiasme pour Louis-Napoléon
par des cris inconstitutionnels ; il leur était arrivé,
maintes fois, de se ruer, à coups de gourdins, sur les
citoyens qui se permettaient, soit de désapprouver
leurs manifestations, soit simplement de ne pas y
prendre part.

La Commission permanente de l'Assemblée eut le
tort de prendre trop au sérieux la Société du Dix Décembre. Une révélation absurde, faite par un agent de
police, fit croire, un instant, à un complot, formé par
quelques individus de cette société, pour assassiner le
général Changarnier et le Président de l'Assemblée,
M. Dupin. La fable était ridicule. La preuve en fut
bientôt faite, et le public en rit aux dépens de la Commission permanente. Ceci se passait peu de jours avant
la reprise des travaux de l'Assemblée nationale.

La session allait se rouvrir au milieu d'une situation
devenue plus que délicate. Les incidents que nous venons de raconter avaient répandu dans les esprits la
conviction qu'un Coup d'État du Président menaçait

l'Assemblée nationale et l'existence même de la République.

D'autre part, les visites faites par un grand nombre de membres de la majorité royaliste aux prétendants des deux branches de la famille de Bourbon faisaient redouter aux républicains quelque complot parlementaire, tendant à une restauration orléaniste ou légitimiste.

Le Message présidentiel du 12 novembre 1850, qui était attendu avec une extrême curiosité, modifia subitement la situation.

Jamais, depuis le solennel serment du 20 décembre 1848, Louis-Napoléon n'avait affirmé avec plus d'énergie, dans un langage plus empreint d'honnêteté et de franchise loyale, son immuable résolution de respecter la Constitution et de demeurer fidèle à l'engagement d'honneur qu'il avait pris.

Le lecteur en jugera par les lignes suivantes :

« J'ai souvent déclaré, disait Louis-Napoléon, lorsque l'occasion s'est offerte d'exprimer publiquement ma pensée, que je considérerais comme de grands coupables ceux qui, par ambition personnelle, compromettraient le peu de stabilité que nous garantit la Constitution. C'est ma conviction profonde ; elle n'a jamais été ébranlée. Les ennemis seuls de la tranquillité publique ont pu dénaturer les plus simples démarches qui naissent de ma position.....

« La règle invariable de ma vie politique sera, dans toutes les circonstances, de faire mon devoir, rien que mon devoir.

« Il est aujourd'hui permis à tout le monde, excepté à moi, de vouloir hâter la révision de notre loi fondamentale. Si la Constitution renferme des vices et des dangers, vous êtes tous libres de les faire ressortir aux yeux du pays. *Moi seul, lié par mon serment*, je me renferme dans les strictes limites qu'elle a tracées.

« ..... L'incertitude de l'avenir fait naître, je le sais, bien des appréhensions en réveillant bien des espérances. Sachons tous faire à la patrie le sacrifice de ces espérances, et ne nous occupons que de ses intérêts. Si, dans cette session, vous votez la révision de la Constitution, une Constituante viendra refaire nos lois fondamentales et régler le sort du pouvoir exécutif. Si vous ne la votez pas, le peuple, en 1852, manifestera solennellement l'expression de sa volonté nouvelle. Mais, quelles que puissent être les solutions de l'avenir, entendons-nous, afin que ce ne soit jamais la passion, la surprise ou la violence qui décident du sort d'une grande nation.....

« Ce qui me préoccupe surtout, soyez-en persuadés, ce n'est pas de savoir qui gouvernera la France en 1852, c'est d'employer le temps dont je dispose, de manière que la transition, quelle qu'elle soit, se fasse sans agitation et sans trouble.

« ..... Je vous ai loyalement ouvert mon cœur. Vous répondrez à ma franchise par votre confiance, à mes bonnes intentions par votre concours, et Dieu fera le reste. »

Ces nobles paroles eurent un retentissement immense. Elles furent accueillies avec une confiance dont le langage des journaux du temps fait encore foi. Qui eût osé douter de la sincérité de sentiments exprimés en de pareils termes?

Les incidents survenus pendant la prorogation furent presque oubliés. Une sorte de transaction amiable, — la retraite du ministre de la guerre comme compensation du déplacement du général Neumayer, — parut avoir mis fin à l'affaire de la revue de Satory. Jusqu'au mois de janvier 1851, la bonne harmonie sembla tout à fait rétablie entre le Président de la République et les chefs de la majorité de l'Assemblée.

Le 2 janvier, un journal napoléonien, *la Patrie*, publia tout à coup des extraits d'instructions, données

aux chefs de corps de l'armée de Paris, par le commandant en chef. On y lisait entre autres choses ceci :

« Ne pas écouter les représentants.

« Tout ordre qui ne provient pas du général en chef est nul.

« Toute réquisition, sommation ou demande d'un fonctionnaire
« civil, judiciaire ou politique, doit être rigoureusement
« écartée. »

Ces instructions avaient été rédigées en 1849, dans
un moment où l'on pouvait craindre une lutte armée
dans les rues de Paris. Il n'en résultait pas moins des
paragraphes que nous venons de citer une négation
plus ou moins directe du droit qui appartenait à l'Assemblée nationale de veiller à sa propre sûreté et de
requérir les troupes nécessaires à cet effet.

Dès la séance du 3, le représentant Napoléon Bonaparte, cousin du Président, proposa un vote de blâme
contre le général Changarnier, auteur de ces instructions. C'était bien évidemment une manœuvre concer-
tée pour mettre en conflit le général et l'Assemblée
nationale ; mais la manœuvre était peu adroite. Le général Changarnier déclara que ces instructions avaient
deux ans de date, qu'elles avaient eu pour but de maintenir l'unité de commandement pendant le combat,
qu'elles lui avaient été suggérées par l'expérience des
journées de Juin, mais qu'elles ne s'appliquaient nullement aux circonstances paisibles du temps présent.
Il s'empressa de déclarer en outre qu'il n'avait jamais
songé à contester le droit de l'Assemblée, agissant par
l'intermédiaire de son bureau, de requérir directement les troupes nécessaires pour sa sûreté.

La majorité était trop bien convaincue du dévouement du commandant en chef de l'armée de Paris au pouvoir parlementaire, pour s'arrêter à la proposition Napoléon Bonaparte. Elle passa à l'ordre du jour, en témoignant sa confiance au général Changarnier.

Huit jours après, le général était destitué de ses fonctions de commandant en chef de l'armée de Paris.

Louis-Napoléon venait de briser le seul obstacle qui couvrit l'Assemblée nationale contre un coup d'État militaire, si un pareil coup d'État était jamais tenté par le chef du pouvoir exécutif. Il était certain que tant que le général Changarnier conserverait le commandement en chef des troupes stationnées à Paris, le parlement n'avait rien à redouter.

La majorité sentit toute la portée du coup qui venait de la frapper. Ses méfiances se réveillèrent; son irritation fut extrême. Mais que pouvait-elle faire? La mesure prise par le Président de la République était parfaitement légale ; il n'avait agi qu'en vertu des pouvoirs réguliers qu'il tenait de la Constitution.

Un grand débat s'engagea au sein de l'Assemblée législative. C'est alors que M. Thiers prononça le fameux mot : *l'Empire est fait.* C'est alors encore que le même orateur s'avisa, — un peu tard, — des mérites que pouvait avoir la forme républicaine et proclama la nécessité de se rattacher sincèrement à la Constitution.

M. Pascal Duprat avait exprimé l'opinion des républicains sur ce conflit entre la majorité et le Président, en disant, quelques jours avant, à M. Thiers lui-même, dans le dixième bureau de l'Assemblée :

« Nous n'avons pas une grande confiance dans le dévouement

« du prince Louis-Napoléon à la République ; mais nous avons
« encore moins de confiance dans le vôtre et dans celui du gé-
« néral Changarnier. Nous n'avons pas vu sans ombrage la re-
« vue de Satory ; mais, pendant ce temps-là, était-ce pour dé-
« fendre la République que vous alliez, les uns à Claremont, les
« autres à Wiesbaden (1)? »

C'est dans ce même débat que M. Baroche, alors
ministre du Président de la République, protestait avec
une énergie indignée contre tout soupçon d'aspirations
au rétablissement de l'Empire.

Voici quelques extraits de ce discours, prononcé le
15 janvier :

« Si l'on vient dire, s'écriait M. Baroche, qu'on ne peut se
« dissimuler que, depuis quelque temps, il y a près du pouvoir
« une tendance à montrer peu de foi dans nos institutions, à
« considérer comme transitoire et éphémère la forme du gou-
« vernement sous lequel nous vivons, à semer dans tous les
« rangs de la société le doute de l'avenir, à préconiser les bien-
« faits du gouvernement absolu, et à aspirer, dans un avenir
« indéterminé, à une restauration impériale..... je réponds que
« les paroles du Président, qui a prêté serment à la Constitution,
« à cette tribune, et qui a renouvelé ce serment par son Message
« du 12 novembre 1850, repoussent bien loin de son esprit et de
« son cœur toute pensée d'un retour au gouvernement de l'Em-
« pire. N'avez-vous pas encore présentes à la mémoire les der-
« nières phrases du Message du 12 novembre, où, dans le lan-
« gage le plus énergique, dans un langage qui est, comme l'a
« dit lui-même M. le Président de la République, celui d'un
« homme qui n'a d'autre pensée que de faire son devoir, d'un
« homme qui a seul prêté serment à la Constitution, vous re-
« connaissant à vous le droit de la réviser dans les formes lé-

(1) C'est à Claremont qu'habitaient les princes d'Orléans, et le comte
de Chambord avait passé l'automne à Wiesbaden.

« gales, il déclare, en même temps, que, quant à lui, il n'a pas
« autre chose à faire que de remplir son devoir d'honnête
« homme en l'exécutant, en la maintenant contre les adversaires
« de toute nature qui pourraient vouloir la modifier..... M. le
« Président est le seul auquel on ne puisse attribuer des pensées
« de restauration..... Il a pris l'engagement d'honneur de main-
« tenir la République ; il le tiendra, et l'Assemblée peut être
« assurée qu'elle n'a pas besoin d'autre garantie que cette affir-
« mation. »

L'Assemblée néanmoins déclara, à la majorité de
415 voix contre 276, « qu'elle n'avait pas confiance
dans le ministère. »

Les 415 voix se composaient de la gauche entière
et de la moitié environ de l'ancienne majorité.

Quelques jours après ce vote, un nouveau ministère
constitué, le 24 janvier 1851, déposait une demande
de dix-huit cent mille francs de crédit supplémentaire,
en faveur du Président de la République, toujours
pour frais de représentation.

La demande fut mal accueillie. La majorité acheva
de se diviser sur cette question. Le 10 février, la
dotation demandée fut refusée par 396 voix contre
294.

Le docteur Véron, alors rédacteur en chef du
Constitutionnel, nous révèle dans ses *Mémoires*, que la
situation pécuniaire de Louis-Napoléon et de la plupart de ses amis était en ce temps-là fort précaire. Au
moment où le commandant Fleury, aide de camp du
Président, allait remplir en Afrique une mission de
confiance, dont nous parlerons tout à l'heure, quatre
traites, de dix mille francs chacune, fournies par le
Président de la République, furent refusées par un

banquier célèbre, homme d'ordre cependant et nullement hostile à Louis-Napoléon (1).

Avant de reprendre l'analyse des événements parlementaires qui suivirent le rejet de la dotation, nous devons donner place à de très-curieuses révélations, faites, peu après le 2 décembre, par un écrivain napoléonien, M. P. Mayer, sur des faits qui remontent à la date où nous sommes parvenus.

« Ou nous nous trompons fort, a dit cet écrivain, ou les pre-« miers germes du Coup d'État qui devait éclater dix mois plus « tard couvèrent alors et devinrent peu à peu une volonté arrêtée, « et nous pouvons dire que si les événements dont nous retra-« çons l'histoire, viennent, en fait, de se passer sous nos « yeux, en principe leur nécessité avait été reconnue et leur « éclosion rêvée depuis le premier mois de l'année actuelle (2). »

Cette assertion n'a pas été contestée. M. P. Mayer donne plus loin quelques détails, infiniment précieux à connaître, sur ce que l'on peut appeler les premières mesures préparatoires des « événements » qui devaient éclater plus tard.

A l'époque de la destitution du général Changarnier, le Président pouvait déjà, selon M. Mayer, compter sur le concours dévoué de l'armée, prise dans son ensemble. Il y avait toutefois certaines difficultés. M. Mayer s'explique sur ces difficultés et sur les moyens employés pour y remédier d'une façon assez complète pour qu'il suffise de citer textuellement :

« Mais, composé comme il l'était encore, l'état-major géné-

(1) *Nouveaux Mémoires d'un bourgeois de Paris*, par le docteur L. Veron, page 330.

(2) *Histoire du 2 décembre*, par P. Mayer p 131.

« ral, — les généraux seuls étaient à craindre, — n'offrait
« peut-être pas d'assez complètes garanties, car les plus âgés
« pouvaient manquer d'audace et la grande majorité des plus
« jeunes figurait dans le parlement. Une idée tout impériale
« triompha de cette alternative, et M. de Persigny, cet ardent et
« infatigable chevalier du napoléonisme, se voua avec enthou-
« siasme à la réalisation de ce mot de génie négligemment jeté
« par le Président, et dont l'expédition de Kabylie peut expli-
« quer aujourd'hui la profondeur et la portée : « Si nous faisions
« des généraux ? »

« La graine n'en manquait pas. Un des plus brillants offi-
« ciers de notre cavalerie, le brave et sympathique commandant
« Fleury fut chargé d'apprécier les courages, d'évoquer les
« dévouements, de certifier les espérances. Sa mission ne fut ni
« longue, ni pénible ; généraux de division ou de brigade,
« colonels, lieutenants-colonels, aucun de ceux à qui son en-
« traînante parole peignit les dangers du pays n'avait besoin
« d'être convaincu. Tous avaient une égale horreur du parle-
« mentarisme et du socialisme, etc....

« C'est ainsi que les cadets devinrent les aînés et que le cadre
« de l'armée active s'habitua aux noms de Saint-Arnaud, de
« Cotte, Espinasse, Marulaz, Rochefort, Feray, d'Allonville,
« Gardarens de Boisse, de Lourmel, Herbillon, Dulac, Forey,
« Courtigis, Canrobert et quelques autres (1). »

Entre autres choses insinuées dans ce curieux passage, M. Mayer donne à entendre que l'expédition de
Kabylie, en 1851, aurait été uniquement entreprise
pour « faire des généraux. » Ce que M. Mayer laisse
deviner, un autre écrivain bonapartiste le dit fort
nettement. C'est M. Belouino, dans son *Histoire d'un
Coup d'État.*

« Il fallait, dit-il, un ministre de la guerre. Le choix tomba

(1) *Histoire du 2 décembre*, par P. Mayer, p. 131, 132 et 133.

« sur le général Saint Arnaud. Afin de donner à ce général
« l'autorité nécessaire dans un poste si élevé, on décida la
« guerre de Kabylie, qui devait le couvrir d'une gloire si écla-
« tante. On se souvient que l'Assemblée ne voulait pas que cette
« guerre fût faite, etc... (1). »

Joignons à ces détails un dernier trait révélé par
l'indiscret auteur des *Mémoires d'un bourgeois de
Paris.*

« Il serait très-agréable au Président, vint me dire M. Fleury
« à son départ pour la Kabylie, que l'on mît en belle et grande
« lumière les rares mérites et les prochains services de M. le
« général de Saint-Arnaud dans la Kabylie (2). »

Comme on pense bien, *le Constitutionnel*, dirigé
alors par le docteur Véron, ne marchanda pas la
louange aux *prochains services* que M. de Saint-Arnaud
était appelé à rendre.

Il ressort suffisamment de ces divers extraits, que
dès les premiers mois de 1851, le Coup d'État était
résolu en principe et que Louis-Napoléon s'occupait
déjà des moyens de l'exécuter.

Il y a un sérieux intérêt historique à le constater.

Mais revenons à l'Assemblée législative.

Le rejet de la dotation avait achevé de mettre le
désarroi le plus complet dans la majorité. Cette droite,
si compacte quand il s'agissait de prendre des mesures
de rigueur contre les républicains, achevait de se dis-

---

(1) *Histoire d'un Coup d'État*, par Belouino, avec preface d'Amedee
de Cesena, p. 53.

(2) *Nouveaux Mémoires d'un bourgeois de Paris*, par le docteur
L. Veron, p. 329.

4

créditer par de misérables querelles intestines. Les
légitimistes faisaient échouer la proposition Creton,
tendant à l'abrogation des lois d'exil contre les princes
des anciennes familles régnantes, afin d'empêcher la
candidature à la Présidence d'un prince de la famille
d'Orléans. Les orléanistes scindés en deux camps, *fu-
sionistes*, c'est-à-dire partisans d'un rapprochement
entre les deux branches de la maison de Bourbon et
orléanistes purs, se déchiraient entre-eux. Les journaux
royalistes se disputaient bruyamment la succession de
la République. Les feuilles napoléoniennes continuaient
leur système d'attaques contre la Constitution. *Le
Constitutionnel* publiait, dans le courant du mois d'a-
vril, une série d'articles dans lesquels, au mépris des
dispositions formelles du pacte fondamental, il exci-
tait l'Assemblée nationale à proroger, par décret dic-
tatorial, les pouvoirs du Président de la République
pour une période de dix années.

Cependant, un nouveau ministère avait été constitué
dont les principaux membres étaient MM. Léon Faucher, à l'intérieur, Baroche, aux affaires étrangères,
Fould, aux finances, Rouher, à la justice, Buffet, au
commerce. Ce cabinet avait pour but ostensible d'a-
mener un rapprochement entre le pouvoir exécutif et
la majorité sur le terrain de la révision légale de la
Constitution de 1848.

L'Assemblée législative arrivait à sa troisième année
de législature, et, en vertu de l'article 3 de la Constitution, elle avait le droit de convoquer une Assemblée
de révision, à la condition toutefois que le vote de ré-

vision aurait été rendu à la majorité des trois quarts
des votants.

Dans l'automne de 1850, les Conseils généraux des
départements avaient formulé des vœux à ce sujet.
Depuis cette époque, un vaste pétitionnement tendant
au même but avait été organisé par les agents de
l'administration. Le succès en avait été notable,
mais non tel qu'on a bien voulu le dire. On avait
obtenu onze cent mille signatures, plus ou moins
authentiques, sur lesquelles moins de quatre cent
mille demandaient la prolongation des pouvoirs du
Président de la République. C'était en réalité, et en
admettant même l'authenticité des signatures, un
chiffre à peine égal au tiers des électeurs rayés par
la loi du 31 mai, au dixième du nombre total des
électeurs inscrits avant cette loi funeste.

Les vœux des Conseils généraux n'avaient pas été
beaucoup plus caractéristiques, touchant la prorogation des pouvoirs du Président. Six de ces conseils
sur quatre-vingt-six exprimèrent seuls le vœu de l'a-
brogation de l'article 45, interdisant la réélection
de Louis-Napoléon, avant un intervalle de quatre années.

Dans tout le courant de mai 1851, les pétitions ré-
visionnistes défilèrent sur le bureau de l'Assemblée
législative. La majorité, d'abord hésitante, se rattacha
bientôt très-loyalement à l'idée de la révision. MM. Berryer, de Montalembert, Molé, de Broglie, Odilon Barrot,
Dufaure se prononcèrent énergiquement dans ce sens.
Il faut leur rendre cette justice que la pensée de
résoudre légalement, paisiblement les difficultés de

l'avenir, pensée fort honorable, fut celle qui les déter-
mina.

Le 28 mai, la proposition formelle fut déposée par
M. de Broglie, d'accord avec le ministère. Elle.avait
été résolue dans une réunion de représentants de la
droite, dite réunion de la rue des Pyramides, qui
comptait parmi ses membres, MM. Daru, de Broglie,
de Montalembert, Léon Faucher, Baroche, etc.

C'est ce moment où la majorité, à peu près recons-
tituée, en harmonie avec le cabinet, se montrait disposée à voter la révision légale de la Constitution,
révision qui eut permis d'abroger l'art. 45, c'est ce
moment même qui fut choisi par le Président de la
République, avec un bien singulier à-propos, pour
prononcer un discours équivalant à une véritable déclaration de guerre contre l'Assemblée nationale.

Louis-Napoléon s'était rendu à Dijon pour y assister
à l'inauguration d'un chemin de fer. Là, dans un
banquet donné en son honneur, il tint le langage
suivant :

« La France ne veut ni le retour à l'ancien régime, quelle que
« soit la forme qui le déguise, ni l'essai d'utopies funestes et
« impraticables. C'est parce que je suis l'adversaire le plus na-
« turel de l'un et de l'autre qu'elle a placé sa confiance en moi.

« ..... En effet, si mon gouvernement n'a pu réaliser toutes
« les améliorations qu'il avait en vue, il faut s'en prendre aux
« manœuvres des factions.... *Depuis trois ans, on a pu remar-*
« *quer que j'ai toujours été secondé par l'Assemblée quand il*
« *s'est agi de combattre le désordre par des mesures de compres-*
« *sion. Mais lorsque j'ai voulu faire le bien, améliorer le sort des*
« *populations, elle m'a refusé ce concours.....*

« *Si la France reconnaît qu'on n'a pas eu le droit de disposer*

« *d'elle sans elle, la France n'a qu'à le dire : mon courage et*
« *mon énergie ne lui manqueront pas.* »

« Depuis que je suis au pouvoir, j'ai prouvé combien, en pré-
« sence des grands intérêts de la société, je faisais abstraction
« de ce qui me touche. Les attaques les plus injustes et les plus
« violentes n'ont pu me faire sortir de mon calme. Quels que
« soient les devoirs que le pays m'impose, il me trouvera décidé
« à suivre sa volonté. Et croyez-le bien, Messieurs, la France
« ne périra pas dans mes mains. »

Le ministre de l'intérieur, M. Léon Faucher, qui
assistait au banquet, fut si effrayé de l'effet qu'allait
produire ce langage menaçant, qu'il repartit précipitamment pour Paris afin d'empêcher l'insertion au
Moniteur des passages agressifs contre l'Assemblée,
notamment de ceux que nous avons soulignés. Ils furent connus néanmoins (1) et causèrent une irritation
d'autant plus vive que la majorité donnait au Président les plus évidentes marques de bon vouloir par
son attitude dans la question de la révision. Le
langage de Louis-Napoléon ne saurait surprendre
néanmoins ceux qui savent qu'il avait en ce moment
à peu près pris son parti, et que sa principale préoccupation était sans doute de « faire des généraux. »

Le général Changarnier dit à la tribune, le 3 juin, à
propos du discours de Dijon :

« On n'entraînerait contre l'Assemblée ni un bataillon, ni une
« compagnie, ni une escouade, et l'on trouverait devant soi les
« chefs que nos soldats sont accoutumés à suivre sur le chemin

---

(1) Ces passages se retrouvent dans les journaux du temps; ils ont
ete retablis, avec quelques legères variantes, dans les *OEuvres de Napoléon III*, tome III, page 21.

« du devoir et de l'honneur. Mandataires de la France, délibérez
« en paix! »

Le Président de la République dut sourire de ce
langage du général Changarnier. Un prochain avenir
devait prouver combien l'illustre général se méprenait
sur les dispositions de l'armée et sur les effets de
l'obéissance passive, toutes choses que Louis-Napoléon appréciait avec infiniment plus de justesse.

Le Président de la République ne se faisait sans doute
pas non plus d'illusions sur le sort du projet de révision
soumis à l'Assemblée nationale Dans ce cas spécial,
la gauche républicaine était maîtresse de l'issue du
débat. Les républicains disposaient d'environ deux
cent vingt voix, chiffre supérieur au quart des votants,
et par conséquent suffisant pour invalider, aux termes de
l'art. 3, un vote de révision. Or, sur cette question, les
républicains étaient unanimes. Républicains modérés,
montagnards, socialistes, considéraient comme un devoir étroit de s'opposer à la révision aussi longtemps que
la loi du 31 mai ne serait pas abrogée. Ils ne pouvaient,
en effet, sans trahir la cause de la souveraineté du peuple,
consentir à ce que la Constitution de 1848, élaborée
par une Constituante issue du suffrage universel, fut
révisée par une Assemblée qui aurait été le produit
d'un mode de suffrage édicté en violation formelle de
la Constitution elle-même. Le parti républicain n'aurait pu, sans renier son principe fondamental, accepter
de transaction à ce sujet. Le général Cavaignac tint
dans cette question le même langage que les orateurs
de la Montagne.

Aussi, le débat sur la révision ne saurait-il avoir pour l'historien qu'une importance secondaire, malgré l'intérêt passionné qu'il excita et les belles joûtes oratoires dont il fut l'occasion. Le résultat était inévitable.

Le vote eut lieu le 21 juillet 1851. Quatre cent quarante-six voix se prononcèrent pour la révision et deux cent soixante-dix-huit contre. C'était quatre-vingt-dix voix de plus qu'il n'en fallait pour constituer le quart suffisant pour le rejet de la proposition.

Un enseignement ressort néanmoins de ce scrutin : c'est que la majorité était demeurée presque tout entière favorable à la révision, et cela, malgré les menaces du discours de Dijon.

Un certain nombre d'orléanistes votèrent seuls avec les républicains. On comptait parmi eux MM. Thiers, de Rémusat, Creton, Bedeau, Baze, etc.

L'Assemblée nationale se prorogea peu après, le 10 août.

Les partis restaient, à l'issue de cette session, plus aigris, plus divisés que jamais.

La majorité parlementaire, qui avait reçu de si rudes atteintes du pouvoir exécutif, qui se sentait menacée, qui croyait à tort ou à raison aux projets d'usurpation prêtés au Président de la République, la majorité, disons-nous, n'avait pas même la pensée de se rapprocher, dans ce commun péril, de la gauche républicaine. Celle-ci, d'ailleurs, soupçonneuse, méfiante, aigrie par l'hostilité qu'on lui témoignait depuis l'origine, se serait difficilement prêtée à une entente. D'un autre côté, le parti républicain était plein de confiance dans l'avenir. L'union était revenue dans ses rangs. Bien qu'on échangeât souvent, de nuance à nuance, quelques récriminations sur le passé, on n'en avait pas moins agi avec ensemble depuis 1849, surtout depuis la loi du 31 mai 1850.

Les progrès inouïs de la propagande républicaine — socialiste, disaient les réactionnaires — dans les populations agricoles du Centre, de l'Est et du Midi semblaient le gage d'un triomphe assuré pour 1852. Les démocrates comptaient bien obtenir avant ce terme l'abrogation de la loi du 31 mai.

Ils redoutaient peu les projets de Coup d'État attribués à Louis-Napoléon. Ils partageaient l'opinion du général Changarnier sur les dispositions de l'armée, et ils mettaient, par dessus tout, une confiance sans bornes dans l'attachement du peuple de Paris et des départements à la cause républicaine.

L'attitude du pouvoir exécutif à leur égard, aussi bien que celle des partis royalistes, n'étaient pas faites pour diminuer leur confiance dans le triomphe final.

Il faut lire les journaux réactionnaires du temps, noter les débats des Chambres, parcourir les comptes rendus des tribunaux, pour se faire de nos jours une idée des craintes que manifestaient les partis monarchiques, en présence du progrès de l'idée républicaine.

Dans le courant de cette année 1851, on vit des départements complétement agricoles, loin des grands centres, déclarés ingouvernables par le pouvoir et mis en état de siége : le Cher, la Nièvre, la Drôme, l'Ardèche.

La presse départementale du « parti de l'ordre »

poussait un grand cri d'alarme : « Le socialisme gagne les paysans ! »

Si les chefs parlementaires de la droite se préoccupaient des empiétements du Président de la République, il est incontestable que la masse de leurs adhérents ne voyait le péril que dans le triomphe des « rouges » en 1852.

Les conservateurs, en province, se sentaient débordés. Plus que jamais, ils demandaient un « sauveur. »

Quelques extraits d'une brochure fameuse, *le Spectre rouge*, de Romieu, donneront une idée de la situation d'esprit, produite chez un grand nombre de conservateurs, par cette épidémie de la peur de 1852. Nous citons textuellement :

« Charlemagne, placé entre l'antiquité mourante et le monde « nouveau qui naissait, avait fondé le seul système solide, « celui *de la force* s'appuyant sur *la foi*. De son œuvre, et sans « dessein préconçu, sortit le régime féodal ; de tous ceux que « l'Europe a essayés, c'est encore le meilleur (page 32). »

« Ce n'était pas assez que les classes moyennes fussent gan- « grenées de ce mal nouveau, *l'instruction sans éducation*, il « fallait qu'il gagnât jusqu'aux villages, et ce fut un des sages « du temps, M. Guizot, que la Providence marqua du doigt pour « accomplir l'extrême désordre. » (Allusion à la loi de 1833 sur l'instruction primaire.) « Je ne regretterai pas d'avoir vécu dans « ce triste temps, si je puis voir une bonne fois chasser et fus- « tiger *la foule, cette bête cruelle et stupide* dont j'ai toujours eu « horreur (page 91). »

« Cette société de procureurs et de boutiquiers est à l'agonie, « et si elle peut se relever heureuse, c'est qu'un *soldat* se sera « chargé de son *salut*. Le canon seul peut régler les questions de « notre siècle, et il les réglera, dût-il arriver de la Russie..... O

« bourgeois! ce n'est pas vous qui représentez l'ordre, c'est la
« *force* seule qui en est le symbole..... *Le sabre* est devenu l'é-
« lément civilisateur..... Je vous dis, ô bourgeois, que votre rôle
« est fini. De 1789 à 1848 il n'a que trop duré..... L'ordre social
« a pour unique et réel soutien, non votre ridicule amas de
« codes, mais le fort rempart hérissé de baïonnettes et d'artil-
« lerie qu'on appelle l'armée..... Quel qu'il soit, le rôle *du chef*
« est simple. Prendre d'une main ferme la dictature absolue, et
« se substituer à tous les textes qui nous ont gouvernés depuis
« soixante ans (pages 60 à 94, *passim*). »

Aujourd'hui que dix-sept années nous séparent de
ce temps de passions, nous avons peine à comprendre
les terreurs soulevées par l'approche des élections
de 1852. Il nous paraît insensé que l'éventualité de
voir se transformer en majorité cette minorité républicaine dont les principaux chefs se nommaient
Michel (de Bourges), Charras, Cavaignac, Jules
Favre, Crémieux, Victor Hugo. Quinet, Marc-Dufraisse, ait jamais pu paraître une catastrophe qu'il
fallût éviter par le sabre et le canon.

C'est un fait cependant, un fait incontestable et sans
lequel les événements subséquents demeureraient in-
compréhensibles.

Un mois ne s'était pas écoulé depuis la prorogation
de l'Assemblée nationale, que des bruits de Coup
d'État se répandaient avec insistance. Cette fois, la
rumeur ne manquait pas de fondement.

Il paraît que la mission du commandant Fleury en
Afrique avait pleinement réussi. Le Président de la
République pouvait compter sur le concours des
généraux de l'armée de Paris. Elle avait déjà pour

commandant en chef le général Magnan, qui devait prendre une part si active au 2 décembre.

L'un des écrivains bonapartistes que nous avons déjà cités. M. Belouino, a donné, au sujet de ce Coup d'État qui faillit être exécuté pendant les vacances parlementaires, des détails fort circonstanciés :

« Tout était donc prêt du côté de l'armée, dit M. Belouino, « pour les éventualités d'un Coup d'État. Il fut sur le point d'a- « voir lieu, lors de la dernière prorogation de l'Assemblée. C'eût « été une faute, et une faute grave.

« La France ne voyait pas encore assez clairement les com- « plots parlementaires. Elle aurait pu croire que le prince agis- « sait dans un but d'intérêt personnel et d'ambition. Le préfet de « police d'alors y poussait fortement. Beaucoup de personnages « dévoués au prince agissaient de même. Ce furent M. de Saint- « Arnaud et le général en chef Magnan, principalement, qui « firent abandonner ce projet, en faisant valoir les raisons qui « demandaient qu'on en ajournât l'exécution.

« Le Président, ses ministres, quelques hauts fonctionnaires, « connaissaient les conspirateurs; mais cela ne suffisait pas. En « dissolvant l'Assemblée en pleine paix, on se donnait les appa- « rences de l'illégalité. L'Assemblée pouvait se réunir dans une « ville de province, y rendre ses décrets, dresser pouvoir contre « pouvoir. Que serait-il advenu? La moindre conséquence eût « été une guerre civile acharnée. Le socialisme n'eût pas hésité « à prendre provisoirement la Constitution pour drapeau, et les « partis de l'Assemblée eussent accepté pour défenseurs les sol- « dats de la Jacquerie. Tels étaient les motifs puissants qu'in- « voquaient les adversaires du Coup d'État pendant la proroga- « tion. « L'Assemblée trahira bien assez ses complots, disait le « général Magnan, *attendons qu'elle nous donne barre* (1). »

D'autres écrivains bonapartistes, notamment M. Mayer

(1) *Histoire d'un Coup d'État*, par Bélouino, pages 55 et 56.

et le docteur Véron, ont placé, parmi les causes qui firent ajourner le Coup d'État, un désaccord survenu entre le Président de la République et le préfet de police, M. Carlier. C'est ce dernier, paraît-il, qui aurait élaboré et préparé, dans ses détails, le plan d'exécution — de concert avec l'auteur du *Spectre rouge,* Romieu, s'il faut en croire le docteur Véron ; — mais il n'admettait pas que le rétablissement du suffrage universel rentrât parmi les mesures politiques à prendre dans le Coup d'État.

« M. Carlier, dit M. P. Mayer, avait signalé au Président les « dangers de 1852, et le remède qu'il croyait efficace. Malheu- « reusement la restitution du suffrage universel, cette grande et « héroïque justice qui a sauvé la situation, lui parut inoppor- « tune et impraticable. Il se retira (1). »

Une autre opinion, enfin, attribue l'ajournement des projets du Président aux énergiques mesures de défense prises par le général Bedeau, président de la Commission permanente, pendant la prorogation de l'Assemblée.

Informé de ce qui se préparait, le général s'était mis sur ses gardes. Il veillait avec un soin extrême sur le palais de l'Assemblée nationale qu'il habitait, et dont la garde militaire lui obéissait directement. Il avait déjà fait rédiger un certain nombre de copies, marquées du sceau de la Présidence de l'Assemblée nationale, de décrets requérant certains corps de troupes pour la défense de l'Assemblée, ainsi que d'un décret nommant un nouveau commandant en

(1) *Histoire du 2 décembre*, par P. Mayer, page 24.

chef de l'armée de Paris. Ces derniers détails ont été affirmés par le général Bedeau lui-même, ainsi qu'on le verra plus loin.

Le Président de la République, a-t-on dit aussi, tenait essentiellement à ne pas agir avant d'avoir proposé à l'Assemblée l'abrogation de la loi du 31 mai, loi qui avait contribué plus que toute autre à amasser les ressentiments populaires contre la majorité royaliste de la Législative.

La crise ministérielle du mois d'octobre se lie intimement à l'ajournement du Coup d'État, en même temps qu'à sa préparation dans des conditions nouvelles.

Le cabinet Faucher-Baroche se retira, vers le milieu de ce mois, et fut remplacé, après une dizaine de jours d'interrègne ministériel, par un cabinet composé d'hommes particulièrement dévoués à la fortune de Louis-Napoléon.

Le général de Saint-Arnaud, dont l'élévation avait été préparée comme on a vu plus haut, eut le ministère de la guerre. Le même jour M. de Maupas, préfet de la Haute-Garonne, remplaça M. Carlier à la préfecture de police.

Ces deux personnages étaient déjà dans la confidence de ce qui se préparait.

Au moment où l'Assemblée nationale allait reprendre ses travaux, il n'était bruit que du Coup d'État qui avait failli éclater pendant la prorogation. Les journaux en entretenaient leurs lecteurs ; dans les cercles politiques, c'était l'objet de toutes les conversations. L'entrée du général de Saint-Arnaud au ministère de la guerre fut interprétée comme un nouveau symptôme menaçant. Le langage singulièrement violent de la presse napoléonienne contre l'Assemblée et contre la Constitution, en même temps que contre le parti républicain, n'était pas de nature à atténuer les appréhensions générales.

C'est au milieu de cette situation, profondément troublée, que l'Assemblée nationale ouvrit sa session, le 4 novembre 1851.

CHAPITRE II

Dans les premières réunions préparatoires, tenues
avant la séance d'ouverture, la majorité royaliste avait
résolu de prendre des mesures de défense contre les
projets attribués au Président. La plupart des membres de cette majorité étaient convaincus que le pouvoir exécutif conspirait contre l'Assemblée, et qu'une
dissolution violente de la représentation nationale
était imminente. La minorité républicaine ne pensait
pas à ce sujet autrement que la majorité. Il n'y eut pas
cependant la moindre tentative de rapprochement
entre les deux fractions de l'Assemblée. Les républicains, édifiés de longue date sur l'espèce de sentiments professés par la droite à l'égard de la République et de la Constitution, se méfiaient de la majorité,

autant que du Président lui-même. Ils redoutaient, pour la plupart, les projets de restauration, attribués dans leur parti aux chefs parlementaires de la droite, plus encore que les velléités de Coup d'État de Louis-Napoléon. Le général Changarnier, l'épée de la « Convention blanche, » leur paraissait tout autrement dangereux que le Président de la République.

Il est cependant vrai de dire que, dans le danger commun qui menaçait la droite et la gauche de l'Assemblée, ce n'était pas à celle-ci qu'il convenait de faire le premier pas vers un rapprochement.

Traitée en ennemie, décimée après le 13 juin 1849, demeurée seule sur la brèche, pour défendre la Constitution et les libertés publiques contre les fureurs réactionnaires de la majorité, la minorité républicaine avait le droit d'attendre qu'on vînt réclamer son concours, en donnant quelque gage sérieux d'un retour à la stricte observation de la Constitution.

La droite ne paraît pas même y avoir songé. C'est à l'armée seule qu'elle pensait demander des moyens de se défendre contre une aggression du pouvoir exécutif. Son éloignement de la gauche et son antipathie contre les républicains étaient tels, que cette majorité, qui s'apprêtait à s'appuyer sur la Constitution, ne se départit pas un instant de ses manifestations ordinaires de haine envers tout ce qui tenait à la République.

Des représentants de la Montagne, M. Sartin entre autres, avaient été victimes, pendant la prorogation, d'arrestations illégales, ou du moins de tentatives d'arrestation, malgré le caractère inviolable dont les couvrait la Constitution. La droite, — qui devait, moins d'un mois plus tard, être conduite à Mazas en voitures cellulaires, — accueillit par des ricanements les réclamations des représentants républicains, qui demandaient au moins une enquête sur les faits dont se plaignait M. Sartin.

Quant à revenir à la Constitution par le retrait de la loi du 31 mai et la restitution du suffrage universel, la portion de la droite qui obéissait à l'influence des chefs parlementaires Thiers, Berryer, Barrot, de Falloux, était encore fort éloignée d'une telle résolution. Rétablir le suffrage universel ! c'était, il est vrai, assurer au Parlement l'appui du peuple, écarter toute éventualité de guerre civile ; mais c'était renoncer à l'espoir d'obtenir en 1852 une Assemblée de révision monarchique, qui restaurât légalement la royauté. La droite ne pouvait encore se résoudre au sacrifice des espérances qu'elle avait fondées sur le suffrage restreint et aussi, — il faut le dire, — sur l'épée des généraux parlementaires.

Le Message du Président de la République fut lu dans la première séance, le 4 novembre. Il était remarquable d'habileté.

Louis-Napoléon n'hésitait pas à rappeler les promesses de fidélité à la Constitution, si fermes, si chaleureuses, qu'il avait faites, l'année précédente, dans une semblable circonstance :

« Déjà, disait-il, dans mon dernier Message, mes paroles à
« ce sujet, je m'en souviens avec orgueil, furent favorablement
« accueillies par l'Assemblée. Je vous disais : L'incertitude de
« l'avenir fait naître, je le sais, bien des appréhensions en

« réveillant bien des espérances. Sachons tous faire à la patrie
« le sacrifice de ces espérances, et ne nous occupons que de ses
« intérêts. Si, dans cette session, vous votez la révision de la
« Constitution, une Constituante viendra refaire nos lois fonda-
« mentales, et régler le sort du pouvoir exécutif. Si vous ne la
« votez pas, le peuple, en 1852, manifestera solennellement
« l'expression de sa volonté nouvelle. Mais, quelles que puissent
« être les solutions de l'avenir, entendons-nous, afin que ce ne
« soit jamais la passion, la surprise ou la violence qui décident
« du sort d'une grande nation. Aujourd'hui, les questions sont
« les mêmes, et mon devoir n'a pas changé. »

Le Message concluait par une proposition formelle
d'abroger la loi du 31 mai et de rétablir le suffrage
universel dans son intégrité. C'était l'acte décisif du
Message, le plus hardi, mais en même temps le plus
habile que pût faire en ce moment Louis-Napoléon.
L'issue de ses projets ultérieurs dépendait, dans une
large mesure, de l'accueil qui serait fait à cette proposition. En refusant de l'adopter, l'Assemblée se
perdait irrévocablement dans l'esprit du peuple de
Paris; elle se dépouillait du peu de force morale qui
lui restât.

Le projet de loi tendant à l'abrogation immédiate
de la loi du 31 mai fut déposé, après la lecture du
Message, par M. de Thorigny, ministre de l'intérieur.
L'urgence fut demandée. La gauche l'appuya énergiquement. La droite, qui hésitait, fut entraînée par
M. Berryer. L'urgence fut rejetée, mais à une majorité si faible que le vote avait paru douteux. La loi fut
renvoyée à l'examen des bureaux.

La minorité républicaine avait donné une nouvelle
preuve de la façon loyale dont elle comprenait son

devoir envers la loi fondamentale du pays. Elle avait
fait taire ses méfiances et son antipathie contre Louis-
Napoléon ; elle n'avait pas hésité à applaudir au Message. La presse démocratique lui avait fait un accueil
non moins favorable. Pendant deux ou trois jours, la
joie fut grande au sein du parti républicain. On ne pensait pas que la majorité royaliste poussât l'aveuglement jusqu'au point de maintenir contre le sentiment
public qui se prononçait avec tant de force cette loi
funeste, cause principale des périls qui menaçaient
le pays.

Le rétablissement du suffrage universel dissipait
tout ce qu'avait d'inquiétant, pour les républicains,
aussi bien que pour les conservateurs, l'échéance
de 1852. Le seul fait de l'avoir proposé semblait prouver que Louis-Napoléon était réellement disposé à
tenir strictement les engagements qu'il avait pris
au 20 décembre 1848. La lutte pacifique et légale du
vote populaire allait donc s'engager autour des urnes
du scrutin. La Constitution allait fonctionner régulièrement ; une législature nouvelle, franchement républicaine, prendrait la place de celle qui avait si triste-
ment marqué son passage au pouvoir ; l'élection d'un
Président simple citoyen, ne comptant ni empereurs
ni rois dans sa famille, achèverait de consolider les
institutions de 1848. Telles furent, pendant deux ou
trois jours, disons-nous, les illusions que le Message
inspira aux républicains. Ils en oublièrent presque les
projets menaçants qu'ils attribuaient, la veille encore,
au pouvoir exécutif, et semblèrent ne pas apercevoir
les symptômes non douteux de la réalité de ces projets,

symptômes qui n'échappaient pas à l'attention alarmée des membres de la majorité royaliste.

Ceux-ci avaient généralement considéré la proposition d'abroger la loi du 31 mai comme une provocation.

Le Président avait fait cette loi, d'accord avec eux ; il avait voulu que son ministère prît l'initiative de sa présentation ; il avait affecté de la considérer comme une digue opposée à la marée montante de la démagogie, comme l'unique moyen d'empêcher le triomphe du parti démocratique-socialiste aux élections générales de 1852. Dans quel but venait-il proposer à la droite de renverser ce rempart qu'ils avaient édifié ensemble? Les esprits soupçonneux de la majorité royaliste n'étaient pas éloignés de croire à une entente secrète entre le Président et les « rouges » de l'Assemblée. La chose fut dite publiquement, et quelque absurde qu'elle fût, elle ne rencontra pas partout des incrédules.

La droite parfaitement instruite du projet de Coup d'État, qui avait failli éclater pendant la prorogation, était persuadée que ce projet n'était qu'ajourné, et que la proposition d'abroger la loi du 31 mai n'était qu'une manœuvre destinée à en faciliter l'exécution. On assure que le général Changarnier recevait dès lors des confidences, plus ou moins sincères, de l'ex-préfet de police Carlier, confidences qui ne contribuèrent pas médiocrement à convaincre le général et ses amis politiques de l'existence d'un complot du pouvoir exécutif contre l'Assemblée.

Une circulaire, datée du 28 octobre, qui venait d'être adressée par le ministre de la guerre, Saint-

Arnaud, aux généraux de l'armée de Paris était interprétée comme un grave symptôme des intentions
du pouvoir.

On lisait dans cette circulaire des passages significatifs tels que ceux-ci :

« Plus que jamais, dans les temps où nous sommes, le véri-
« table esprit militaire peut assurer le salut de la société.

« Mais cette confiance que l'armée inspire, elle le doit à sa
« discipline ; et nous le savons tous, général, point de discipline
« dans une armée où le dogme de l'obéissance passive ferait
« place au droit d'examen.

« Un ordre discuté amène l'hésitation ; l'hésitation la dé-
« faite.

« Sous les armes, *le règlement militaire est l'unique loi.*

« *La responsabilité,* qui fait sa force, *ne se partage pas ; elle*
« *s'arrête au chef de qui l'ordre émane ; elle couvre à tous les*
« *degrés l'obéissance et l'exécution.* »

Comment douter, disaient les représentants de la
droite, qu'on n'ait l'intention d'employer l'armée
contre l'Assemblée nationale ? Non-seulement le ministre de la guerre ne rappelle pas aux chefs militaires
que leur premier devoir est de respecter et de faire
respecter la loi, mais il leur fait entrevoir l'impunité,
s'ils agissent contre elle, en exécutant des ordres il-
légaux émanés d'un chef supérieur.

Tels furent, semble-t-il, les mobiles qui détermi-
nèrent la droite à prendre une double résolution,
d'abord de maintenir la loi du 31 mai, ensuite de
s'assurer des moyens militaires de résister à une tentative de Coup d'État.

C'est en vue de ce dernier résultat que fut déposée,
le 6 novembre, la fameuse proposition des questeurs.

La voici, telle qu'elle fut mise en discussion, après avoir été rectifiée par ses auteurs, MM. Baze, général Leflô et de Panat :

« Sera promulgué comme loi, mis à l'ordre de l'armée, et affiché dans les casernes, l'art. 6 du décret du 11 mai 1848, dans les termes ci-après :

« *Article unique.* Le Président de l'Assemblée nationale est chargé de veiller à la sûreté intérieure et extérieure de l'Assemblée.

« A cet effet, il a le droit de requérir la force armée et toutes les autorités dont il juge le concours nécessaire.

« Ses réquisitions peuvent être adressées directement à tous les officiers, commandants ou fonctionnaires, qui sont tenus d'y obtempérer immédiatement, sous les peines portées par la loi. »

Dans sa forme primitive, la proposition des questeurs renfermait, en outre, un paragraphe rappelant le droit du Président de l'Assemblée nationale de nommer le commandant en chef des troupes chargées de veiller à la sûreté de la représentation du peuple, et un article donnant au Président la faculté de déléguer son droit de réquisition aux questeurs ou à l'un d'eux.

Il est à noter que tous les écrivains bonapartistes qui parlent de la proposition des questeurs ne donnent que le texte primitif, et raisonnent sans tenir compte des modifications qui y furent introduites par la commission, d'accord avec les auteurs (1).

(1) Notamment M. Granier de Cassagnac, qui donne le texte primitif en affectant de croire que c'est sur ce texte que s'engagea la discussion au sein de l'Assemblee. Voir *Histoire de la chute de Louis-Philippe, etc.,* 2e vol., page 306.

Quelques explications sont indispensables pour qu'on puisse apprécier la portée et le caractère réels de la proposition des questeurs.

L'article 32 de la Constitution était ainsi conçu :

« L'Assemblée nationale détermine le lieu de ses séances. Elle fixe l'importance des forces militaires établies pour sa sûreté, et elle en dispose. »

Le décret du 11 mai 1848, reproduit dans la proposition des questeurs, n'avait pas été abrogé par la Constitution. Sa validité avait d'ailleurs été reconnue en mai 1849 par le pouvoir exécutif lui-même. A cette époque, le droit de réquisition directe de la force armée ayant été un instant contesté à l'Assemblée nationale, le ministère s'était empressé de déclarer, au nom du Président de la République, qu'il considérait le décret du 11 mai 1848 comme étant toujours en vigueur. L'Assemblée avait ordonné, le 10 mai 1849, à la suite de cette déclaration, que les articles 6 et 7 du décret seraient « mis à l'ordre du jour de l'armée, imprimés et rendus publics par tous les chefs de corps. » Ces articles étaient restés depuis lors affichés dans les casernes de la garnison de Paris.

La parfaite légalité de la proposition des questeurs n'était donc pas contestable.

Son opportunité seule pouvait souffrir discussion.

Les républicains y virent une intempestive riposte à la proposition présidentielle d'abroger la loi du 31 mai. Beaucoup d'entre eux, considérèrent la proposition comme une manœuvre des partis royalistes de l'Assemblée, dans le but de s'assurer une force militaire, au moyen de laquelle la droite se serait débarrassée successivement du Président et de la gauche républicaine, pour établir une « dictature blanche, » prélude d'une restauration monarchique.

On peut affirmer aujourd'hui que ces craintes étaient, au moins, prodigieusement exagérées.

La droite n'était ni assez nombreuse, ni surtout assez unie, pour tenter un Coup d'État parlementaire. La divergence radicale de but, qui existait entre ses chefs, ne leur permettait pas de s'entendre pour une aussi grosse entreprise.

Le vote de la proposition des questeurs n'eût pas fourni d'ailleurs de forces nouvelles à la majorité, puisque cette proposition n'avait pour résultat possible que d'affirmer plus formellement un droit de l'Assemblée qui n'avait pas encore été sérieusement contesté.

Il y a de fortes raisons de penser que les véritables intentions de la droite étaient celles-ci :

« Mettre en accusation le Président de la République, dès que le complot du pouvoir exécutif contre l'Assemblée, — complot que l'on croyait exister réellement — se serait dévoilé par quelque acte formel.

« Élever aussitôt à la présidence de l'Assemblée un représentant énergique, le général Changarnier, par exemple; — la pusillanimité de M. Dupin était reconnue par ceux-là même qui s'obstinaient, depuis deux ans, à investir un tel homme d'un poste pour lequel il était si peu fait en ces temps orageux.

« User alors amplement du droit de réquisition directe, et entourer l'Assemblée nationale de corps de troupes de la ligne et de la garde nationale, suffisants pour faire échec à toute tentative de résistance du Président. Des généraux célèbres, tels que Bedeau ou Lamoricière, auraient été investis du commandement des forces requises pour la défense de l'Assemblée. On ne doutait pas que leur autorité personnelle, leur prestige sur l'armée ne produisissent un effet décisif au moment critique.

« La prépondérance de la représentation nationale étant ainsi assurée, les dangers d'usurpation du Président écartés, la majorité aurait usé de son ascendant pour maintenir vigoureusement la loi du 31 mai, accomplir les élections sous l'empire de cette loi, écraser les résistances « démagogiques, » s'il en survenait, et procéder à une révision de la Constitution, qui laissât le champ libre aux espérances des diverses fractions monarchiques de la droite. »

On se tromperait cependant en supposant que ces idées fussent passées à l'état de plan nettement formulé, fortement conçu, avec un but précis, des moyens d'exécution rigoureusement arrêtés, comme il en était du plan formé en ce moment par Louis-Napoléon. La majorité avait des tendances à adopter la ligne de conduite que nous avons indiquée, mais les idées échangées à ce sujet entre ses principaux membres étaient loin d'avoir pris corps. En aucun cas d'ailleurs la majorité ne semble avoir été disposée à sortir de la voie légale.

Pendant ce temps des résolutions irrévocables étaient prises par Louis-Napoléon.

On n'avance pas une hypothèse trop hasardée en disant que le dépôt de la proposition des questeurs dut lui causer quelque satisfaction. Bien que la proposition n'eût rien d'illégal, elle n'en était pas moins évidemment un acte de défiance contre le pouvoir exécutif. La majorité royaliste semblait prendre l'initiative de l'attaque. « Elle donnait barres » au Président, selon l'expression du général Magnan. Et la situation était d'autant meilleure, que cette majorité commettait en même temps la faute irréparable de rejeter la proposition du rétablissement intégral du suffrage universel.

Personne ne sera donc surpris d'apprendre par le récit de M. Granier de Cassagnac, que c'est « immé-« diatement après le dépôt de la proposition des ques-« teurs, que le Président prit son parti et ses mesures « pour une éventualité évidemment très-prochaine (1). » Ce parti était, nous le savons, pris bien longtemps avant, mais l'occasion favorable ne s'était pas encore produite.

Au moment où le Président se disposait ainsi à tenter un Coup d'État, l'Assemblée poursuivait ses travaux. La commission chargée d'examiner le projet de loi portant abrogation de la loi du 31 mai déposa son rapport. La majorité était ébranlée. Beaucoup de ses membres paraissaient frappés des vices intrin-

(1) *Récit complet et authentique des événements de décembre* 1851. par M. Granier de Cassagnac, page 4.

sèqués de la loi du 31 mai, non moins que de ses dangers politiques. La discussion sur la deuxième lecture s'engagea le 14 novembre. Les ministres chargés de soutenir la proposition de rétablir le suffrage universel, MM. de Thorigny et Daviel, furent d'une faiblesse extraordinaire. Jamais, peut-être, pareilles incapacités n'avaient occupé la tribune. Il semblait, — et toute la presse républicaine le dit hautement, — que le Gouvernement désirât l'échec de sa propre proposition. Elle fut repoussée, en effet, mais à une majorité si minime que ce vote avait moralement tué la loi du 31 mai. Il y avait eu 353 voix pour le rejet et 347 pour l'adoption. Le déplacement de trois ou quatre voix eût suffi pour changer totalement le résultat.

Quelques jours avant ce vote, la proposition des questeurs avait été examinée au sein de la vingt-quatrième Commission d'initiative parlementaire à laquelle la proposition primitive avait été renvoyée. Le ministre de l'intérieur, de Thorigny, et le ministre de la guerre, général Saint-Arnaud, avaient été entendus. Les procès-verbaux des séances de cette commission révèlent un curieux incident. Dans celle du lundi matin, 10 novembre, le procès-verbal porte que les deux ministres auraient déclaré considérer le décret du 11 mai 1848 comme étant toujours en vigueur. M. de Thorigny, ministre de l'intérieur, aurait dit textuellement :

« Le décret existe, il est sous les yeux des troupes; tous les
« droits contenus dans l'art. 32 de la Constitution et dans le
« décret sont reconnus. Il est donc inutile d'aller au delà, et le
« vote de la proposition, dans le moment actuel, donnerait lieu
« à des interprétations fâcheuses. »

Le lendemain, 11 novembre, M. de Thorigny, adressait à la Commission une lettre contre-signée par son collègue Saint-Arnaud, dans laquelle ils niaient avoir fait, la veille, ces déclarations consignées dans le procès-verbal :

« Je déclare donc, disait M. de Thorigny, que dans ma con- « viction, le décret du 11 mai 1848 ne peut être considéré « comme étant encore en vigueur, et je n'ai pas dit un mot qui « puisse établir le contraire. »

La Commission, après avoir entendu lecture de cette lettre et avoir repris connaissance de son procès-verbal, déclara, à l'unanimité, qu'elle maintenait la parfaite exactitude du procès-verbal contenant les déclarations reniées par les deux ministres.

Évidemment quelqu'un mentait dans cette circonstance. Entre l'affirmation des trente-deux membres de la Commission, y compris leur président et leur secrétaire, les honorables MM. Vitet et de Melun, et le démenti des ministres, MM. de Thorigny et de Saint-Arnaud, le lecteur appréciera.

On apprit, en même temps que la négation par le gouvernement du droit de réquisition directe inscrit dans le décret du 11 mai 1848, que le général de Saint-Arnaud venait de faire arracher de toutes les casernes de Paris les copies de ce décret, qui y étaient demeurées affichées depuis 1849.

Ces derniers incidents modifièrent considérablement l'opinion d'un grand nombre de républicains touchant la proposition des questeurs. Unanimes, au début, pour en contester tout au moins l'opportunité, ils se divisèrent en présence de la prétention du Président et des ministres de nier un droit formel de l'Assemblée, celui de requérir directement les forces nécessaires à sa défense. Les uns se rallièrent à la proposition telle qu'elle avait été rectifiée par la Commission ; les autres, en nombre très-supérieur dans l'Assemblée, persistèrent à la repousser dans la crainte de fournir des armes à une conspiration royaliste dirigée à la fois contre Louis-Napoléon et contre la République.

La discussion avait été fixée au 17 novembre.

Il n'est pas inutile de faire remarquer que, de l'aveu de tous les écrivains bonapartistes qui ont parlé de ces événements, le Président avait, en ce moment. pris toutes ses mesures pour faire marcher les troupes contre l'Assemblée nationale, si la proposition des questeurs obtenait la majorité.

La séance du 17 novembre fut pleine de trouble, anxieuse, presque sinistre. On comprenait qu'un Coup d'État, c'est-à-dire la guerre civile et l'inconnu au bout, pouvaient éclater à l'issue de la délibération.

La gauche tenait en ce moment la majorité dans ses mains. La droite était profondément divisée. Indépendamment du groupe de conservateurs ralliés à Louis-Napoléon, un certain nombre de représentants timides, qui votaient d'ordinaire avec les chefs parlementaires des partis monarchiques, n'osaient les appuyer dans cette circonstance. L'ancienne majorité se trouvait ainsi partagée en deux fractions à peu près d'égale force ; les deux cents voix de la gauche devaient donc, en se portant sur l'une ou l'autre des deux fractions, fixer le sort de la proposition.

Au début de la séance, le général Saint-Arnaud,

ministre de la guerre, combattit la proposition des
questeurs en niant le droit de réquisition directe et en
contestant la validité actuelle du décret du 11 mai 1848.
Son argumentation se bornait à une assertion de droit :
l'Assemblée constituante, assemblée souveraine, aurait eu des pouvoirs qui n'appartenaient plus à l'Assemblée législative, et à quelques considérations spé-
ciales : le droit de réquisition directe serait contraire
au principe de la séparation des pouvoirs, empiéterait
sur les attributions du Président de la République,
introduirait des éléments d'indiscipline et de désordre
au sein de l'armée.

Le général Leflô, l'un des questeurs, répondit que
sur le premier point, il était inadmissible de contester
à l'Assemblée législative un droit reconnu à la Constituante postérieurement à la promulgation du pacte
fondamental, lorsque cette Assemblée était devenue
une véritable « législative » dont les attributions ne
différaient plus en rien des attributions normales
accordées par la Constitution aux législatures ordinaires. L'honorable général s'éleva avec beaucoup de
force, au nom même de l'armée et de la discipline,
contre l'assertion de M. de Saint-Arnaud, concernant
le trouble que la proposition des questeurs pourrait
apporter dans l'organisation militaire.

Le colonel Charras, représentant de la gauche républicaine, prit ensuite la parole pour expliquer les motifs qui l'obligeaient de se rallier à la proposition des
questeurs.

Quelques extraits de son discours et de ceux qui
furent prononcés ensuite, permettront au lecteur d'ap-

précier, mieux qu'il ne pourrait le faire, si nous nous bornions à une analyse nécessairement décolorée de cette mémorable séance, les sentiments divers qui agitaient l'esprit des républicains, dans cette circonstance décisive.

Nous empruntons les extraits qui vont suivre au compte rendu officiel de la séance :

« M. CHARRAS. — Messieurs, en commençant ce que j'ai à
« vous dire sur la grave question qui est soulevée devant vous,
« je tiens à faire une déclaration, c'est que, jusqu'au moment
« où j'ai lu, à la suite du rapport de la Commission, la décla-
« ration ou plutôt la rétractation faite par MM. les ministres,
« jusqu'au moment où j'ai lu que le pouvoir exécutif. par l'or-
« gane de MM. les ministres de la guerre et de l'intérieur, niait
« à l'Assemblée le droit de pourvoir à sa souveraineté, à la
« défense de cette souveraineté comme elle l'entend, j'ai changé
« d'opinion. Avant, j'aurais voté contre la proposition de MM. les
« questeurs; aujourd'hui, et après la déclaration renouvelée à
« cette tribune par M. le ministre de la guerre, je déclare que
« je voterai pour la proposition des questeurs. (Marques assez
« générales d'étonnement.)

. . . .
« Jusqu'ici le droit de réquisition directe n'avait jamais été
« contesté à l'Assemblée, j'en atteste les souvenirs de M. Odilon
« Barrot, qui a reconnu ce droit; jusqu'à ce jour ce droit de
« réquisition n'avait pas été contesté par le gouvernement de
« M. Bonaparte, président de la République. Aujourd'hui on le
« conteste de la manière la plus formelle..... Sur la question de
« principe ainsi posée : — L'Assemblée à laquelle le peuple
« français a délégué le pouvoir législatif a-t-elle, oui ou non, le
« droit de se sauvegarder comme elle l'entend, comme elle le
« croit bon, comme elle le croit nécessaire, comme elle le croit
« indispensable ? — Sur cette question ainsi posée, sur ce ter-
« rain, je crois qu'il ne peut se produire le moindre dissenti-
« ment dans cette Assemblée, si ce n'est sur les bancs du

« Ministère. . . . .

« Cette majorité qui, jusqu'ici, avait laissé passer presque
« sans contestation les faits les plus considérables, les faits, je
« le dirai, les plus scandaleux (Marques d'approbation sur plu-
« sieurs bancs de la gauche) qui se sont accomplis, je n'ai pas
« besoin de dire où, ni comment. Si le moindre doute s'élevait
« ici, je citerais quelques noms, Satory..... (Approbation à gau-
« che. — Rumeurs sur quelques bancs.) Comment! il n'est pas
« inouï d'avoir vu des officiers, ceux qui avaient poussé ces cris
« inconstitutionnels, ces cris factieux, devenir l'objet de faveurs
« non moins scandaleuses? (A gauche : C'est vrai! c'est vrai!)

« Eh bien, je dis, pour moi qui suis très-attentivement tous
« les mouvements qui se font dans la tête et dans le corps
« même de l'armée de Paris, je dis que ce sont les hommes qui
« ont éclaté en actes de dévouement à la personne du Président
« de la République, et, je dirai plus, peut-être dans leur haine
« pour la République, ce sont ces hommes qu'on appelle à Paris,
« auxquels on confie les plus hautes positions; je dis qu'à
« l'heure qu'il est dans les salons..... je ne dirai pas lesquels,
« tout le monde le devine, on parle, avec un laisser-aller ini-
« maginable, de quoi? De fermer les portes de cette Assemblée,
« et de proclamer ce que vous savez. (Exclamations diverses. —
« Sourires et dénégations au banc des ministres.)

« M. MICHEL (de Bourges) et plusieurs autres membres de la
« gauche : Les salons ne font pas les peuples ! . . . . . .

. . . .

« M. CHARRAS. — Jusqu'à ce qu'il y ait une réponse dans le
« sens contraire à celle qui a été faite par M. le ministre, je
« regarde comme constant que le droit de l'Assemblée a été nié
« formellement. (M. le ministre de la guerre fait un signe de
« dénégation.)

« M. CHARRAS. — Il ne faut pas jouer ici sur les mots et dire
« que vous reconnaissez à l'Assemblée un droit en théorie, lors-
« qu'en fait vous venez dire que vous ne le reconnaissez pas.
« Quant à la question d'opportunité de la proposition, je vous
« l'ai déjà dit, pour moi elle résulte tout entière de la déclara-

« tion faite par le gouvernement ; elle est là, elle n'est pas ail-
« leurs.

« Un Membre. — L'ennemi est dans les rangs de la majo-
« rité.

« M. Charras. — On me dit que l'ennemi est là (la droite).
« Il est bien ailleurs aussi.

« M. Mathé. — Le plus dangereux est là (la droite).

« M. Charras. — Non, je le dis en terminant, je ne crois pas
« que la majorité soit un danger plus sérieux pour la Constitu-
« tion et pour la République dans les termes où est posée la
« question maintenant, que le Président qui siége à l'Élysée ;
« non, je ne crois pas qu'il vienne de sa part un danger plus
« immédiat, un danger plus imminent que celui qui peut venir
« de l'endroit que j'ai indiqué. (Rires.)

« Mais la majorité se trouve sur le terrain du principe cons-
« titutionnel, sur le terrain de l'indépendance des assemblées.
« La majorité, à mon sens, est dans le vrai. C'est pour cela que
« je voterai avec elle. »

M. Michel (de Bourges) prit la parole immédiatement après ce discours. Obsédé, comme tant de ses
collègues républicains, de l'idée que la République
n'avait pas d'ennemis plus redoutables que la majorité
royaliste, il essaya d'atténuer l'effet produit sur la
gauche par les paroles de M. Charras.

Il somma les auteurs de la proposition de dénoncer
hautement, franchement, les complots du pouvoir
exécutif si vraiment ils croyaient à la réalité de ces
complots. Et il ajouta :

« Il s'agit de périls théoriques. Savez-vous quand vous les
« avez découverts? Vous les avez découverts le 4 novembre,
« lorsqu'on a retiré la loi du 31 mai. Voilà le péril : le péril,
« c'est que la monarchie est menacée, c'est que la République
« commence à être inaugurée, voilà le péril. (Bruyants applau-
« dissements à gauche.) Vous avez peur de Napoléon Bonaparte,

6

« et vous voulez vous sauver par l'armée. L'armée est à nous,
« et je vous défie, quoi que vous fassiez, si le pouvoir militaire
« tombait dans vos mains, de faire un choix qui fasse qu'aucun
« soldat vienne ici pour vous contre le peuple.

« Non, il n'y a point de danger, et je me permets d'ajouter
« que s'il y avait un danger, il y a aussi une sentinelle invinci-
« ble qui vous garde; cette sentinelle, je n'ai pas besoin de la
« nommer, c'est le peuple. (Vifs applaudissements à gauche.) »

Le rapporteur de la Commission, M. Vitet, fit aux
paroles de M. Michel (de Bourges) la plus impolitique
réponse qu'il fût possible d'imaginer. Il l'accusa d'al-
liance intime avec la Présidence. L'imputation était si
évidemment fausse que la gauche fut plus que jamais
persuadée que la proposition des questeurs était dirigée contre elle aussi bien que contre le Président.

Vainement M. Thiers essaya-t-il de réparer l'énorme
maladresse commise par M. Vitet; vainement dé-
nonça-t-il la circulaire du général Saint-Arnaud
comme un symptôme évident de l'intention du pouvoir exécutif de se servir de l'armée contre la Constitution; la gauche, — du moins la majeure partie de la
gauche, — non-seulement ne l'écouta pas, mais elle
couvrit sa voix, et l'orateur descendit de la tribune
sans avoir terminé son discours.

Le général Saint-Arnaud, qui s'apprêtait en ce
moment même, à se mettre à la tête des troupes et à
les conduire contre l'Assemblée nationale, si le vote
lui était défavorable, le général Saint-Arnaud, disons-nous, jugea à propos de faire après le discours
interrompu de M. Thiers des déclarations du genre de
celle-ci :

« On me reproche de n'avoir pas rappelé à l'armée le respect

« des lois et de la Constitution. Ce ne sont plus mes paroles que
« l'on interprète, c'est mon silence.

« Messieurs, je sais respecter les lois, et je suis de ceux qui
« savent les faire respecter, par mes actes plus que par mes
« paroles. Mais le soldat n'est pas juge de la loi. Je n'ai trouvé
« ni utile ni digne de recommander à des chefs le premier de
« tous les devoirs..... Je n'ai pas songé à faire descendre la loi
« des hauteurs où elle réside, dans un ordre du jour, pour l'y
« placer dans une hypothèse de violation qui n'est pas accep-
« table. L'obéissance aux lois, c'est le principe vital de toute
« société. Qui donc en doute ?... etc. »

M. Jules Favre dit le dernier mot de la gauche dans
cette discussion décisive. Il affirma comme l'avait fait
M. Charras le droit de réquisition directe de l'Assemblée, mais il ajouta qu'il n'était pas besoin d'une loi
nouvelle pour le constater :

« Il arrive, dit-il, que le pouvoir exécutif vous conteste ce
« droit Qu'avez-vous à faire? L'affirmer par une loi nouvelle?
« Quoi! messieurs, s'il plaît au pouvoir exécutif de contester
« l'autorité des lois, il faudra que vous les refassiez? Le moyen
« de sortir d'une pareille difficulté, c'est d'ordonner l'exécution
« de la loi.

« Requérez demain, et vous verrez que le pouvoir exécutif
« cédera. Et s'il ne cède pas, il sera mis en accusation. (Agita-
« tion en sens divers.)

L'orateur termina en posant ce dilemme :

« De deux choses l'une, ou vous croyez que le pouvoir exé-
« cutif conspire : accusez-le, ou vous feignez de croire qu'il
« conspire, et c'est que vous conspirez vous-mêmes contre la
« République, et voilà pourquoi je ne vote pas avec vous. »

Aussitôt après le discours de M. Jules Favre, le ministre de la guerre, Saint-Arnaud, prononça quel-

ques paroles, pour convenir que c'était par ses ordres qu'avaient été enlevées des casernes les affiches du décret du 11 mai 1848.

Une agitation inexprimable s'empara de l'Assemblée.   ·

Le général Saint-Arnaud quitta la salle.

Ici se place un incident extra-parlementaire raconté par M. Granier de Cassagnac :

« Le général de Saint-Arnaud, dit-il, se leva aussitôt de son
« banc, et sortit en effet, après avoir adressé un regard signifi-
« catif au général Magnan, commandant en chef de l'armée de
« Paris, qui assistait à la séance et qui se trouvait avec M. de
« Maupas, préfet de police, dans une tribune. Comme il arrivait
« près de la porte de la salle, le ministre de la guerre répondit
« en riant à un collègue qui s'étonnait de le voir partir avant le
« vote : « On fait trop de bruit dans cette maison; je vais cher-
« cher la garde. » Et il y allait comme il le disait (1). »

On procéda au vote.

La proposition des questeurs fut repoussée par 408 voix contre 300. Plus de 150 républicains avaient voté contre la proposition.

Parmi ceux qui s'étaient joints à la droite, on comptait, — et ceci est un point significatif, — tous les représentants républicains appartenant à l'armée : le général Cavaignac, le colonel Charras, les capitaines Bruckner, Millotte, Tamisier et le lieutenant Valentin. Plusieurs membres éminents de la gauche avaient voté de même : MM. Marc Dufraisse, Pascal Duprat, Grevy, etc.

(1) *Histoire de la chute de Louis-Philippe*, etc., par Granier de Cassagnac, 2ᵉ volume, p. 341.

L'historiographe bonapartiste, Belouino, dit qu'en apprenant le résultat du vote, le général Saint-Arnaud se serait écrié : « Nous nous en serions bien passés ! » M. Granier de Cassagnac dit de son côté :

« Ce résultat inespéré rompit tous les préparatifs de résis-
« tance. — « Cela vaut peut-être mieux, » répondit le Prince,
« prêt à monter à cheval ; et son visage reprit aussitôt sa séré-
« nité habituelle (1). »

Ainsi se termina ce grand débat qui, si la gauche eût donné son concours aux questeurs, aurait eu sans doute pour résultat immédiat l'insurrection du pouvoir exécutif et la lutte ouverte entre le Président et l'Assemblée nationale.

On a souvent discuté depuis le 2 décembre, au sein du parti républicain, la question de savoir si la gauche avait été bien ou mal inspirée en ne votant pas la proposition des questeurs. Il nous semble que la réponse ne saurait être douteuse. Le colonel Charras avait parfaitement discerné le péril réel qui menaçait l'existence même de la Constitution et de la République ; ce péril n'était pas dans la droite parlementaire désunie, impuissante, incapable d'entreprendre et d'exécuter quelque entreprise sérieuse ; il était dans le pouvoir exécutif, qui disposait de l'armée et de toutes les forces d'une administration centralisée et disciplinée. Il fallait l'aveuglement de la passion pour ne pas l'apercevoir. La gauche fut, en cette circonstance, aussi clairvoyante que l'avait été la droite en repoussant le réta-

(1) *Histoire de la chute de Louis-Philippe*, etc., par Granier de Cassagnac, 2e volume, p. 342.

blissement du suffrage universel. Mais, dira-t-on, le
Coup d'État n'eût fait qu'éclater un peu plus tôt,
le **17** novembre, au lieu du **2** décembre. La chose est
probable, à peu près certaine; mais une seule observation montrera que notre appréciation n'en est nullement infirmée. Le 17 novembre au soir, l'Assemblée
n'eût pas été surprise. Elle était sur ses gardes. Ses
hommes politiques influents, les généraux illustres qui
en faisaient partie n'auraient pu être arrêtés nuitam-
ment, dans leurs lits. Les troupes de service à
l'Assemblée, ayant à leur tête des hommes tels que
Lamoricière, Leflô, Changarnier, Bedeau, Cavaignac,
Charras, auraient mis le palais à l'abri d'un coup de
main. Qui oserait affirmer que dans ces conditions,
l'issue du conflit n'eût pu, selon de très-grandes pro-
babilités, être fort différente? La plupart des représentants républicains qui ont voté contre la proposition
des questeurs étaient certes des hommes de convictions énergiques, dont le dévouement à la République
n'a fléchi devant aucun désastre; mais l'histoire qui
rend hommage à la droiture de leurs intentions ne
peut s'empêcher de constater que le 17 novembre, ils
manquèrent totalement de sens politique.

Examinons, avant d'aller plus loin, une assertion,
touchant cette mémorable crise de la proposition des
questeurs, qui a été reproduite à satiété depuis seize
ans. La droite parlementaire avait-elle formé un complot contre Louis-Napoléon? ou, pour parler avec plus
de précision, cette droite conspirait-elle dans le but de
dépouiller *violemment* et *illégalement* le Président de la
République *des pouvoirs qu'il tenait de la Constitution ?*

La proposition des questeurs était-elle le moyen choisi pour exécuter ce complot?

On a répondu bruyamment par l'affirmative. C'est le thème favori de MM. Granier de Cassagnac, Belouino, Mayer et autres historiographes apologistes du Coup d'État.

Cette affirmation, à l'appui de laquelle on n'a jamais fourni qu'un seul semblant de preuve dont nous parlerons tout à l'heure, ne supporte pas l'examen.

Une première considération frappe l'observateur. C'est que la majorité n'avait aucun intérêt à dépouiller illégalement Louis-Napoléon d'un pouvoir qui allait expirer tout naturellement dans cinq mois. L'absence d'intérêt à cet égard est d'autant plus évidente que l'article 45 de la Constitution interdisait la réélection du Président, avant un intervalle de quatre années. Ainsi, les adversaires de Louis-Napoléon n'avaient qu'une chose à faire pour être débarrassés de lui : tenir la main à l'exécution des prescriptions de la loi, et attendre le terme fixé par le pacte fondamental, terme qui expirait au deuxième dimanche de mai 1852.

Les écrivains bonapartistes qui raisonnent sur ces choses affectent de penser que Louis-Napoléon avait reçu du peuple d'autres pouvoirs que ceux strictement déterminés par la Constitution, à laquelle le Président avait juré obéissance et fidélité. Nous les renvoyons aux paroles de Louis-Napoléon lui-même. Qu'ils relisent le discours du 20 décembre 1848 et le mémorable Message du 12 novembre 1850, ils verront avec quelle netteté Louis-Napoléon reconnaissait ne posséder d'autres pouvoirs que ceux qu'il tenait du pacte fondamental de la République.

Ajoutons que ce même pacte fondamental donnait à l'Assemblée nationale le droit de mettre en accusation le Président de la République, de prononcer sa déchéance dans certains cas, et de le traduire devant une Haute Cour de justice. La majorité était donc encore dispensée par la loi même de comploter un dépouillement violent du Président de la République : elle pouvait prononcer légalement la mise en accusation, et, en cas de résistance, la déchéance.

La proposition des questeurs avait-elle pour but de donner à la majorité les moyens de renverser illégalement le Président? Évidemment non, puisque cette proposition ne faisait que réaffirmer un droit dont l'Assemblée avait toujours joui, bien qu'elle n'eût pas eu l'occasion d'en user depuis 1849.

La vérité, nous l'avons déjà dit, et les faits le prouvent jusqu'à l'évidence la plus éclatante, c'est que la majorité ayant eu connaissance du projet de Coup d'État, avorté pendant les vacances parlementaires, voulait prendre des mesures défensives. Elle prévoyait sans doute que le Président essayerait de la dissoudre, et dans ce cas, elle était résolue d'user du droit de réquisition directe, pour donner force à la légalité, et faire exécuter un décret de mise en accusation ou un décret de déchéance s'ils devenaient nécessaires. .

Mais que la droite eût l'intention, aussitôt après le vote de la proposition, de faire arrêter inconti-

nent le Président de la République et ses ministres, c'est là une assertion aussi réellement fausse
qu'elle est invraisemblable. La droite, qui n'était
plus la majorité, — il ne faut pas l'oublier, — qui
était séparée par un abîme de rancunes' et de
haines réciproques des 180 ou 200 membres de la
gauche républicaine sans lesquels elle ne pouvait plus
enlever un seul vote, cette droite composée de 250
membres, divisés entre eux, visant à des buts différents, eût tenté de faire arrêter illégalement le Président de la République et ses ministres! Elle eût tenté
cela, sans décret régulier, au moyen de bataillons
requis à la hâte, quelques heures après le vote de
la proposition des questeurs!

Répétons-le encore une fois : Oui, la droite avait
l'intention de se servir du droit de réquisition pour 1é-
sister à une attaque du pouvoir exécutif; oui, elle prévoyait cette attaque et quelques-uns de ses membres
avaient ébauché un plan de conduite pour le cas où
elle se serait produite ; mais tout cela ne constituait
ni complot, ni tentative de complot, ni rien qui sortît
des plus strictes limites de la légalité.

On admettra, en tous cas, que l'affirmation de ce
plan d'arrestation du Président et des ministres pour
le cas où la proposition des questeurs eût été votée,
mérite avant d'obtenir créance d'être appuyé sur
quelques preuves ou du moins sur quelques indices
positifs. L'autorité de M. de Cassagnac, assurant que
tel était le projet formé par les questeurs, n'est pas, on
l'admettra sans peine, une suffisante garantie pour
l'histoire.

Voici la seule preuve qui ait jamais été avancée. Elle résulterait des faits révélés par l'article suivant, publié dans *le Constitutionnel*, du 16 décembre 1851, article uniformément reproduit et accepté sans con-teste par tous les narrateurs officieux du 2 décembre. Nous citons textuellement :

« La questure était, on le sait, le quartier général de la « coalition.

« Dès que l'acte du 2 décembre a éclaté, les arrestations et « les recherches se sont dirigées vers la questure. On a arrêté « les questeurs, on a saisi leurs papiers, notamment chez « M. Baze.

« La saisie de ces papiers *a rendu évidente l'existence du com-* « *plot.*

« En effet, tous les décrets relatifs à la réquisition directe « étaient prêts ; on en a saisi, non-seulement les minutes, mais « tous les duplicata et les ampliations nécessaires pour en « donner communication à qui de droit ; tout cela fait à l'insu « de M. Dupin, mais revêtu néanmoins du cachet de la prési-« dence de l'Assemblée.

« Le premier décret, celui qui confie à un général en chef le « commandement des troupes chargées de protéger l'Assemblée « nationale, est ainsi conçu :

« Le président de l'Assemblée nationale,
« Vu l'article 32 de la Constitution ainsi conçu :
« L'Assemblée détermine le lieu de ses séances, elle fixe l'importance « des forces militaires établies pour sa sûreté, et elle en dispose ;
« Vu l'article 112 du décret réglementaire de l'Assemblée nationale, « ainsi conçu :
« Le président est chargé de veiller à la sûreté intérieure et exté-« rieure de l'Assemblée nationale. A cet effet, il exerce au nom de « l'Assemblée le droit confié au pouvoir législatif par l'article 32 de la « Constitution, de fixer l'importance des forces militaires établies pour « sa sûreté et d'en disposer,
« Ordonne à M...... de prendre immédiatement le commandement « *de toutes les forces, tant de l'armée que de la garde nationale, sta-*

« *tionnées dans la première division militaire*, pour garantir la sûreté
« de l'Assemblee nationale.

« Fait au palais de l'Assemblée nationale, le... »

SECOND DÉCRET

« Le président de l'Assemblee nationale, etc.

« Vu l'article 32 de la Constitution,

« Vu l'article 112 du decret reglementaire, etc ,

« Ordonne à tout general, à tout commandant de corps ou de dé-
« tachement, tant de l'armee que de la garde nationale, stationnes dans
« la première division militaire, d'obeir aux ordres du general M.....
« charge de garantir la sûrete de l'Assemblee nationale.

« Fait au palais de l'Assemblee nationale, le..... »

« Tels sont les deux décrets trouvés chez un questeur.
« Le premier, qui nomme le général en chef, n'existe qu'en
« deux expéditions; l'une destinée probablement au général en
« chef qui eût été nommé, l'autre au *Moniteur*.

« Quant au décret qui devait être communiqué aux chefs des
« divisions et des brigades, il en avait été déjà fait cinq amplia-
« tions. Elles sont entre les mains de l'autorité.

« Est-il clair qu'on se tenait prêt pour l'événement? On n'at-
« tendait que le jour du vote. Bien que l'Assemblée nationale
« eût à sa disposition un assez grand nombre d'employés, on
« ne s'en fiait pas à l'activité des nombreux expéditionnaires.
« On avait voulu que tout fût réglé, copié et timbré d'avance.
« Il n'eût resté qu'à remplir les noms et les dates laissées en
« blanc. Les décrets eussent été ainsi notifiés à qui de droit en
« un clin-d'œil. N'y a-t-il pas là tous les apprêts d'un coup de
« main ? »

Ces pièces, le lecteur l'a sans doute déjà remarqué,
n'établissent rien de plus que des précautions prises
par l'Assemblée nationale pour le cas où l'on atten-
terait à sa sûreté.

Mais, il y a mieux; elles n'ont aucun rapport avec la
proposition des questeurs. La lettre suivante adressée

par le général Bedeau à M. de Morny en fournit une preuve irréfutable. Nous disons irréfutable, parce que nous ne pensons pas qu'il se trouve en France une personne honorable pour contester la véracité d'un fait personnel attesté par feu le général Bedeau.

Voici cette lettre :

« Monsieur,

« J'apprends qu'on a trouvé chez M. Baze des pièces revêtues « du cachet de la présidence de l'Assemblée nationale, et « ayant pour objet de requérir les troupes, en conformité de « l'art. 32 de la Constitution et de l'art. 112 de notre règle- « ment.

« Ces pièces ont été établies par mon ordre, le 14 octobre der- « nier, époque à laquelle j'étais investi des pouvoirs de l'As- « semblée, en l'absence de M. Dupin.

« M. Baze, questeur, subordonné au Président, n'a été que le « dépositaire de ces pièces.

« J'étais alors très-décidé à faire usage de mon droit consti- « tutionnel, et à remplir mes devoirs pour garantir l'Assemblée, « si, comme j'avais trop justement lieu de le craindre, on es- « sayait contre elle ce qui plus tard a été accompli.

« J'ai l'honneur, Monsieur le Ministre, de vous saluer.

« *Signé* : BEDEAU.

« Fort de Ham, 19 décembre 1851. »

Ni *le Constitutionnel*, ni *le Moniteur*, ni nul autre journal français, ne publièrent cette rectification.

Il demeure donc, pensons-nous, surabondamment établi pour le lecteur que les récits de « complots parlementaires » contre le Président de la République ne reposent pas même sur l'ombre d'une preuve, et qu'ils manquent absolument de vraisemblance. Nous n'y insisterons pas davantage.

Il paraît naturel de penser qu'après le rejet de la proposition des questeurs, le public dût considérer toute éventualité de Coup d'État comme désormais écartée, s'il ne se produisait pas de nouveaux motifs de conflit. Ce fut en effet l'impression générale. Il était évident que le pouvoir exécutif n'avait rien à redouter de la législature. Jamais plus éclatant témoignage d'impuissance n'avait été fourni par une Assemblée parlementaire. En ne considérant que la situation respective des deux pouvoirs rivaux, on ne pouvait trouver le moindre prétexte à une aggression violente du Président contre l'Assemblée nationale ; on ne pouvait pas supposer non plus, qu'après l'issue de l'effort du 17 novembre, la droite songeât à reprendre l'initiative du conflit.

Aussi, dans les jours qui suivirent le rejet de la proposition des questeurs les bruits de Coup d'État, si accrédités la semaine précédente, tombèrent complétement, ou du moins cessèrent de trouver créance.

On ne prêta plus qu'une attention distraite aux travaux législatifs de la dernière semaine de novembre. Ils n'étaient cependant pas sans intérêt. La loi du 31 mai avait failli être abrogée indirectement, et cette fois, sans intervention du pouvoir exécutif. Un amendement à la loi communale réduisant le domicile électoral de trois années à un an ne fut rejeté qu'à la majorité d'une voix.

Il devenait de plus en plus évident qu'une nouvelle proposition de rétablissement du suffrage universel réunirait la majorité des voix. Cette proposition aurait été formulée sous peu ainsi qu'une nouvelle proposition de reviser la Constitution. Il y a lieu de croire que la gauche eût voté la révision si la droite votait le rétablissement du suffrage universel, et la force des choses semblait entraîner cette double solution aux difficultés du moment.

Le dénoûment légal de la crise paraissait assuré.

L'Assemblée toutefois se disposait à examiner un projet de loi, transmis par le Conseil d'État, concernant la responsabilité du Président de la République et des agents du Pouvoir exécutif. Un amendement de M. Pradié y avait introduit une affirmation très-nette du droit de réquisition directe, dénié par les ministres dans la discussion du **17** novembre.

Mais ces divers projets n'étaient pas encore sortis de la phase préparatoire ; ils n'étaient pas même formulés d'une façon précise, sauf le dernier, lorsque le Coup d'État éclata, au moment même où l'on avait cessé d'y croire.

Nos lecteurs ont vu, par les déclarations mêmes des écrivains bonapartistes, que le projet de Coup d'État, conçu de longue date, soigneusement préparé depuis plusieurs mois, arrêté définitivement dès le commencement du mois de novembre, — il y a même de fortes raisons de penser que cette date pourrait être reculée jusqu'au moment de l'entrée de M. de Saint-Arnaud au ministère de la guerre et de M. de Maupas à la Préfecture de police, — était arrivé à un point complet d'élaboration dès le **17** novembre. Les incidents parlementaires ne pouvaient plus désormais exercer qu'une influence secondaire sur l'événement : en avancer ou en retarder l'explosion de quelques jours.

Le moment est venu de dire quel était le plan d'exécution conçu par le Président et quelles personnes avaient contribué à le préparer.

M. Granier de Cassagnac, dans son *Récit complet et authentique*, p. 4, a dit :

« Trois hommes furent les confidents de sa pensée : M. de « Saint-Arnaud, ministre de la guerre; M. de Morny, repré- « sentant du peuple, et M. de Maupas, préfet de police. Louis- « Napoléon leur fit connaître les dangers immenses qui mena- « çaient la société, et que chaque jour aggravait, il leur exposa « les desseins qu'il avait formés pour les conjurer, et leur de- « manda leur concours; tous trois le promirent : M. de Morny, « pour toute la responsabilité politique à encourir, comme « ministre de l'intérieur; M. de Saint-Arnaud, pour les opéra- « tions militaires; M. de Maupas, pour l'action de la police. »

Ces détails sont à peu près exacts, mais fort incomplets.

C'est une chose bien connue de nos jours que les premiers confidents de Louis-Napoléon furent, dès le commencement de 1851, pour ne pas remonter plus haut, MM. de Morny, de Persigny et le commandant Fleury, l'un des aides de camp du Président de la République. Le Coup d'État et la restauration de l'Empire n'ont pas eu de plus ardents promoteurs.

On assure même que l'influence de ces trois personnages n'aurait pas été sans action sur les résolutions définitives de Louis-Napoléon.

Nous regrettons que la législation existante nous condamne à ne donner que quelques sèches indications biographiques sur des hommes qui ont joué un rôle important dans cette phase si grave de notre histoire.

M. de Morny était né en 1811. Le *Dictionnaire des Contemporains* se tait sur sa famille ; il se contente de dire qu'il fut élevé par la comtesse de Souza. Il avait servi quelque temps dans l'armée d'Afrique, sous la monarchie de Juillet. Officier démissionnaire, il s'était occupé d'industrie ; puis il était entré à la Chambre des députés, comme candidat ministériel, M. Guizot étant président du Conseil.

En 1851, M. de Morny était plus connu comme homme du monde et comme spéculateur à la Bourse que comme homme politique. Bien qu'il fût déjà réputé pour son entente dans l'art de lancer des affaires industrielles et de faire fructifier les valeurs nommées « actions, » il passait pour n'avoir qu'une fortune médiocre.

Il était spirituel, aimable, fascinateur, audacieux, sceptique, merveilleusement organisé pour briller dans la société moderne, sous une monarchie quasi-absolue, et assez fortement trempé pour prendre une part décisive aux luttes nécessaires pour l'édification d'une telle monarchie.

Il était intimement lié avec le Président de la République. Dès 1849, il disait à un personnage qui, depuis, a souvent répété ce propos : « Tout ceci finira par un Coup d'État, et c'est moi qui le ferai. Quand vous me verrez arriver au ministère, vous pourrez dire : « C'est maintenant. » Et de fait, il entra au ministère dans la nuit du 1er au 2 décembre, quelques heures avant l'exécution.

M. de Persigny était entré dans l'armée sous la Restauration et avait atteint le grade de sous-officier.

Il quitta le service en **1831**. C'est à partir de cette
date que, selon le *Dictionnaire des Contemporains*, il
commença à quitter son nom de Fialin pour prendre
celui de de Persigny, nom qui, selon le même ouvrage,
avait appartenu jadis à sa famille, mais que son père
n'avait jamais porté. Peu après, M. de Persigny s'at-
tacha sans réserve à la fortune des Bonaparte. M. Bel-
montet a raconté récemment au Corps législatif comment il recommanda le jeune ex-sous-officier, Fialin
de Persigny, aujourd'hui duc, sénateur et membre du
Conseil privé, à la reine Hortense, mère de Louis-
Napoléon. M. de Persigny prit une part active aux entreprises de Strasbourg et de Boulogne.

Il figura devant la Cour des pairs au procès qui
suivit cette dernière affaire et fut condamné sous le
nom de Fialin *dit* de Persigny.

Délivré par la révolution du 24 février. il organisa la
propagande napoléonienne.

Ses vieilles convictions impérialistes ne paraissent
avoir fléchi qu'un instant. Il posa sa candidature à
l'Assemblée constituante et adressa aux électeurs de
la Loire, le **18** mai **1848**, une circulaire électorale
dont voici quelques passages :

« Quant à mes opinions, je vais vous les exposer avec fran-
« chise. Hier, je croyais sincèrement qu'entre des habitudes
« monarchiques de huit siècles et la forme républicaine, but
« naturel de tous les perfectionnements politiques, il fallait
« suivre une phase intermédiaire ; et je pensais que le sang de
« Napoléon inoculé aux veines de la France pouvait mieux que
« tout autre la préparer au régime des libertés publiques;
« mais, après les grands événements qui viennent de s'accom-

« plir, .la République régulièrement constituée pourra compter
« sur mon dévouement le plus absolu.

    « Je serai donc loyalement et franchement républicain..., etc.

            « *Signé* : FIALIN-PERSIGNY. »

Mais cette ferveur républicaine dura peu, et, en
somme, M. de Persigny peut réclamer le privilége de
se dire l'un des plus anciens et des plus persévérants
amis de l'Empire.

Il a pris à l'exécution du Coup d'État une part
moins apparente que celle de plusieurs autres acteurs
de cet événement, mais cette part fut sérieuse; il
avait d'ailleurs amplement travaillé à en préparer la
réussite.

Le commandant Fleury, — aujourd'hui général,
sénateur. aide de camp de l'Empereur, etc., — paraît
avoir joué dans le drame du 2 décembre un rôle beaucoup plus important que les contemporains ne l'ont
généralement pensé.

En 1851, le commandant Fleury était considéré
comme un officier distingué, d'une énergie et d'une
audace à toute épreuve. Il appartenait à une famille
aisée de la petite bourgeoisie parisienne. Après une
première jeunesse fort orageuse, dit-on, il avait dé-
buté dans la carrière militaire, comme engagé volon-
taire. Son avancement avait été rapide.

Homme de plaisir, *sportsman* émérite, connaissant
à fond tout ce qui concerne les chevaux, il avait dû,
paraît-il, à cette dernière qualité, d'être attaché à
l'état-major du Président de la République.

On a vu plus haut qu'il avait été chargé, dès les

premiers mois de 1851, de trouver dans l'armée des officiers supérieurs disposés à s'associer à la fortune de Louis-Napoléon et à le seconder dans ses projets.

C'est le commandant Fleury qui, assure-t-on, mit en rapport avec le Président de la République le général de brigade Le Roy de Saint-Arnaud.

Cet officier avait eu une carrière très-accidentée.

Pour diverses raisons, nous serons très-sobres de détails à ce sujet.

Il était général de brigade en 1848, et se trouva à Paris le 24 Février. Il commandait les forces qui gardaient la Préfecture de police. M. Garnier-Pagès, dans sa consciencieuse *Histoire de la Révolution de 1848*, raconte que M. de Saint-Arnaud a été accusé par les soldats de la garde municipale de n'avoir pas conservé toute sa présence d'esprit, dans le moment difficile qui suivit la reddition au peuple de la Préfecture de police. Quoi qu'il en soit, le général qui avait failli être massacré par une foule furieuse et n'avait dû son salut qu'au dévouement de quelques citoyens, qui l'arrachèrent du milieu du peuple et le conduisirent près de M. Garnier-Pagès que l'on venait de proclamer maire de Paris, le général de Saint-Arnaud, disons-nous, avait conservé le plus amer souvenir et la plus violente rancune de l'humiliation que lui avaient fait subir les Parisiens.

On a vu, dans le précédent chapitre, comment, au dire de divers écrivains bonapartistes, la guerre de Kabylie fut entreprise pour mettre en relief le général de Saint-Arnaud, et comment les journaux officieux de la Présidence furent invités à célébrer les exploits

que le général devait accomplir, le tout de façon à ce
que son élévation au ministère de la guerre ne sem-
blât pas une mesure par trop anormale.

Nous tenons cependant de bonne source que la
nomination de M. Saint-Arnaud à ce ministère
fut considérée par le général Cavaignac, qui l'a-
vait beaucoup connu en Afrique, comme un indice
certain qu'il se préparait quelque Coup d'État
militaire contre l'Assemblée nationale. L'honorable
général s'expliqua très-ouvertement devant ses amis
politiques sur les raisons qui l'amenaient à une telle
appréciation.

Le général Cavaignac ne se trompait pas. M. de
Saint-Arnaud fut même le seul des ministres du
27 octobre qui ait été initié aux projets du Président.

M. de Maupas, préfet de police, dont le concours
avait une importance capitale pour le Président, ne
paraît avoir été mis dans la confidence des projets
de Louis-Napoléon que peu avant son entrée à la Préfecture.

Il ne nous est pas possible de donner des détails
précis à ce sujet. Mais ce qui paraît certain, c'est que
lorsque M. de Maupas remplaça M. Carlier à la Préfecture de police, il n'ignorait pas à quelle œuvre il était
appelé à donner son concours.

Un autre personnage, le général Magnan, commandant en chef de l'armée de Paris, depuis le 15 juillet
1851, doit encore être compté parmi les confidents et
les préparateurs du Coup d'État.

M. Magnan avait été officier sous le premier Empire.
Colonel en 1831, il avait été autorisé à passer dans

l'armée belge, où il servit quelques années. En 1840,
il était rentré dans l'armée française avec le grade
de général.

Par une bizarre coïncidence, il avait figuré comme
témoin à charge dans le procès de Louis-Napoléon,
après l'affaire de Boulogne.

Sa déposition est au *Moniteur* du 1er octobre 1840.
Elle est trop curieuse pour que nous n'en citions pas
quelques extraits.

Le général Magnan commandait à Lille au moment
où Louis-Napoléon préparait son débarquement à
Boulogne. Un ami du Prince, M. Mésonan, qui était
lié avec le général Magnan, s'était chargé de sonder
les dispositions de celui-ci. Le général raconta devant
la Cour des pairs une première visite qu'il avait reçue
de M. Mésonan, et continua en ces termes :

« Le lendemain, 17 juin, le commandant Mésonan, que je
« croyais parti, entre dans mon cabinet, annoncé comme tou-
« jours par mon aide de camp. Je lui dis : « Commandant, je
« vous croyais parti. — Non, mon général, je ne suis pas parti.
« J'ai une lettre à vous remettre. — Une lettre pour moi, et de
« qui? — Lisez, mon général. » Je le fais asseoir, je prends la
« lettre; mais au moment de l'ouvrir, je m'aperçus que la sus-
« cription portait : *A monsieur le commandant Mésonan*. Je lui
« dis : Mais, mon cher commandant, c'est pour vous, ce n'est
« pas pour moi. — Lisez, mon général! » J'ouvre la lettre et
« je lis :

« Mon cher commandant, il est de la plus grande nécessité que vous
« voyiez de suite le général en question; vous savez que c'est un homme
« d'exécution et sur qui on peut compter; vous savez aussi que c'est
« un homme que j'ai noté pour être un jour maréchal de France. Vous
« lui offrirez 100,000 francs de ma part, et vous lui demanderez chez
« quel banquier ou chez quel notaire il veut que je lui fasse compter
« 300,000 francs, dans le cas où il perdrait son commandement. »

« Je restai stupéfait, je fus comme anéanti, je ne trouvais
« en ce moment aucune parole à dire! L'homme que j'avais
« reçu chez moi, que j'estimais et dont je croyais être estimé,
« me remettait cette lettre à brûle-pourpoint sans m'avoir jamais
« parlé du Prince Napoléon, sans que, dans ma conduite ou
« dans mes discours, rien ait pu donner ouverture à une
« pareille communication!

« Cependant, l'indignation que je ressentais se calma; je pris
« la lettre en tremblant, et je dis : « Commandant! à moi, à moi
« une pareille lettre! je croyais vous avoir inspiré plus d'estime.
« Jamais je n'ai trahi mes serments, jamais je ne les trahirai.
« Mais vous êtes fou, commandant; mon attachement, mon res-
« pect pour la mémoire de l'Empereur ne me feront jamais
« trahir mes serments au Roi. » Je remis la lettre au comman-
« dant en lui disant que c'était un parti ridicule et perdu. Le
« commandant était interdit, pâle, inquiet. Malgré mon irrita-
« tion, j'en eus pitié. Je l'avoue, mon devoir, je ne l'ai pas fait,
« c'était d'envoyer au ministre de la guerre cette lettre dont on
« abuse aujourd'hui pour me faire passer pour un dénoncia-
« teur. »

Malgré cet étrange précédent dans les relations du
général Magnan et de Louis-Napoléon, le général n'en
était pas moins, en 1851, complétement disposé à
seconder·le Président de la République dans son entreprise contre l'Assemblée nationale.

C'est lui qui se chargea de faire pressentir aux généraux placés sous ses ordres l'imminence des événements. La chose est racontée ainsi qu'il suit par
M. Belouino, dans le livre déjà cité, page 59 :

« Quelque temps avant la séance du 17 novembre, le général
« Magnan avait réuni dans son salon tous ses officiers géné-
« raux. « Messieurs, leur avait-il dit, il peut se faire que d'ici à
« peu de temps votre général en chef juge à propos de s'asso-
« cier à une détermination de la plus haute importance. Vous

« obéirez passivement à ses ordres. Toute votre vie, vous avez
« pratiqué et compris le devoir militaire de cette façon-là. . .

. . . .

   « Mais quoi qu'il arrive, ma responsabilité vous couvrira. Vous
« ne recevrez pas un ordre qui ne soit écrit et signé de moi.
« Par conséquent, en cas d'insuccès, quel que soit le gouverne-
« ment qui vous demande compte de vos actes, vous n'aurez
« qu'à montrer, pour vous garantir, ces ordres que vous aurez
« reçus. »

M. Granier de Cassagnac raconte une scène analogue, la même sans doute, qu'il place au 26 novembre.
Vingt-et-un généraux, dit-il, auraient été réunis dans
le salon de leur commandant en chef, et informés par lui
que l'Élu du peuple ferait peut-être un prochain appel
à la souveraineté de la nation et au dévouement de
l'armée. Le général Reybell, parlant, au nom de ses collègues, aurait répondu à cette confidence en affirmant
que le concours enthousiaste de l'armée était acquis à
Louis-Napoléon.

   « Une chaleureuse acclamation, ajoute M. Granier de Cassa-
« gnac, couvrit les paroles de M. le général Reybell. Toutes les
« mains se cherchèrent, et dès ce moment, on put dire avec
« certitude que la France allait sortir de l'abîme (1). »

M. Granier de Cassagnac dit encore que les vingt-et-
un généraux s'engagèrent par serment à tenir secret
ce qui venait de se passer entre eux, et que ce secret
fut si bien gardé que lui, M. de Cassagnac, serait le premier, après cinq ans écoulés, à faire connaître « l'existence et les résultats de cette réunion mémorable. » Il

---

(1) Voir l'*Histoire de la chute de Louis-Philippe*, etc., par Granier
de Cassagnac, 2e vol , page 391, 392 et 393.

paraît évident qu'ici M. de Cassagnac se trompe. La scène révélée par lui n'est autre que celle que M. Belouino racontait, quelques mois après le Coup d'État, lorsque les souvenirs étaient frais, scène qu'il plaçait, sans doute avec raison, à une soirée antérieure à la séance du 17 novembre. Quoi qu'il en soit, voici les noms de ces vingt-et-un généraux : MM. Magnan, Cornemuse, Hubert, Sallenare, Carrelet, Renault, Levasseur, de Cotte, Bourgon, Canrobert, Dulac, Sauboul, Forey, Rippert, Herbillon, Marulaz, de Courtigis, Korte, Tartas, d'Allonville et Reybell.

Il paraît cependant que le général Magnan ne s'engagea pas dans l'entreprise assez avant pour qu'il ne lui fût plus possible de se dédire au besoin. « Il avait expressément demandé, dit M. Granier de Cassagnac (2e vol., page 408) de n'être prévenu qu'au moment de prendre les dispositions nécessaires et de monter à cheval. » Il n'agit, d'ailleurs, que muni d'ordres formels de son chef hiérarchique, le ministre de la guerre, ce qui, selon la théorie si fort en vogue en ce moment dans l'armée, mettait sa responsabilité à couvert et le garantissait en cas d'insuccès.

C'est ainsi que MM. de Morny, de Persigny, Fleury, Saint-Arnaud, de Maupas et Magnan furent les premiers confidents de Louis-Napoléon et préparèrent avec lui ce Coup d'État célèbre qui devait renverser la Constitution républicaine de 1848 pour y substituer, à bref délai, la restauration de l'Empire et de la dynastie napoléonienne.

Une remarque a été faite, qui ne saurait manquer de frapper un esprit observateur : c'est l'absence parmi les coopérateurs du Coup d'État de tout personnage qui eût conquis, à cette époque, quelque autorité dans le pays soit par son rôle politique, soit par une carrière militaire ou civile remplie avec distinction.

Les confidents de Louis-Napoléon furent des hommes relativement obscurs, de talents presque ignorés, ayant pour la plupart leur réputation et leur fortune à conquérir.

Le plan d'exécution du Coup d'État était fort simple et présentait infiniment moins de difficultés qu'on ne s'est plu à le dire. La centralisation plaçant toutes les forces organisées dans les mains du Président, le dogme de l'obéissance passive garantissant le concours des subalternes si les chefs supérieurs étaient acquis, il suffisait d'avoir ces derniers. Or, c'était déjà fait de longue date.

Avec le concours du ministre de la guerre, du commandant en chef de l'armée et du préfet de police, le Président n'avait qu'à dire un mot pour devenir maître absolu de Paris, et avec Paris, de la France.

Les principales mesures auxquelles on s'arrêta furent celles-ci :

1° Arrestation nocturne des représentants, surtout des généraux dont l'influence paraissait le plus redoutable. C'était la part de la tâche réservée au préfet de police et à ses agents;

2° Occupation nocturne du palais de l'Assemblée; distribution des troupes sur les points stratégiques de la capitale;

3° Impression et publication des décrets et proclamations du Président; saisie de tous les journaux républicains ou parlementaires.

Il fut convenu que ces diverses opérations seraient accomplies de nuit. Comme on était en hiver, on fixa le moment de l'exécution entre cinq heures et demie et six heures et demie du matin, l'heure où Paris sommeille.

Si ces opérations réussissaient, l'Assemblée, privée de ses membres les plus énergiques et les plus influents, dans l'impossibilité de se réunir au lieu de ses séances, ne pourrait tenter que de vaines protestations. Il y avait de bonnes raisons de supposer que le peuple ne bougerait pas; son mépris pour la majorité législative, sa haine des royalistes, combinés avec le rétablissement du suffrage universel, permettaient d'espérer, sinon son approbation enthousiaste, du moins son abstention.

L'armée de Paris, composée de régiments soigneusement choisis, commandés par des chefs sur lesquels le Président pouvait compter, était assez nombreuse pour faire face aux plus formidables résistances. Elle ne comprenait pas moins de soixante mille hommes, qui pouvaient en vingt-quatre heures être renforcés par trente mille soldats des garnisons voisines.

Louis-Napoléon n'avait rien négligé pour préparer les troupes à le seconder dans une entreprise que le concours de l'armée rendait seul possible.

Des banquets avaient réuni au palais de l'Élysée des milliers d'officiers et de sous-officiers, à la table du Président.

Des allocutions, dont les commentaires de la caserne

se chargeraient de dégager le véritable sens, avaient
préparé les soldats à l'idée d'une révolution militaire.
On leur répétait qu'ils avaient une revanche à prendre
sur les Parisiens, la honte des « crosses en l'air »
du 24 février à effacer ; on s'attachait à raviver en eux
le culte des souvenirs du premier Empire et du nom
de Napoléon, demeuré si puissant sur l'esprit des
soldats ; on entretenait par des excitations continuelles
cet « esprit militaire, » qui se traduit par le mépris du
bourgeois, la haine de l'avocat, de l'homme de la discussion, le dédain de tout ce qui ne porte pas le sabre
et n'obéit pas sans phrases.

On avait, semble-t-il, assez bien réussi.

Un admirateur enthousiaste du Coup d'État,
M. Mayer, a donné sur les dispositions de l'armée
quelques détails dignes d'intérêt :

« Ce n'est un mystère pour personne, dit M. Mayer, que de-
« puis la révocation du général Changarnier, l'état-major de
« l'armée dut être et fut effectivement transformé par l'admis-
« sion successive de cette génération plus jeune, plus intrépide,
« plus dévouée, pour qui et par qui fut exécutée l'immortelle
« expédition de Kabylie, véritables cadets de la gloire, presque
« tous en possession, à l'heure actuelle, *de la succession de*
« *leurs scrupuleux et constitutionnels aînés.* De ces cadets, le
« plus illustre dut monter le plus haut en grade, et c'est ainsi
« que M. Leroy de Saint-Arnaud..... fut appelé au commande-
« ment général de l'armée..... Nature ardente, droiture in-
« flexible, M. de Saint-Arnaud professe, *comme tout homme né*
« *soldat, le plus franc mépris pour les finesses de la politique et*
« *les combinaisons du parlementarisme* (1).

_____

(1) *Histoire du 2 décembre*, par P. Mayer, pages 37, 38.

« ..... L'état-major ne comptait plus que des généraux dé-
« cidés à passer le Rubicon ou à mourir.

« ..... Ce qui a fait la discipline de notre armée, et par con-
« séquent sa gloire, c'est *qu'en dépit de la civilisation, des*
« *journaux et des livres, elle n'a jamais eu des idées*, mais des
« instincts; elle aime ou elle hait, carrément, complétement,
« jusqu'à la mort et jusqu'à la frénésie, mais sans calcul,
« sans restrictions et *surtout sans phrases*. L'Empire l'a bien
« prouvé (1). »

Plus loin, le même écrivain raconte l'anecdote suivante à l'appui de son appréciation :

« Il faut le dire, l'armée n'était pas seulement convaincue,
« mais fanatisée. Le *brave et spirituel* colonel du 7ᵉ de lanciers,
« M. Féray, racontait une anecdote *qui a la valeur d'un événe-*
« *ment*. Il se trouvait avec un escadron de son régiment dans
« les environs de Chaillot. On lui amène un des plus notoires
« démagogues de cette commune, pris les armes à la main et
« les poches pleines de balles. Le colonel, voulant essayer jus-
« qu'où allait l'obéissance chez ses soldats, appelle ses deux
« plantons d'ordonnance, et leur dit, en secouant la cendre de
« son cigare : *Vous allez me brûler la cervelle à ce brigand-là!*
« *Faites-le mettre à genoux, et au commandement de : Feu!*
« *cassez-lui la tête*. Les deux lanciers arment *froidement* leurs
« pistolets, prennent à la cravate l'homme qui se tordait et
« criait : grâce! lui appliquent leur arme sur chaque tempe,
« et attendent, *avec le plus grand calme*, le commandement du
« colonel. Emmenez-le, dit M. Féray, il est trop lâche *pour être*
« *fusillé par de braves gens comme vous*. Et il le fit conduire à
« la Préfecture de police. *Quels hommes!* disait-on à M. Féray,
« quand il raconta cet incident. — Tout mon régiment eût fait
« de même, répondit le gendre du maréchal Bugeaud (2). »

Le 9 novembre, le Président de la République avait

(1) *Histoire du 2 décembre*, par P. Mayer, page 132.
(2) *Histoire du 2 décembre*, par P. Mayer, p. 164.

réuni à l'Élysée les officiers des régiments nouvelle-
ment arrivés à Paris. Le discours qu'il leur avait
adressé ne manquait pas de signification.

En voici le passage saillant :

« Si la gravité des circonstances les ramenait (ces épreuves),
« et m'obligeait de faire appel à votre dévouement, il ne me
« faillirait pas, j'en suis sûr, parce que, vous le savez, je ne
« vous demanderai rien qui ne soit d'accord avec mon droit
« *reconnu par la Constitution*, avec l'honneur militaire, avec
« les intérêts de la patrie; parce que j'ai mis à votre tête des
« hommes qui ont toute ma confiance et qui méritent la vôtre,
« parce que, si jamais le jour du danger arrivait, *je ne ferais*
« *pas comme les gouvernements qui m'ont précédé, et je ne vous*
« *dirais pas : Marchez, je vous suis; mais je vous dirais : Je*
« *marche, suivez-moi!* »

Il paraît que les mots *reconnu par la Constitution*,
lesquels sont dans le texte du discours au *Moniteur*,
n'avaient pas été prononcés par Louis-Napoléon.
M. Mayer le dit en ces termes : « Le Président ne pro-
« nonça pas ces quatre derniers mots, que le minis-
« tère fit ajouter par un scrupule que tout le monde
« comprit. Il y avait encore une Constitution (1). »

L'armée qui devait jouer le rôle prépondérant dans
le Coup d'État étant ainsi préparée et disposée, il n'y
avait plus qu'à s'assurer le concours de la police. Ce
concours était indispensable, mais avec celui de l'armée, il suffisait. L'histoire doit noter cette particula-
rité remarquable : deux seules forces ont fait le Coup
d'État, l'armée et la police. On sait que le préfet de
police, M. de Maupas, était dans la confidence de Louis-

(1) *Histoire du 2 décembre,* par L. Mayer, p. 22.

Napoléon. Ses agents, tous soigneusement choisis par
M. Carlier, — nous voulons parler des agents supérieurs, — étaient prêts à s'associer à toute entreprise
qui serait dirigée contre le pouvoir parlementaire, et
surtout contre le parti républicain.

Le secret des préparatifs du Coup d'État fut très-
bien gardé. C'était le plus difficile.

Le moment fut choisi à merveille, quatorze jours
après le rejet de la proposition des questeurs, lorsque
le public, tant de fois trompé par de faux bruits de
Coup d'État, avait fini par ne plus y croire.

Un incident, qui aurait pu réveiller les soupçons,
passa non pas inaperçu, mais incompris.

Le Président de la République nomma chef d'état-
major de la garde nationale de Paris, un certain
M. Vieyra.

L'honorable général Perrot, commandant en chef de
la garde nationale, donna sur-le-champ sa démission
pour ne pas être en rapports avec ce personnage.

Le lendemain, 30 novembre, le général Lawœstine
était nommé en remplacement du général Perrot. Il
n'y a pas lieu de croire néanmoins qu'il eût été mis
dans la confidence de ce qui se préparait. Quant au
nouveau chef d'état-major Vieyra, il s'était chargé de
prendre des mesures pour empêcher la garde nationale de se réunir.

C'est dans ces derniers jours que le Président s'as-
sura du concours de M. de Saint-Georges, directeur
de l'Imprimerie nationale.

Tout était donc prêt pour l'action.

CHAPITRE III

La soirée du 1ᵉʳ décembre au palais de l'Elysée. — Les manuscrits
sont portés à l'Imprimerie nationale. — Mesures prises par le préfet
de police. — Le palais de l'Assemblée nationale est surpris de nuit par
le colonel Espinasse. — Détails à ce sujet — Arrestation des questeurs. — MM. Baze et le général Leflô. — Détails circonstanciés sur
l'arrestation du général Bedeau. — Les arrestations des seize représentants désignés réussissent. — Liste de citoyens arrêtés dans la
même nuit — Décrets du Président de la République. — L'appel au
peuple. — Proclamation à l'armée. — Premières impressions de la
population parisienne. — Attitude du peuple. — La bourgeoisie
libérale est hostile au Coup d'Etat.

Louis-Napoléon avait choisi le 2 décembre, anniversaire d'Austerlitz, pour l'exécution du Coup d'État.

Le lundi soir 1ᵉʳ décembre, il tint sa réception habituelle à l'Élysée. La foule était considérable.

« Le Prince, dit M. de Cassagnac, se montra à ses hôtes
« avec le calme inaltérable de son esprit et avec l'aménité ordi-
« naire de ses manières. L'observateur le plus attentif n'aurait
« su découvrir ni sur son front un nuage, ni dans ses paroles
« une préoccupation (1). »

Ceux des ministres qui ignoraient ce qui se préparait
étaient mêlés aux confidents. Le nouveau chef d'état-
major de la garde nationale, Vieyra, était là.

Le docteur Véron raconte, dans ses *Mémoires* (2),
l'incident suivant :

---

(1) *Histoire de la chute de Louis-Philippe*, etc , par Granier de Cassagnac, 2ᵉ volume, page 398.
(2) *Nouveaux Mémoires d'un bourgeois de Paris*, par le docteur
L. Véron, pages 343, 344.

« Le Prince, étant adossé à une cheminée, fit signe à
« M. Vieyra, colonel d'état-major de la garde nationale, d'ap-
« procher, et lui dit, assez bas pour n'être entendu que de
« lui :

« — Colonel, êtes-vous assez fort pour ne rien laisser voir
« d'une vive émotion sur votre visage?

« — Prince, je le crois.

« — Eh bien ! c'est pour cette nuit!... Pouvez-vous m'affirmer
« que demain on ne battra pas le rappel?

« — Oui, Prince, si j'ai assez de monde pour porter mes
« ordres.

« — Voyez Saint-Arnaud.

« — Il faut, ajouta Louis-Napoléon, que vous couchiez ce soir
« à l'état-major.

« — Mais, si l'on me voyait passer la nuit sur un fauteuil à
« l'état-major, cela étonnerait.

« — Vous avez raison. Soyez-y à six heures du matin, vous
« serez averti : *Qu'aucun garde national ne sorte en uniforme.*
« Allez. — Non, pas encore, vous auriez l'air de vous retirer
« par mon ordre.

« Le Prince s'éloigne, et le colonel va saluer des personnes
« de sa connaissance, sans qu'on pût se douter qu'il venait de
« recevoir une si terrible confidence. »

On dit que le premier soin de M. Vieyra fut de
faire crever les caisses des tambours de la garde nationale, moyen efficace, quoique peu héroïque, d'empêcher qu'on ne battît le rappel.

Vers onze heures du soir, les invités s'étaient dispersés. Quatre personnes seulement étaient restées ;
c'étaient MM. de Morny, de Saint-Arnaud, de Maupas
et Mocquart, chef du cabinet du Président. M. Mocquart, ami particulier de Louis-Napoléon, connaissait
ses projets, bien qu'il n'ait pas joué de rôle actif dans
leur exécution.

M. de Morny avait affecté de se montrer au théâtre.
Le docteur Véron raconte qu'il avait paru vers dix
heures, « dans une des loges d'avant-scène de l'Opéra-
« Comique, où chacun le put voir, très-élégant et sa-
« luant d'un geste cordial tous ses amis. » Le docteur
dit encore que pendant l'entr'acte, M. de Morny se
montra dans la loge de Mme Liadières, où furent
échangées les paroles suivantes :

« — Monsieur de Morny, dit-elle, on disait, tantôt, que le
« Président de la République va balayer la Chambre. Que
« ferez-vous?
« — Madame, répondit M. de Morny, s'il y a un coup de
« balai, je tâcherai de me mettre du côté du manche. »
« Avec un peu d'attention, ajoute le docteur Véron, mais ils
« étaient bien loin de songer au péril qui les menaçait, le généra
« Cavaignac et le général de Lamoricière, assis dans une loge à
« côté, auraient entendu la question de Mme Liadières et la
« réponse de M. de Morny (1). »

Un peu avant minuit, M. de Béville, un des aides de
camp du Président, initié récemment au projet du
Coup d'État, entra dans le cabinet où se trouvaient
déjà Louis-Napoléon, de Morny, de Maupas, de Saint-
Arnaud et Mocquart. M. de Béville s'était chargé de
porter à l'Imprimerie nationale les manuscrits des décrets et proclamations. Louis-Napoléon avait écrit,
dit-on, sur cette liasse de papiers ce mot : *Rubicon.*

Il ne semble pas que le commandant Fleury ait été

---

(1) *Nouveaux Mémoires d'un bourgeois de Paris,* par le docteur
L. Veron, pages 314, 315.

présent à ce dernier conseil. On assure cependant
qu'il ne restait pas inactif. Ce que nous allons dire de
son rôle en ce moment nous a été raconté par une
personne digne de foi, mais nous ne saurions garantir
la parfaite exactitude des détails.

Le commandant Fleury aurait rempli vers minuit
une mission de confiance. Une compagnie de gendarmerie mobile avait reçu l'ordre d'occuper l'Imprimerie
nationale, sous un prétexte quelconque. C'était le
premier acte matériel du Coup d'État. M. Fleury en
aurait surveillé l'exécution. La marche de la troupe et
l'occupation de l'Imprimerie s'étant effectuées sans
donner l'éveil à la population, le commandant serait
revenu à l'Élysée informer le Président que tout allait
bien.

Louis-Napoléon remit alors le paquet de manuscrits
au colonel de Béville, qui les porta à l'imprimerie, où
le directeur, M. de Saint-Georges, attendait. Celui-ci
donna l'ordre de les composer. Les ouvriers avaient
été consignés depuis la veille pour un travail urgent.
Les manuscrits furent coupés de manière à ce que les
compositeurs ne pussent découvrir le sens de ce qu'ils
composaient. On raconte néanmoins que, malgré cette
précaution, il y eut de leur part une certaine méfiance et quelques velléités de refuser le travail demandé ; ils obéirent cependant et restèrent, chacun
sous la surveillance de deux agents de police, jusqu'à
ce que tout fut terminé. La compagnie de gendarmerie
qui occupait l'imprimerie était commandée par le capitaine Delaroche d'Oisy. Sa consigne était simple, dit
M. P. Mayer : « Fusiller tout ce qui tenterait de sortir

« ou de s'approcher d'une fenêtre. Rien de plus clair,
« mais rien de plus nécessaire aussi (1). »

Les manuscrits imprimés, tirés à un grand nombre
d'exemplaires, furent portés vers quatre ou cinq heures du matin à la Préfecture de police.

Pendant ce temps, à l'Élysée, Louis-Napoléon écrivait des lettres pour congédier ceux de ses ministres
qui n'étaient pas initiés au projet. Il signa également
un décret qui nommait M. de Morny ministre de l'intérieur, en remplacement de M. de Thorigny.

On raconte que vers ce moment, une certaine hésitation se serait produite chez l'une des personnes en-
gagées dans l'entreprise, et que l'intervention énergique du commandant Fleury n'aurait pas été inutile
pour faire cesser ce commencement de défaillance.

C'est probablement vers deux heures et demie que
fut signé l'ordre destiné au général Magnan. Cet ordre
lui parvint, selon M. Granier de Cassagnac, vers trois
heures du matin. A quatre heures, le ministre de la
guerre, de Saint-Arnaud, et le préfet de police, de
Maupas, étaient à leurs postes respectifs. M. de Morny
se disposait à aller congédier M. de Thorigny, lequel
ne se doutait de rien.

M. Maupas reçut bientôt les imprimés Les afficheurs
habituels de la Préfecture de police attendaient, ignorant bien entendu ce qu'ils devaient afficher; les pièces
leur furent distribuées, et ils se répandirent dans
toutes les directions, escortés par des sergents de
ville. Il était alors six heures et demie, environ.

(1) *Histoire du 2 décembre*, par P. Mayer, pages 50, 51.

Il s'était déjà passé dans l'intervalle des incidents
d'une grande importance. On sait que l'un des points
essentiels du plan du Coup d'État était l'arrestation
des représentants et des citoyens dont on redoutait
l'influence. C'était la part de la tâche commune qui
revenait spécialement à M. de Maupas. Le nombre
des personnes à arrêter ainsi était de soixante-dix-huit,
dont seize représentants du peuple, inviolables, aux
termes de la Constitution.

« Les unes et les autres, dit M. Granier de Cassagnac dans
« son *Récit complet et authentique*, etc., page 5, étaient sur-
« veillées et comme gardées à vue par des agents invisibles,
« et pas un de ces agents ne soupçonnait le but de sa mission
« réelle, ayant tous reçu des missions diverses et imaginaires.
« Les huit cents sergents de ville et les brigades de sûreté
« avaient été consignées à la Préfecture de police, le 1er dé-
« cembre, à onze heures du soir, sous le prétexte de présence à
« Paris des réfugiés de Londres. A trois heures et demie du
« matin, le 2, les officiers de paix et les quarante commissaires
« de police étaient convoqués à domicile. A quatre heures et
« demie, tout le monde était arrivé et placé, par petits groupes,
« dans des pièces séparées, afin d'éviter les questions.
« A cinq heures, tous les commissaires descendirent, un à
« un, dans le cabinet du préfet, et reçurent de sa bouche la
« confidence pleine et entière de la vérité, avec les indications,
« les instruments et les ordres nécessaires. Les hommes avaient
« été appropriés avec un soin spécial au genre d'opération qui
« leur était confié, et tous partirent, pleins de zèle et d'ardeur,
« résolus d'accomplir leur devoir à tout prix. Aucun n'a failli à
« sa promesse. »

Une des choses qui surprendront certainement le
plus la postérité dans les événements que nous racontons, sera, sans doute, l'unanimité des quarante com-

missaires de police à s'associer aux projets dont M. de
Maupas leur fit ainsi confidence. Il s'agissait de se
rendre complices d'un acte que l'article 68 de la Constitution qualifiait de crime de haute trahison ; il s'agissait d'arrêter des représentants inviolables, acte que
la Constitution qualifiait également de crime. Aucun
de ces magistrats n'ignorait la loi. Cependant pas un
seul n'hésita. Le préfet de police leur remit des mandats d'arrêt, préparés à l'avance, tous uniformément
motivés sur l'accusation « de complot contre la sûreté
de l'État, et de détention d'armes de guerre. »

M. Mayer, qui professe pour M. de Maupas une ad-
miration toute particulière, dit à ce sujet :

« Il lui fallut surtout cette chaleur de cœur, cet enthou-
« siasme de dévouement dont la jeunesse ne fait qu'exciter
« les élans. Quelle responsabilité de signer de son nom, sans
« hésitation aucune, et en temps de paix, l'ordre d'arrêter des
« généraux et des représentants que l'on considérait comme les
« gloires militaires et parlementaires de la France (1)! »

Parmi les représentants à arrêter se trouvaient quatre généraux, des plus illustres que la France pos-
sédât, MM. Bedeau, Cavaignac, Changarnier, Lamoricière ; deux autres officiers supérieurs d'une haute
distinction, le général Leflô et le lieutenant-colonel
Charras ; une des gloires de la tribune française,
M. Thiers. Les autres représentants désignés par les
mandats d'arrêt, la plupart républicains, tous hommes
de cœur et de fortes convictions, étaient MM. Baze,
questeur de l'Assemblée. Beaune, capitaine Cholat,

(1 *Histoire du 2 décembre*, par P. Mayer, page 55.

Greppo, Lagrange, Miot, Nadaud, Roger (du Nord) et le lieutenant Valentin.

Mais avant de raconter les détails de ces arrestations, nous devons dire comment s'accomplissait l'une des mesures les plus épineuses du plan du Coup d'État, l'occupation du palais de l'Assemblée nationale. La garde de l'Assemblée se composait d'un bataillon d'infanterie de ligne, qu'on changeait tous les jours, et d'une batterie d'artillerie. Ces troupes étaient casernées dans les dépendances du palais. Elles obéissaient au lieutenant-colonel Niel, commandant militaire de l'Assemblée, lequel ne dépendait que de l'Assemblée nationale elle-même. Le chef du bataillon de garde et le capitaine commandant de la batterie ne prenaient leur consigne que du lieutenant-colonel Niel. On ne songea pas à gagner le commandant militaire de l'Assemblée; son caractère bien connu ne permettait pas qu'on lui proposât un acte qu'il eût considéré comme une trahison.

L'occupation du palais était cependant essentielle pour la réussite du plan du Coup d'État.

On savait bien à quoi s'en tenir sur la fermeté du Président de l'Assemblée nationale, Dupin, et l'on s'en souciait peu ; mais on redoutait l'énergie des deux questeurs, MM. Baze et le général Leflô, qui étaient, comme M. Dupin, logés dans le palais. Si l'on ne s'emparait d'eux par surprise, ainsi que du lieutenant-colonel Niel, ils pouvaient fermer les grilles du palais, s'y fortifier ; les troupes de garde maintenues par ces deux officiers supérieurs pouvaient résister, et le succès du Coup d'État était plus que compromis.

Un colonel d'infanterie, initié au projet du Coup
d'État, M. Espinasse, commandant alors le 42ᵉ de ligne, se chargea d'exécuter la surprise du palais. Un
bataillon de son régiment avait été désigné pour prendre la garde de l'Assemblée, le 1ᵉʳ décembre. Le commandant de ce bataillon ne fut informé de rien ; il prit
comme à l'ordinaire sa consigne du lieutenant-colonel
Niel. Vers minuit, le général Leflô rentra dans ses appartements, après s'être assuré, ainsi qu'il le faisait
depuis quelque temps, que les postes et les faction-
naires étaient placés conformément aux prescriptions
habituelles. A deux heures du matin, le chef du bataillon de garde, en faisant sa ronde, remarqua quelques allées et venues. Le capitaine adjudant-major
avait été mandé hors du palais par le colonel Espinasse, sans raison plausible. Le chef de bataillon inquiet chercha à pénétrer jusqu'au commandant militaire ; il ne put trouver son logement. De nouveaux
indices l'ayant encore alarmé, vers cinq heures et demie du matin, il se remit à la recherche du lieutenant-
colonel Niel, le trouva enfin, et lui fit part de ses in-
quiétudes. Le commandant militaire se leva à la hâte.
Il était trop tard. Le capitaine adjudant-major avait
ouvert la porte de la rue de l'Université au colonel
Espinasse, qui avait déjà pénétré dans le palais avec
les deux autres bataillons de son régiment.

Le chef de bataillon de garde, sortant de chez
M. Niel, aperçoit son colonel, à la tête des soldats,
dans l'allée qui conduit à l'hôtel de la présidence. Il
court vers lui, et s'écrie : — « Mon colonel, que ve-
« nez-vous faire ici ? — Prendre le commandement et

« exécuter les ordres du Prince. — Ah ! vous me désho-
« norez, colonel ! » Et ce disant, le loyal officier arra-
cha ses épaulettes, brisa son épée et les jeta aux pieds
de M. Espinasse. Nous regrettons de ne pas connaître
son nom. Le docteur Véron dit dans ses *Mémoires* que
ce militaire donna, dès le lendemain, sa démission et
renonça à son grade, plutôt que d'adhérer à ce qui
s'accomplissait.

Le colonel Espinasse l'avait fait écarter par ses grenadiers, et, guidé par un des agents de police attachés
au service de l'Assemblée, il s'était dirigé rapidement
vers l'appartement du commandant militaire du palais.
Le lieutenant-colonel Niel n'avait pas achevé de se
vêtir. On sauta sur son épée. — « Vous faites bien de
« la prendre, dit-il au colonel Espinasse, car je vous
« l'aurai passée au travers du corps. » — Il fut
arrêté.

Tout ceci s'était passé avec une rapidité extrême.
Les deux bataillons du 42ᵉ relevèrent tous les postes
et occupèrent les issues du palais. L'artillerie de
garde se retira sans faire mine de résister.

Ainsi s'accomplit ce mémorable coup de main.

M. de Persigny, qui en avait surveillé l'exécution,
courut annoncer le succès à l'Élysée.

En même temps que M. Espinasse, entraient, dans
le palais de l'Assemblée, les deux commissaires de
police chargés d'arrêter les questeurs. L'un de ces
commissaires, M. Primorin, suivi d'un certain nombre d'agents et soutenu par une compagnie du 42ᵉ,
arrive à la porte des appartements de M. Baze. Il
sonne doucement. Une femme de service vient ouvrir.

Les agents se précipitent à l'intérieur et pénètrent
jusque dans la chambre à coucher de M. Baze. Le
représentant, réveillé en sursaut, passait une robe de
chambre. On se jette sur lui. M. Baze, indigné, proteste au nom de son inviolabilité parlementaire, crie
à la trahison! Les agents n'écoutent rien. M. Baze,
dont la colère décuplait les forces, résiste avec
une indicible énergie. Mme Baze, demi-nue, court à
une fenêtre pour appeler à l'aide; les agents portent
la main sur elle. Son mari exaspéré luttait toujours.
Enlevé enfin par les agents de police, il est porté ou
traîné, presque absolument nu, jusqu'au poste de la
place de Bourgogne. C'est là seulement qu'il put se
vêtir. Une demi-heure après une voiture l'emmenait,
sous escorte, à la prison de Mazas.

M. Bertoglio était le commissaire de police chargé
d'arrêter le général Leflô, collègue de M. Baze à la
questure. L'énergie bien connue du général rendait
cette tâche non moins difficile que celle qu'exécutait
au même moment M. Primorin. Le général dormait.
M. Bertoglio, suivi de ses agents, pénètre dans la
chambre où était couché le jeune fils du général, âgé
de huit ans; l'enfant s'éveille; M. Bertoglio le ras-
sure et lui dit qu'il a une communication importante à
faire au questeur. L'enfant, sans défiance, conduit
M. Bertoglio et ses agents, dans la chambre à coucher
de son père. Le général sautait du lit; on se précipita
sur lui. Il protesta avec une énergie et une indignation
extrêmes. Il fit appel à la loyauté des militaires présents; il se débattit, résista le plus longtemps possible. Mme Leflô, souffrante et enceinte de cinq mois,

assistait à cette scène déplorable. Le jeune fils du
général, en proie à une douleur au-dessus de son âge,
conjurait les agents de ne pas faire de mal à son père,
qu'il se reprochait en sanglotant d'avoir livré par sa
naïve imprudence. Cependant, le général se calma,
se revêtit de son uniforme et dit à M. Bertoglio qu'il
allait le suivre. Parvenu au bas de son escalier, le
général se trouva en face du colonel Espinasse, qui
surveillait l'arrestation. Il l'apostropha avec véhémence, qualifiant le rôle qu'il remplissait dans des
termes d'une crudité toute militaire. M. de Cassagnac
ajoute, dans son *Récit :* « Le colonel Espinasse lui im-
« posa silence et les soldats croisèrent la baïonnette
« sur lui. » Il serait plus exact de dire que le colonel
Espinasse essaya de lui imposer silence, car l'intrépide
général ne cessa de faire appel à la loyauté des militaires qui remplissaient le palais de l'Assemblée, jusqu'au moment où, jeté dans un fiacre entre plusieurs
agents de police, il fut emporté vers Mazas. Le général
Leflô a rapporté souvent la réponse qu'il reçut alors
d'un officier supérieur du 42e. Nous allons la reproduire : elle est caractéristique du sentiment qui dominait, au 2 décembre, dans les rangs de l'armée :
« Quoi ! avait fait le général Leflô en apercevant cet
« officier, vous, un vieux soldat, vous consentiriez à
« vous rendre complice d'une trahison, à porter la
« main sur vos chefs ? » — « Allez, répliqua l'officier,
« nous avons assez des généraux avocats et des avo-
« cats généraux. »

Il était alors entre six heures et demie et sept heures
du matin. Un déploiement de troupes considérable

enveloppait les abords de l'Assemblée nationale et du palais de l'Élysée, où se tenait le Président. La brigade Ripert occupait le palais de l'Assemblée, le 42e de ligne faisait partie de cette brigade ; la brigade Forey occupait le quai d'Orsay ; la brigade Dulac était massée dans le jardin des Tuileries ; la brigade de Cotte était sur la place de la Concorde ; la brigade Canrobert se tenait dans l'avenue Marigny et autour de l'Élysée ; la brigade de lanciers du général Reybell et la division de cuirassiers du général Korte étaient massées sur les Champs-Élysées. Ces troupes entièrement réunies, pour ainsi dire, sous la main de Louis-Napoléon, ne s'élevaient pas à moins de 25,000 hommes d'infanterie et 6,000 cavaliers ou artilleurs.

Pendant que s'accomplissait la surprise du palais de l'Assemblée et que les questeurs étaient arrêtés dans les circonstances qui ont été dites, les autres arrestations projetées s'opéraient avec le même succès. Nous ne les raconterons pas toutes en détail ; toutes ces choses se ressemblent. Nous ne pensons pas non plus qu'il soit nécessaire d'insister sur l'insigne fausseté de certains récits de ces arrestations publiés par divers admirateurs du Coup d'État, quelques semaines après les événements. Le mépris des honnêtes gens a fait depuis longtemps justice des productions des prétendus historiens dont la spécialité, après chaque révolution ou chaque réaction, indifféremment, est de baver sur les vaincus.

L'arrestation du général Changarnier, particulièrement redouté pour son autorité sur l'armée et son énergie bien connue, était considérée comme la plus mportante. Le commissaire de police Lerat et le capitaine de la garde républicaine Baudinet furent chargés de l'opérer. C'étaient deux hommes audacieux, parfaitement choisis pour cette mission. Ils étaient accompagnés de quinze agents de police également choisis et de quarante soldats de la garde républicaine. Le général Changarnier, qui s'était tenu longtemps sur ses gardes, ne se méfiait plus de rien. Les confidences de l'ex-préfet de police, Carlier, lui avaient persuadé, assure-t-on, que le Coup d'État était indéfiniment ajourné.

Le commissaire Lerat se présente, à six heures et quelques minutes, à la porte de la maison du général, rue du Faubourg-Saint-Honoré, n° 3. Le concierge refuse d'ouvrir. Pendant qu'un agent parlemente avec lui et le retient, le commissaire et ses hommes pénètrent dans la maison par un magasin d'épicerie qui tenait un coté du rez-de-chaussée. Le concierge a déjà donné l'alarme; mais les agents se précipitent dans l'escalier. Sur le palier du premier, ils rencontrent le domestique du général, une clef à la main; ils la lui arrachent : c'était celle de l'appartement. Le commissaire ouvre. Le général, nu-pieds, en chemise, paraît, un pistolet à la main; on se précipite sur lui, on le désarme. Quelques instants après, il était jeté dans une voiture et conduit à Mazas, sous l'escorte des gardes républicains à cheval.

La tâche d'arrêter l'illustre général Bedeau, l'un des plus nobles caractères, des plus hautes probités, des talents les plus remarquables qui aient jamais honoré l'armée française, cette tâche, disons-nous, était échue au commissaire de police Hubault jeune. Le général habitait rue de l'Université, n° 50.

M. Granier de Cassagnac raconte que le commissaire usa d'adresse avec le concierge et parvint à arriver jusqu'à la porte de l'appartement du général sans qu'on eût encore donné l'éveil. Les détails qui vont suivre peuvent être considérés comme n'étant que la reproduction du récit que faisait plus tard le général lui-même des circonstances de son arrestation (1).

M. Hubault jeune sonna. Le domestique du général, qui alla ouvrir, crut reconnaître M. Valette, secrétaire de la présidence de l'Assemblée, et se dirigea vers la chambre à coucher, en annonçant M. Valette. Le commissaire se précipita sur ses pas, suivi de cinq ou six agents, pénétra jusqu'au lit du général, à peine éveillé, et lui dit : « — Je suis commissaire de police, je viens vous arrêter. — J'en doute. Vous ignorez probablement que je suis représentant du peuple; la Constitution me couvre ; vous ne pouvez pas m'arrêter : ce serait un crime. — Je sais qui vous êtes, mais j'ai un mandat, et j'ignore s'il n'y a pas flagrant délit. — Oui, flagrant délit de sommeil; mais dites-moi votre nom. — Je suis Hubault jeune, commissaire de police. — Je connais votre nom, il a été honorablément cité plusieurs fois; mais puisque vous êtes magistrat, votre devoir est de faire respecter la loi et non de la violer. M'arrêter serait un attentat. »

---

(1) Comparer notre version avec celle de M. Granier de Cassagnac dans son *Récit complet et authentique*, etc., pages 9 et 10. Cette fois, le narrateur officieux n'a pas trop défiguré la physionomie de la scène.

M. Hubault lut alors le mandat d'arrêt signé de
Maupas. Le général Bedeau entendant parler de complot, de détention d'armes de guerre, invita M. Hubault à mettre les scellés sur ses papiers. Le commissaire refusa et somma le général de se lever sans faire
de résistance : « Je suis en force, » ajouta-t-il. — Si
j'avais voulu résister, répliqua M. Bedeau, je sais jouer
ma vie, et la vôtre ne serait plus à vous. Faites sortir
ces gens. Je vais m'habiller. »

Le général s'habilla avec une lenteur « désespé-
rante, » selon l'expression de M. de Cassagnac. Il voulait gagner du temps, arriver jusqu'au jour. Le bruit
de son arrestation se répandant dans le quartier, il
espérait être délivré par la population. Quand il fut
enfin vêtu, il s'adossa contre la cheminée, et dit, avec
un calme parfait, au commissaire : « — Je vous ai
« averti du privilége constitutionnel qui me couvre;
« j'ai essayé de vous faire comprendre la portée du
« crime que vous commettez; maintenant, allez jus-
« qu'au bout si vous voulez; faites entrer vos hommes,
« je ne sortirai d'ici que si l'on m'en arrache. » M. Hubault jeune appela ses agents et leur commanda de
saisir le général. — « Voyons, leur dit M. Bedeau,
oserez-vous arracher d'ici, comme un malfaiteur, le
général Bedeau, vice-président de l'Assemblée nationale? » Les agents hésitèrent un instant. M. Hubault
jeune leur donna l'exemple; il prit le général au collet; les agents se ruèrent alors sur le vice-président de
l'Assemblée nationale et le traînèrent, malgré sa résistance, jusqu'à la voiture qui attendait à la porte. Le
général Bedeau criait avec force : — « A la trahison! Je

« suis le vice-président de l'Assemblée nationale! »
Quelques passants s'étaient arrêtés. Le général les
aperçoit; il se nomme et crie avec une énergie nouvelle : « — A la trahison! Je suis le général Bedeau!
« A l'aide, citoyens! On arrête le vice-président de
« l'Assemblée nationale! »

Déjà les passants s'étaient groupés, des citoyens
accouraient dans l'intention de prêter main-forte au
général, lorsqu'une nuée de sergents de ville déboucha, l'épée à la main, de la rue du Bac et dispersa les
groupes. La voiture où l'on avait jeté le général partit
au galop, garnie d'agents de police.

En arrivant à Mazas, le général Bedeau fit appel à
la loyauté des soldats de garde. Ceux-ci semblèrent
ne pas comprendre ce qu'il leur disait, et en réalité ils
ne le comprenaient pas.

Le général de Lamoricière fut surpris à peu près
comme l'avait été le général Bedeau, par le commissaire de police Blanchet. Les agents étaient dans sa
chambre à coucher avant qu'il eût eu le temps de se
reconnaître. Ceci se passait rue Las Cases, 11.

M. Granier de Cassagnac raconte que le général
jetant les yeux sur sa cheminée, s'informa de ce qu'é-
tait devenu l'argent qu'il y avait déposé; son domestique répondit qu'il l'avait mis en sûreté. Le commissaire Blanchet s'offensa de l'observation du général :
« Qui me dit que vous n'êtes pas des malfaiteurs? »
répliqua M. de Lamoricière. Le général conduit en
fiacre entre les agents, passa devant le poste de la
Légion d'honneur; il mit la tête à la portière et essaya
de haranguer les soldats. Le commissaire de police

Blanchet òta un bàillon de sa poche et menaça M. de Lamoricière de le bàillonner, s'il disait un seul mot.

M. Grarier de Cassagnac qui rapporte cet incident, se sent saisi sans doute de quelque scrupule à l'égard du bàillon, car il se borne à dire : « Le commissaire « ne lui laissa pas le temps de proférer une parole, et » lui fit observer qu'il se verrait forcé de le traiter « avec rigueur s'il faisait une nouvelle tentative. » Le détail précis que nous donnons a été maintes fois affirmé par le général ; ses amis vivants en rendraient témoignage.

C'est le commissaire de police Courteille qui était chargé d'arrêter le colonel Charras. On enfonça la porte de l'appartement du colonel, rue du Faubourg-Saint-Honoré, 14. Entré dans sa chambre à coucher, le commissaire Courteille sauta sur un pistolet double, qui était posé sur un meuble. Le colonel Charras le rassura : « Il est déchargé, dit-il ; je ne croyais plus au Coup d'Etat ; il est heureux pour vous que vous ne soyez pas venu quelques jours plus tòt, je vous aurais brûlé la cervelle. »

Nous regrettons de ne pouvoir raconter en détail tous les incidents de l'arrestation de M. Charras. Nous les tenons cependant de bonne source. Les convictions républicaines du regrettable colonel Charras lui inspirèrent dans cette triste circonstance une attitude et un langage que M. le commissaire Courteille, s'il vit encore, n'a certainement pas oubliés.

Nous passerons rapidement sur les autres arrestations, non que toutes n'aient présenté des incidents dignes d'intérêt, mais parce que nous ne voulons pas fatiguer le lecteur par la répétition de récits nécessairement condamnés à se ressembler.

Le général Cavaignac fut arrêté chez lui, rue du Helder, 17, par les soins du commissaire Colin.

·Le commissaire Hubault aîné s'empara de M. Thiers, place Saint-Georges, 1.

Est-il besoin de dire que les libellistes, qui ont représenté l'illustre parlementaire, tremblant, effaré, comme un enfant pris en faute, ont odieusement menti? L'attitude de M. Thiers fut aussi digne que celle du général Bedeau, ce qui n'est pas peu dire.

Les récits dégoûtants qui ont été faits de l'arrestation du représentant Greppo, l'honnête et brave ouvrier lyonnais, sont aussi faux et encore plus odieux. Cette arrestation fut opérée par le commissaire Gronfier. Nous sommes convaincu que les auteurs de ces récits y regarderaient à deux fois, avant de les renouveler aujourd'hui que les calomniés ne sont plus des vaincus et des exilés contre lesquels tout est permis.

Le lieutenant Valentin, représentant de la gauche républicaine, jeune officier d'une rare énergie, fut surpris, au saut du lit, par le commissaire de police Dourlens et ses agents. Il n'a jamais pu s'expliquer, autrement que par la trahison d'une domestique, la brusque façon dont les agents pénétrèrent dans sa chambre à coucher.

M. Martin Nadaud, le maçon, représentant de la Creuse, particulièrement redouté pour son influence sur une partie de la population ouvrière, fut arrêté

par M. Desgranges, commissaire de police. On usa
près de lui d'un subterfuge. Le commissaire prétexta
une simple perquisition et engagea M. Nadaud à l'accompagner à son bureau. Le représentant monta en
voiture avec le commissaire et un seul agent. C'est
pendant le trajet que M. Desgranges lut son mandat
et annonça à M. Nadaud qu'il le conduisait à Mazas.

Les représentants Beaune, Chollat, Lagrange, Miot
et Roger (du Nord) furent arrêtés en même temps que
leurs collègues.

Tous ces prisonniers furent conduits à Mazas.

Un officier supérieur, le colonel Thiérion, avait reçu
le commandement de la prison par décret du Président, en date du 2 décembre; il s'y était établi à cinq
heures du matin. Des troupes d'infanterie, de cavalerie et d'artillerie en gardaient les abords (1).
M. Thiérion eut à subir plus d'un choc moral dans
cette matinée. Les représentants protestaient avec
énergie contre leur incarcération. Le colonel Charras
apercevant M. Thiérion auprès du directeur de Mazas,
l'apostropha vivement : « Voici dit-il, un officier de
« l'armée, commandeur de la Légion d'honneur, ce
« doit être un honnête homme; je le prends à témoin
« de la violence faite à un membre inviolable de l'As-
« semblée nationale! » — M. Thiérion se détourna.
Le colonel Charras ne put voir distinctement son visage, et ignora longtemps son nom et sa véritable
qualité.

_____

(1) *Histoire de la chute de Louis-Philippe*, etc., par Granier de
Cassagnac, 2e vol., p. 402.

En même temps que les seize représentants dont nous venons de raconter l'arrestation, les agents amenaient à Mazas soixante ou soixante-dix-huit citoyens connus pour l'énergie de leurs convictions républicaines et redoutés comme « chefs de barricades. »

Voici les noms de quelques-uns d'entre eux :

Grignon, Stévenot, Michel, Artaud, Geniller, Vasbenter, Philippe, Bréguet, Delpech, Gabriel, Schmidt, Beaune, frère du représentant, Houl, Cellier, Jacotier, Kuch, Six, Brun, Lemerie, Malapert, Hibach, Lecomte, Meunier, Buisson, Musson, Bonvallet, Guiterie, Choquin, Bilotte, Voinier, Thomas, Curnel, Boireau, Crousse, Baillet, Noguez, Lucas, Lasserre. Cahaigne, Magen, Polino.

Parmi ceux dont les noms n'ont pas été cités, se trouvait M. Deluc, qui échappa aux agents, combattit vaillamment dans les journées suivantes et parvint, après la défaite, à gagner la Belgique.

Pendant que s'opéraient les arrestations, M. de Morny s'installait au ministère de l'intérieur, congédiait poliment M. de Thorigny, et se disposait à télégraphier à tous les préfets la nouvelle de l'acte accompli par le Président. L'auteur de ce livre a raconté, dans un autre ouvrage, *la Province en décembre* 1851, l'accueil qui fut fait dans les départements à la dépêche de M. de Morny.

Tout ce que nous venons de retracer était accompli à sept heures du matin. A la même heure, les afficheurs avaient fini leur tâche, et on lisait placardées sur les murs de Paris les pièces officielles suivantes :

Le Président de la République,

Décrète :

Art. 1er. — L'Assemblée nationale est dissoute.

Art. 2. — Le suffrage universel est rétabli. La loi du 31 mai est abrogée.

Art. 3. — Le peuple français est convoqué dans ses comices à partir du 14 décembre jusqu'au 21 décembre suivant.

Art. 4. — L'état de siége est décrété dans l'étendue de la 1re division militaire.

Art. 5. — Le Conseil d'Etat est dissous.

Art. 6. — Le ministre de l'intérieur est chargé de l'exécution du présent décret.

Fait au palais de l'Élysée, le 2 décembre 1851.

LOUIS-NAPOLÉON BONAPARTE.

Le ministre de l'intérieur,
DE MORNY.

PROCLAMATION DU PRÉSIDENT DE LA RÉPUBLIQUE

APPEL AU PEUPLE

Français !

La situation actuelle ne peut durer plus longtemps. Chaque jour qui s'écoule aggrave les dangers du pays. L'Assemblée, qui devait être le plus ferme appui de l'ordre, est devenue un foyer de complots. Le patriotisme de trois cents de ses membres n'a pu arrêter ses fatales tendances. Au lieu de faire des lois dans l'intérêt général, elle forge des armes pour la guerre civile ; elle attente au pouvoir que je tiens directement du peuple ; elle encourage toutes les mauvaises passions ; elle compromet le repos de la France : je l'ai dissoute, et je rends le peuple entier juge entre elle et moi.

La Constitution, vous le savez, avait été faite dans le but d'affaiblir d'avance le pouvoir que vous alliez me confier Six millions de suffrages furent une éclatante protestation contre elle, et cependant je l'ai fidèlement observée. Les provocations, les calomnies, les outrages m'ont trouvé impassible. Mais aujourd'hui que le pacte fondamental n'est plus respecté de ceux-là même qui l'invoquent sans cesse, et que les hommes qui ont déjà perdu deux monarchies veulent me lier les mains, afin de renverser la République, mon devoir est de déjouer leurs perfides projets, de maintenir la République et de sauver le pays en invoquant le jugement solennel du seul souverain que je reconnaisse en France, le peuple.

Je fais donc un appel loyal à la nation tout entière, et je vous dis : Si vous voulez continuer cet état de malaise qui nous dégrade et compromet notre avenir, choisissez un autre à ma place, car je ne veux plus d'un pouvoir qui est impuissant à faire le bien, me rend responsable d'actes que je ne puis empêcher, et m'enchaîne au gouvernail quand je vois le vaisseau courir vers l'abîme.

Si, au contraire, vous avez encore confiance en moi, donnez-moi les moyens d'accomplir la grande mission que je tiens de vous.

Cette mission consiste à fermer l'ère des révolutions en satisfaisant les besoins légitimes du peuple et en le protégeant contre les passions subversives. Elle consiste surtout à créer des institutions qui survivent aux hommes et qui soient enfin des fondations sur lesquelles on puisse asseoir quelque chose de durable.

Persuadé que l'instabilité du pouvoir, que la prépondérance d'une seule Assemblée sont des causes permanentes de trouble et de discorde, je soumets à vos suffrages les bases fondamentales suivantes d'une Constitution que les Assemblées développeront plus tard.

1º Un chef responsable nommé pour dix ans ;

2º Des ministres dépendants du pouvoir exécutif seul,

3º Un Conseil d'État formé des hommes les plus distingués, préparant les lois et en soutenant la discussion devant le Corps législatif ;

4° Un Corps législatif discutant et votant les lois, nommé par le suffrage universel, sans scrutin de liste qui fausse l'élection ;

5° Une seconde Assemblée, formée de toutes les illustrations du pays, pouvoir pondérateur, gardien du pacte fondamental et des libertés publiques.

Ce système, créé par le premier consul au commencement du siècle, a déjà donné à la France le repos et la prospérité ; il les lui garantirait encore.

Telle est ma conviction profonde. Si vous la partagez, déclarez-le par vos suffrages. Si, au contraire, vous préférez un gouvernement sans force, monarchique ou républicain, emprunté à je ne sais quel passé ou à quel avenir chimérique, répondez négativement.

Ainsi donc, pour la première fois depuis 1804, vous voterez en connaissance de cause, en sachant bien pour qui et pour quoi.

Si je n'obtiens pas la majorité de vos suffrages, alors je provoquerai la réunion d'une nouvelle Assemblée et je lui remettrai le mandat que j'ai reçu de vous.

Mais si vous croyez que la cause dont mon nom est le symbole, c'est-à-dire la France régénérée par la révolution de 89 et organisée par l'empereur, est toujours la vôtre, proclamez-le en consacrant les pouvoirs que je vous demande.

Alors la France et l'Europe seront préservées de l'anarchie, les obstacles s'aplaniront, les rivalités auront disparu, car tous respecteront, dans l'arrêt du peuple, le décret de la Providence.

Fait au palais de l'Elysée, le 2 décembre 1851.

LOUIS-NAPOLÉON BONAPARTE.

PROCLAMATION

DU PRÉSIDENT DE LA RÉPUBLIQUE A L'ARMÉE

Soldats !

Soyez fiers de votre mission, vous sauverez la patrie, car je compte sur vous, non pour violer les lois, mais pour faire respecter la première loi du pays, la souveraineté nationale, dont je suis le légitime représentant.

Depuis longtemps vous souffriez, comme moi, des obstacles qui s'opposaient et au bien que je voulais vous faire et aux démonstrations de votre sympathie en ma faveur.

Ces obstacles sont brisés. L'Assemblée a essayé d'attenter à l'autorité que je tiens de la nation entière ; elle a cessé d'exister.

Je fais un loyal appel au peuple et à l'armée, et je lui dis : Ou donnez-moi les moyens d'assurer votre prospérité ou choisissez un autre à ma place.

En 1830 comme en 1848, on vous a traités en vaincus. Après avoir flétri votre désintéressement héroïque, on a dédaigné de consulter vos sympathies et vos vœux, et cependant vous êtes l'élite de la nation. Aujourd'hui, en ce moment solennel, je veux que l'armée fasse entendre sa voix.

Votez donc librement comme citoyens ; mais, comme soldats, n'oubliez pas que l'obéissance passive aux ordres du chef du Gouvernement est le devoir rigoureux de l'armée, depuis le général jusqu'au soldat. C'est à moi, responsable de mes actions devant le peuple et devant la postérité, de prendre les mesures qui me semblent indispensables pour le bien public.

Quant à vous, restez inébranlables dans les règles de la discipline et de l'honneur. Aidez, par votre attitude imposante, le pays à manifester sa volonté dans le calme et la réflexion. Soyez prêts à réprimer toute tentative contre le libre exercice de la souveraineté du peuple.

Soldats, je ne vous parle pas des souvenirs que mon nom rappelle. Ils sont gravés dans vos cœurs. Nous sommes unis par des liens indissolubles. Votre histoire est la mienne. Il y a entre nous, dans le passé, communauté de gloire et de malheur ; il y aura, dans l'avenir, communauté de sentiments et de résolutions pour le repos et la grandeur de la France.

Fait au palais de l'Elysée, le 2 décembre 1851.

LOUIS-NAPOLÉON BONAPARTE.

LE PREFET DE POLICE AUX HABITANTS DE PARIS

Habitants de Paris!

Le Président de la République, par une courageuse initiative, vient de déjouer les machinations des partis et de mettre un terme aux angoisses du pays.

C'est au nom du peuple, dans son intérêt et pour le maintien de la République que l'événement s'est accompli.

C'est au jugement du peuple que Louis-Napoléon Bonaparte soumet sa conduite.

La grandeur de l'acte vous fait assez comprendre avec quel calme imposant et solennel doit se manifester le libre exercice de la souveraineté populaire.

Aujourd'hui donc, comme hier, que l'ordre soit notre drapeau; que tous les bons citoyens, animés comme moi de l'amour de la patrie, me prêtent leur concours avec une inébranlable résolution.

Habitants de Paris,

Ayez confiance dans celui que six millions de suffrages ont élevé à la première magistrature du pays. Lorsqu'il appelle le peuple entier à exprimer sa volonté, des factieux seuls pourraient vouloir y mettre obstacle.

Toute tentative de désordre sera donc promptement et inflexiblement réprimée.

Paris, le 2 décembre 1851.

Le préfet de police,
DE MAUPAS.

Si nous ne nous étions pas interdit tout jugement, toute appréciation de l'acte du 2 décembre, nous nous arrêterions longuement sur ces proclamations et décrets.

Mais comme nous avons circonscrit notre tâche dans

les limites restreintes d'une simple narration, nos commentaires se borneront à faire ressortir ce qui, dans ces proclamations, a exercé un effet immédiat, en quelque sorte matériel, sur la marche des événements que nous avons encore à retracer.

Le lecteur aura sans doute été frappé de ces traits saillants :

1º La loi du 31 mai est abrogée ; le suffrage universel est rétabli ;

2º L'acte du 2 décembre n'est motivé que par les complots de la majorité royaliste ; il est dirigé contre *les hommes qui ont déjà perdu deux monarchies* et qui veulent *renverser la République ;*

3º Le Président n'a qu'un but : *maintenir la République*, et sauver le pays en faisant appel à la souveraineté du peuple.

La proclamation aux soldats a seule un caractère différent. La pensée impérialiste s'y fait jour, mais extrêmement voilée.

Ces observations sont essentielles à noter si l'on veut comprendre les événements subséquents.

Quelle fut l'impression produite sur la population parisienne par la lecture des proclamations et par la nouvelle des événements de la nuit?

Ici, les témoignages abondent. Bien que venant des sources les plus diverses, des approbateurs comme des adversaires du Coup d'État, ils concordent d'une manière remarquable.

Il est certain que, dès le premier moment, l'acte du Président fut envisagé très-différemment par le peuple et par la bourgeoisie.

La plupart des ouvriers ne virent dans le Coup d'État et dans les proclamations que les points que nous avons fait ressortir : le rétablissement du suffrage universel, la chute de la majorité royaliste et le maintien de la République. Le sentiment de la légalité violée les toucha peu. Il y eut sans doute de nombreuses exceptions; mais nous notons l'impression dominante.

Traités en ennemis par la majorité de l'Assemblée législative; dépouillés par milliers de leur droit de suffrage; habitués à voir leurs idées, leurs aspirations, — leurs utopies si l'on veut, — conspuées à la tribune par les chefs parlementaires de la droite; persuadés en outre que la majorité complotait une restauration monarchique, les ouvriers demeurèrent indifférents en voyant l'ancienne majorité chassée par le Président. Nourrissant d'ailleurs, depuis Juin, de profondes rancunes contre la bourgeoisie qui s'était montrée impitoyable contre eux, ils ne jugèrent pas devoir se préoccuper outre mesure de ce qui leur parut, au premier abord, une simple querelle entre Louis-Napoléon et les classes moyennes. On peut dire que la première impression des masses populaires se résuma dans ce propos, réel ou apocryphe, attribué au représentant Lagrange : « — C'est bien joué ! »

Le peuple, du reste, ne connut dans la matinée que l'arrestation de Thiers, de Changarnier, de Lamoricière, de Cavaignac, de ceux qu'il considérait comme des ennemis. Ce n'est que beaucoup plus tard que les faubourgs apprirent que le Pouvoir exécutif frappait

les républicains avancés bien plus rigoureusement
encore que les parlementaires royalistes.

Ces premières impressions populaires se modifièrent
dans une large mesure dès le lendemain ; toutefois,
jusqu'au dernier jour, — nous voulons dire jusqu'au
5 décembre, — elles restèrent prépondérantes.

La bourgeoisie libérale, au contraire, se sentit directement atteinte par le Coup d'État. Aussi, peut-on
dire, qu'à l'exception de la portion ultra-conserva-
trice, la classe moyenne à Paris se prononça contre le
Président.

Surprise d'abord, stupéfaite, décontenancée par le
succès extraordinaire des mesures de la nuit, la bourgeoisie ne tarda cependant pas à se remettre et à
s'agiter.

Un historiographe du Coup d'État auquel nous
aurons à faire d'assez nombreux emprunts, M. le capitaine Mauduit, dans son livre intitulé : *Révolution militaire du 2 décembre*, raconte avec une naïveté, qui est
la garantie de sa sincérité, l'impression que lui produisirent dans cette première journée le langage et l'attitude de la bourgeoisie. M. Mauduit parcourait les
boulevards :

« Je me promenais, dit-il, en serpentant, au milieu de cette
« foule de bonne compagnie, étudiant son esprit, ses intentions,
« et ses vœux. Ses sentiments étaient évidemment hostiles au
« Président et à l'armée ; je le déplorais, car là se trouvaient un
« grand nombre de personnes pour qui l'uniforme doit toujours
« avoir un caractère sacré *(textuel)*, quelle que soit l'épreuve à
« laquelle soit soumis l'homme qui le porte !.. L'esprit de parti
« ne devrait jamais aller jusqu'à méconnaître la vertu du devoir

« militaire..... Mais, hélas! de nos jours, quelle vertu est à l'abri
« de la haine politique (1)? »

Là où les ouvriers n'avaient vu que le rétablissement du suffrage universel, les républicains de la classe
moyenne virent clairement la dictature militaire, la
suspension indéfinie de toutes les libertés et la restauration de l'Empire à bref délai. Cependant comme il
n'entre pas dans les habitudes de la bourgeoisie parisienne de lutter à force ouverte, tant que la population ouvrière n'a pas donné le signal de la résistance
matérielle, les colères de la classe moyenne s'exha-
lèrent en protestations verbales, en cris de *vive la
Constitution! vive la République!* genre de résistance
peu redoutable pour qui dispose de soixante mille
baïonnettes dévouées. On sait qu'il avait été pris des
mesures pour que le rappel de la garde nationale ne
pût être battu. Elles atteignirent parfaitement leur but.
La garde nationale, qui aurait cependant pu se réunir
spontanément, ne se montra nulle part. Il faut ajouter
aussi que la bourgeoisie parisienne, frappée de l'isole-
ment apparent de Louis-Napoléon, — aucun homme
marquant dans la politique, aucun général distingué ne
lui ayant donné son concours, — ne croyait pas au
succès du Coup d'État. Le souvenir du dénouement des
précédentes entreprises de Louis-Napoléon, à Strasbourg et à Boulogne, hantait tellement les esprits,
qu'on s'attendait naïvement à voir survenir tout à coup
quelque officier supérieur, — comme le colonel Talan-

---

(1) *Révolution militaire du 2 décembre*, par le capitaine H. Mauduit,
page 149.

dier dans la caserne de Fincmat à Strasbourg, — qui
rappelàt les troupes à l'obéissance au pouvoir légal,
l'Assemblée nationale, et qui mit brusquement un
terme à ce que beaucoup de gens persistaient à regarder comme une échauffourée ridicule.

Mais il n'est pas nécessaire d'insister plus longuement sur ces impressions diverses de la population
parisienne. Le récit des faits subséquents les fera ressortir amplement.

Les journaux républicains auraient eu sans doute le
pouvoir de modifier les premiers sentiments de la population ouvrière. Des mesures avaient été prises pour
les réduire au silence. Dès huit heures du matin, les
imprimeries de tous les journaux républicains étaient
occupées par la force armée, ainsi que celles d'un
grand nombre de feuilles conservatrices.

*Le National, le Siècle, la République, la Révolution,
l'Avénement du peuple,* dont l'influence était le plus re-
doutée, ne purent publier un seul numéro.

La parole resta uniquement au *Constitutionnel* et à
la Patrie, feuilles qui poussaient depuis longtemps au
Coup d'État et à la restauration de l'Empire.

Pendant ces premières heures de la matinée où la
population surprise, agitée d'impressions si diverses,
s'attroupait autour des affiches, les commentait, re-
cueillait avidement les nouvelles de la nuit, des incidents qui méritent d'être racontés en détail se passaient au palais de l'Assemblée nationale et un peu
après, à la mairie du Xe arrondissement.

CHAPITRE IV

La matinee du 2 decembre. — Premières resistances parlementaires.— Protestation chez M. Odilon Barrot. — La reunion Daru. — Entree de quelques representants dans la salle des seances de l'Assemblee nationale. — Leur expulsion. — Conduite de M Dupin. — Reunion à la mairie du Xe arrondissement. — Compte rendu complet de la séance le l'Assemblee nationale constituee en ce lieu — Les représentants arrêtes et conduits à la caserne du quai d'Orsay. — Tentative de protestation des journalistes. — Arrêt de la Haute Cour de justice. — Conduite des representants de la gauche. — Reunions diverses. — Le Comité de resistance. — Decision prise d'engager la lutte armee. — Agitation dans la soiree du 2.

Le Président de l'Assemblée nationale, Dupin, dormait encore lorsque le colonel Espinasse déjà maître du palais surveillait l'arrestation des questeurs. Comme nous l'avons déjà dit, Louis-Napoléon et ses confidents, appréciant à sa juste mesure l'énergie de M. Dupin, ne s'étaient pas inquiétés de lui. M. Granier de Cassagnac nous apprend (1) que le colonel Espinasse vint en personne informer M. Dupin, « en termes fort courtois, » de ce qui se passait. M. Dupin eut le courage, — toujours d'après M. Granier de Cassagnac, — de faire convoquer immédiatement, à domicile, les représentants ses collègues.

Dès huit heures du matin un certain nombre de membres de la gauche, parmi lesquels MM. Michel (de

(1) *Histoire de la chute de Louis-Philippe*, etc., par Granier de Cassagnac, 2e volume, page 109.

Bourges), Pierre Lefranc, Versigny, Dupont (de Bussac), Théodore Bac, etc., s'étaient réunis chez leur collègue, M. Yvan, l'un des secrétaires de l'Assemblée. Ils étaient unanimement d'avis qu'il fallait tenter tous les moyens de résistance. MM. Bac et Yvan furent chargés de s'informer de ce que comptaient faire les membres de la majorité. Ils se rendirent successivement chez M. Benoît d'Azy, l'un des vice-présidents, chez M. Léon Faucher et en dernier lieu chez M. Odilon Barrot.

Ces démarches n'aboutirent à aucun résultat précis. M. Benoît d'Azy parut médiocrement disposé à agir ; M. Léon Faucher, ministre du Président de la République, quelques semaines auparavant, était atterré ; il disait avec l'accent du désespoir : « Les projets que j'ai « tant combattus se sont donc réalisés ! Allez rejoindre « vos amis, je vais rejoindre les miens ; il faut tenter « de faire ce qui sera possible dans l'intérêt com- « mun. » M. Odilon Barrot était absent ; mais Mᵐᵉ Odilon Barrot, qui reçut les représentants républicains, leur communiqua une protestation déjà signée par plusieurs de leurs collègues. Cette protestation avait été rédigée, peu auparavant, dans une réunion chez M. Odilon Barrot, par un certain nombre de représentants de la droite. En voici la teneur :

« Vu l'article 68 de la Constitution,

« Considérant que, violant ses serments et la Constitution, « Louis-Napoléon Bonaparte a dissous l'Assemblée et employé « la force publique pour consommer cet attentat,

« Les membres de l'Assemblée soussignés, après avoir constaté « la violence qui est apportée, par les ordres du Président, à la

« réunion légale de l'Assemblée et l'arrestation de son bureau et
« de plusieurs de ses membres ;

« Déclarent que l'article 68 de la Constitution trace à chaque
« citoyen le devoir qu'il a à remplir ;

« En conséquence, le Président est déclaré déchu de ses
« fonctions ;

« La Haute Cour de justice est convoquée. Défense est faite à
« tout citoyen d'obéir aux ordres du pouvoir déchu, sous peine
« de complicité ;

« Les Conseils généraux sont convoqués et se réuniront immé-
« diatement ; ils nommeront une commission dans leur sein,
« chargée de pourvoir à l'administration du département et de
« correspondre avec l'Assemblée dans le lieu qu'elle aura choisi
« pour se réunir ;

« Tout receveur général, ou percepteur, ou détenteur quel-
« conque de deniers publics qui se dessaisirait des fonds qui
« sont dans ses caisses sur un autre ordre que celui émané du
« pouvoir régulier constitué par l'Assemblée, sera responsable
« sur sa propre fortune et, au besoin, puni des peines de la
« complicité.

« Fait et arrêté le 2 décembre 1851.

> « Signé : Odilon Barrot, Chambolle, de Tocqueville,
> « Gustave de Beaumont, Dufaure, Étienne,
> « Mispoulet, Oscar Lafayette, Lanjuinais,
> « Hippolyte Passy, Piscatory, de Broglie, Du-
> « vergier de Hauranne, de Corcelles, d'Hes-
> « pel, de Luppé, de Sèze, Guillier de la
> « Touche, Vaudoré, Chaper, Sainte-Beuve,
> « Bocher, de Laboulie, Vitet, de Montigny,
> « de Montebello, Thuriot de la Rosière, Ma-
> « thieu de la Redorte, Victor Lefranc, Ben-
> « jamin Delessert, etc. »

Chez M. Daru, vice-président de l'Assemblée nationale, se tenait peu après une réunion beaucoup plus
nombreuse. La maison habitée par M. Daru, rue de

Lille, était peu distante du palais de l'Assemblée. Les représentants qui s'y trouvaient réunis décidèrent qu'ils se rendraient à l'Assemblée nationale. La plupart, sinon tous, appartenaient à la droite. Ils arrivèrent, vers dix heures, place de Bourgogne. Le 42ᵉ de ligne, commandé par M. Espinasse, occupait toujours les abords du palais. Les soldats croisèrent la baïonnette contre les représentants. Ceux-ci insistèrent. M. le vice-président Daru fut violemment repoussé; M. Moulin, l'un des secrétaires de l'Assemblée, reçut une contusion à la tête; M. de Larcy fut légèrement blessé d'un coup de baïonnette à la cuisse; M. de Talhouët eut son habit percé. Les représentants se retirèrent et revinrent à l'hôtel de M. Daru.

Pendant ce temps, ou plutôt, un peu auparavant, — les heures précises sont difficiles à constater, — un certain nombre de représentants, profitant d'une consigne mal comprise, avaient réussi à entrer par la petite porte de la présidence, rue de l'Université, et à s'introduire dans la salle des séances de l'Assemblée nationale. Ils étaient trente ou quarante, parmi lesquels un certain nombre de républicains. Un décret de déchéance avait été rédigé et signé, lorsque M. de Morny, averti de leur présence, donna l'ordre de faire évacuer le palais. Le président Dupin n'avait pas encore paru.

Le colonel Espinasse chargea M. Saucerotte, commandant de la gendarmerie mobile, d'exécuter l'ordre de M. de Morny. Cet officier se présenta dans la salle des séances, par le couloir de droite, suivi d'un détachement de soldats.

A la vue de la force armée, les représentants protestent avec véhémence ; M. Monet interpelle le commandant Saucerotte : « Vous ne pouvez ignorer « que cette enceinte est exclusivement réservée « aux délibérations de l'Assemblée nationale, que « nul corps armé n'a le droit d'y pénétrer qu'en « vertu d'une réquisition du président de l'Assemblée. « — J'ai un ordre formel de mes chefs, répond l'of- « ficier. Je vous somme de vous retirer. — Un pareil « ordre est un crime, réplique M. Monet; en l'exé- « cutant, vous vous rendez complice d'un attentat sé- « vèrement puni par le Code pénal. » M. Monet lit alors à la troupe l'article 68 de la Constitution.

Le commandant Saucerotte n'en tient compte et fait avancer ses soldats. Les représentants poussent les cris de : *Vive la République ! vive la Constitution !* et ne sont traînés hors de la salle qu'après avoir été arrachés violemment de leurs bancs. Le général Leydet, représentant républicain, vieillard de soixante-quinze ans, montra dans cette triste circonstance une énergie morale qui avait survécu à l'affaiblissement de ses forces physiques.

Sur ces entrefaites, deux représentants, MM. Canet et Favreau étaient allés chercher le président Dupin; ils l'avaient littéralement poussé jusque vers l'enceinte des séances. Ils étaient dans la salle, dite de Casimir Périer, au moment où les soldats y pénétraient refoulant et entraînant les trente ou quarante représentants, expulsés de la salle des séances. M. Dupin s'arrêta, ou on le fit arrêter. Le représentant Desmousseaux de Givré lui passa son écharpe. M. Dupin balbutia quelques mots à la troupe sur le respect dû à la Constitution.

L'effet produit par ses paroles est pour ainsi dire photographié dans ce mot brutal d'un soldat à l'un de ses camarades, mot entendu et rapporté par le représentant Brillier : « — Çà, c'est pour la farce! »

M. Granier de Cassagnac ajoute que, s'adressant au vénérable général Leydet, qui haranguait les soldats avec véhémence, M. Dupin aurait dit :

« — Ce n'est pas vous, général, qui pouvez ignorer
« ou méconnaître le respect dû à la consigne d'un
« soldat; ces troupes ont un chef, adressons-nous à
« lui. » — M. de Cassagnac ne dit pas ce que répliqua le vieux républicain, et cette omission est réellement fâcheuse; car, si M. Dupin tint ce propos, le général Leydet dut le rappeler au sentiment de sa dignité de président de l'Assemblée nationale, dans des termes qu'on aimerait à connaître.

Mais ce qui est bien connu, c'est la dernière parole prononcée dans cette mémorable circonstance par le président Dupin, l'un des successeurs de Boissy d'Anglas. Apostrophé durement par les représentants qui lui reprochaient sa pusillanimité, M. Dupin répondit : « Nous avons le droit, c'est évident; mais ces messieurs ont la force. Il n'y a qu'à nous en aller. » Et, ce disant, il tourna les talons.

La troupe n'avait pas ordre d'arrêter les représentants. On se borna à les chasser du palais. Sur la place de Bourgogne, quelques-uns des expulsés, MM. Fayolle, Treillard-Laterisse, Paulin-Durrieu, trouvèrent les représentants Arbey, Toupet des Vignes, général Ra-

doult-Lafosse entre les mains des soldats qu'ils venaient d'essayer de haranguer. Ils protestèrent contre
cette arrestation. Le colonel Gardarens de Boisse, du
6ᵉ de ligne, ordonna de les saisir eux-mêmes. Ils furent
arrêtés et conduits prisonniers au ministère des affaires
étrangères, où les rejoignirent bientôt, prisonniers
aussi, MM. Eugène Sue, Benoît (du Rhône) et Chanay.

Ceux des représentants chassés du palais de l'Assemblée qui étaient restés libres, apprirent bientôt que
leurs collègues réunis chez M. Daru se proposaient
de se rendre à la mairie du Xᵉ arrondissement, pour
s'y constituer régulièrement en Assemblée nationale.
Ils se dirigèrent de ce côté.

Une dizaine de représentants républicains se rendirent chez M. Crémieux, dont la maison était proche.
A peine y étaient-ils arrivés qu'un fort détachement
de police, soutenu par des troupes, cernait la maison
et les arrêtait tous. Conduits prisonniers entre deux
rangées de baïonnettes, ces représentants faillirent
être délivrés à la hauteur du Pont-Neuf. Quelques
citoyens reconnurent M. Crémieux ; on s'attroupa autour de l'escorte ; le représentant républicain, Malardier (de la Nièvre), que le hasard avait amené sur ce
point, passa son écharpe, et excita le peuple à délivrer
les prisonniers.

Si le chef de l'escorte n'avait pris quelques mesures
énergiques qui continrent la foule désarmée, il n'eût
certainement pas conduit plus loin ses prisonniers.

Cependant, les représentants affluaient à la mairie
du Xᵉ arrondissement. Cet édifice, aujourd'hui démoli, était situé sur la rive gauche de la Seine, rue de

Grenelle-Saint-Germain, près du carrefour de la Croix-Rouge. Tous les membres de la réunion Daru s'y trouvaient. Ils y furent rejoints par la plupart de ceux qui s'étaient trouvés, le matin, chez M. Odilon Barrot et par beaucoup d'autres représentants, venus isolément. Vers onze heures du matin, près de trois cents membres étaient réunis. La plupart appartenaient à la droite; on y comptait cependant un certain nombre de républicains.

La salle où l'on se réunit formait un carré long, à l'extrémité duquel était une table, qui en occupait toute la largeur. C'est à cette table que s'installa le bureau. Un nombre assez considérable de citoyens, dont quelques gardes nationaux en uniforme, s'étaient groupés au fond de la salle, manifestant l'intention de se mettre à la disposition de l'Assemblée. A onze heures du matin elle se constitua.

Le compte rendu de cette dernière et si intéressante séance a été rédigé par les soins de deux des sténographes ordinaires de l'Assemblée nationale. Ce compte rendu a déjà été publié plusieurs fois en France, notamment par M. Mayer (*Histoire du 2 décembre*), quelques semaines après l'événement. Il en existe deux versions, ne différant d'ailleurs que par quelques détails insignifiants. Nous allons donner celle qui nous a paru la plus complète :

ASSEMBLEE NATIONALE

Séance extraordinaire du 2 décembre 1851, tenue dans la grande salle de la mairie du Xe arrondissement, à 11 heures du matin.

Le bureau est composé de MM. Benoist d'Azy, Vitet, vice-présidents; Chapot, Moulin, Grimault, secrétaires.

Une vive agitation règne dans la salle, où sont réunis environ trois cents membres appartenant à toutes les nuances politiques.

Le Président, M. Vitet. — La séance est ouverte.

Plusieurs Membres. — Ne perdons pas de temps.

Le Président. — Une protestation a été signée par plusieurs de nos collègues; en voici le texte.

M. Berryer. — Je crois qu'il ne convient pas à l'Assemblée de faire des protestations.

L'Assemblée nationale ne peut se rendre dans le lieu ordinaire de ses séances; elle se réunit ici; elle doit faire acte d'assemblée et non une protestation. (Très-bien! — Marques d'assentiment.) Je demande que nous procédions comme assemblée libre, au nom de la Constitution.

M. Vitet. — Comme nous pouvons être expulsés par la force, n'est-il pas utile que nous convenions immédiatement d'un autre lieu de réunion, soit à Paris, soit hors Paris?

Voix nombreuses. — 'Dans Paris! dans Paris!

M. Bixio. — J'ai offert ma maison.

M. Berryer. — Ce sera là le second objet de notre délibération; mais la première chose à faire par l'Assemblée, qui se trouve déjà en nombre suffisant, c'est de statuer par un décret. Je demande la parole sur le décret.

M. Monet. — Je demande la parole sur un fait d'attentat. (Bruit et interruption.)

M. Berryer. — Laissons de côté tous les incidents; nous n'avons peut-être pas un quart d'heure à nous. Rendons un décret. (Oui, oui.) Je demande qu'aux termes de l'article 68 de la Constitution, attendu qu'il est mis obstacle à l'exécution de son mandat,

« L'Assemblée nationale décrète que Louis-Napoléon Bonaparte est déchu de la Présidence de la République et, qu'en conséquence, le pouvoir exécutif passe de plein droit à l'Assemblée nationale. » (Très-vive et unanime adhésion. — Aux voix!)

Je demande que le décret soit signé par tous les membres présents. (Oui! oui!)

M. Béchard. — J'appuie cette demande.

M. Vitet. — Nous allons rester en permanence.

M. le Président. — Le décret sera immédiatement imprimé par tous les moyens qu'on pourra avoir. Je mets le décret aux voix. (Le décret est adopté à l'unanimité, aux cris mêlés de : « Vive la Constitution ! vive la Loi ! vive la République ! »)

Le décret est rédigé par le bureau.

M. Chapot. — Voici un projet de proclamation qui a été proposé par M. de Falloux.

M. de Falloux. — Donnez-en lecture.

M. Berrier. — Nous avons autre chose à faire.

M. Piscatory. — La vraie proclamation, c'est le décret.

M. Berryer. — C'est une réunion particulière que celle dans laquelle on fait une déclaration. Nous sommes ici une assemblée régulière.

Plusieurs voix. — Le décret ! le décret ! pas autre chose !

M. Quentin Bauchart. — Il faut le signer.

M. Piscatory. — Un avis pour hâter le travail. Nous allons faire courir des feuilles sur lesquelles on signera. On les annexera ensuite au décret. (Oui ! oui ! — On fait circuler des feuilles de papier dans l'Assemblée.)

Un Membre. — Il faut donner l'ordre au colonel de la 10ᵉ légion de défendre l'Assemblée. Le général Lauriston est présent.

M. Berryer. — Donnez un ordre écrit.

Plusieurs Membres. — Qu'on batte le rappel !

Une altercation a lieu dans le fond de la salle entre des représentants et quelques citoyens qu'on veut faire retirer. Un de ces citoyens s'écrie : « Messieurs, dans une heure, peut-être, nous nous ferons tuer pour vous ! »

M. Piscatory. — Un mot, nous ne pouvons..... (Bruit. — Écoutez donc, écoutez !) nous ne devons, nous ne voulons pas exclure les auditeurs. Ceux qui voudront venir seront très-bienvenus. Il vient de se prononcer un mot que j'ai recueilli : « Dans une heure, peut-être, nous nous ferons tuer pour l'Assemblée. » Nous ne pouvons recevoir beaucoup de personnes, mais celles qui peuvent tenir ici doivent y rester. (Bien ! bien !) La tribune est publique par la Constitution. (Marques d'approbation.)

DÉCRET

LE PRÉSIDENT VITET. — Voici le décret de réquisition :
« L'Assemblée nationale, conformément à l'article 32 de la
Constitution, requiert la 10e légion pour défendre le lieu des
séances de l'Assemblée. »

Je consulte l'Assemblée. (Le décret est voté à l'unanimité ; une
certaine agitation succède à ce vote. Plusieurs membres parlent
en même temps.)

M. BERRYER. — Je supplie l'Assemblée de garder le silence.
Le bureau, qui rédige en ce moment les décrets et à qui je propose de remettre tous les pouvoirs pour les différentes mesures
à prendre, a besoin de calme et de silence. Ceux qui auront
des motions à faire les feront ensuite ; mais si tout le monde
parle, il sera impossible de s'entendre. (Le silence se rétablit.)

UN MEMBRE. — Je demande que l'Assemblée reste en permanence jusqu'à ce qu'on envoie des forces. Si nous nous séparons
avant que les forces viennent, nous ne pourrons plus nous
réunir.

M. LEGROS-DESVEAUX. — Oui ! oui ! la permanence.

M. FAVREAU. — Je demande à rendre compte de ce qui s'est
passé ce matin à l'Assemblée. Le ministre de la marine avait
donné au colonel Espinasse l'ordre de faire évacuer les salles.
Nous étions trente ou quarante dans la salle des conférences.
Nous avons déclaré que nous nous rendions dans la salle des
séances et que nous y resterions jusqu'à ce qu'on osât nous en
expulser.

On est allé chercher M. Dupin, qui est venu nous trouver
dans la salle des séances ; nous lui avons remis une écharpe,
et, lorsque la troupe s'est présentée, il a demandé à parler au
chef. Le colonel s'est présenté, et M Dupin lui a dit :

« J'ai le sentiment du droit et j'en parle le langage. Vous dé-
ployez ici l'appareil de la force : je proteste. »

M. MONET. — Présent à cette scène, je demande l'insertion au
procès-verbal de l'acte de violence qui a été commis envers
nous. Après la lecture que j'ai faite, sur l'invitation de mes col-

lègues, de l'art. 68 de la Constitution, j'ai été appréhendé au corps et arraché violemment de mon banc.

M. DAHIREL. — Nous, qui avons reçu des coups de baïonnette, nous n'en sommes pas surpris.

MM. Odilon Barrot et de Nagle arrivent dans la salle et apposent leur signature sur le décret de déchéance.

M. le président donne mission à M. Hovyn-Tranchère de faire entrer des représentants qui sont retenus à la porte.

M. PISCATORY. — Je demande à l'Assemblée de lui rendre compte d'un fait qui me paraît important. Je suis allé faire reconnaître plusieurs de mes collègues qui ne pouvaient entrer. Les officiers de paix m'ont dit que le maire avait donné l'ordre de ne faire entrer personne. Je me suis transporté immédiatement chez le maire, qui m'a dit : « Je représente le Pouvoir exécutif et je ne puis laisser entrer les représentants. » Je lui ai fait connaître le décret que l'Assemblée avait rendu et lui ai dit qu'il n'y avait d'autre Pouvoir exécutif que l'Assemblée nationale (très-bien!) et je me suis retiré. J'ai cru qu'il était bon de faire cette déclaration au nom de l'Assemblée. (Oui! oui! — Très-bien!) Quelqu'un m'a dit en passant : « Dépêchez-vous, dans peu de moments la troupe sera ici. »

M. BERRYER. — Je demande provisoirement qu'un décret ordonne au maire de laisser les abords de la salle libres.

M. DE FALLOUX. — Il me semble que nous ne prévoyons pas deux choses qui me paraissent très-vraisemblables; la première, que vos ordres ne seront pas exécutés; la seconde, que nous serons expulsés d'ici. Il faut convenir d'un autre lieu de réunion.

M. BERRYER. — Avec les personnes étrangères qui se trouvent présentes, nous ferions une chose peu utile; nous saurons bien nous faire avertir du lieu où nous pourrons nous réunir. (Non! non!) Un décret provisoire.

M. LE PRÉSIDENT. — M. Dufaure a la parole. Silence, Messieurs, les minutes sont des heures.

M. DUFAURE. — L'observation qui vient d'être faite est juste; nous ne pouvons désigner hautement le lieu de notre réunion. Mais je demande que l'Assemblée confère à son bureau le droit de le choisir. Il avertira chacun des membres du lieu de la réunion, afin que chacun de nous puisse s'y rendre. Messieurs, nous sommes maintenant les seuls défenseurs de la Constitution, du droit, de la République, du pays. (Oui ! oui ! très-bien. — Des cris de « Vive la République ! » se font entendre.) Ne nous manquons pas à nous-mêmes, et s'il faut succomber devant la force brutale, l'histoire nous tiendra compte de ce que, jusqu'au dernier moment, nous avons résisté par tous les moyens qui étaient en notre pouvoir. (Bravos et applaudissements.)

DÉCRET

M. BERRYER. — Je demande que, par un décret, l'Assemblée nationale ordonne à tous les directeurs de maisons de force ou d'arrêt de délivrer, sous peine de forfaiture, les représentants qui ont été arrêtés.

Ce décret est mis aux voix par le président et adopté à l'una-nimité.

LE GÉNÉRAL LAURISTON. — L'Assemblée n'est pas en lieu de sûreté. Les autorités municipales prétendent que nous avons forcé les portes, et qu'elles ne peuvent pas laisser la mairie occupée par nous. Je sais que des agents de police sont allés prévenir l'autorité, et que d'ici à peu de temps des forces importantes nous forceront à évacuer la salle.

Un représentant arrive et s'écrie : « Dépêchons-nous, voilà la force qui arrive. » (Il est midi et demi.)

M. Antony Thouret entre et signe le décret de déchéance en disant · « Ceux qui ne signent pas sont des lâches. »

Au moment où l'on annonce l'arrivée de la force armée, un profond silence s'établit. Tous les membres du bureau montent sur leurs siéges pour être vus de toute l'Assemblée et des chefs de la troupe.

M. LE PRÉSIDENT BENOIST D'AZY. — Silence, messieurs !

Les chefs de la troupe ne se présentent pas.

M. ANTONY THOURET. — Puisque ceux qui occupent la mairie n'entrent pas dans cette salle pour dissoudre cette séance, qui est la seule légale, je demande que le président, au nom de l'Assemblée nationale, envoie une députation qui sommera la troupe de se retirer au nom du peuple. (Oui! oui! très-bien!)

M. CANET. — Je demande à en faire partie.

M. BENOIST D'AZY. — Soyez calmes, messieurs. Notre devoir est de rester en séance et d'attendre.

M. PASCAL DUPRAT. — Vous ne vous défendrez que par la révolution.

M. BERRYER. — Nous nous défendrons par le droit.

VOIX DIVERSES. — Et la loi, la loi; pas de révolution.

M. PASCAL DUPRAT. — Il faut envoyer dans toutes les parties de Paris et principalement dans les faubourgs, et dire à la population que l'Assemblée nationale est debout, que l'Assemblée a dans la main toute la puissance du droit, et qu'au nom du droit elle fait un appel au peuple; c'est votre seul moyen de salut. (Agitation et rumeurs.)

PLUSIEURS MEMBRES dans le fond de la salle. — On monte! on monte! (Sensation suivie d'un profond silence.)

M. LE PRÉSIDENT BENOIST D'AZY. — Pas un mot, messieurs, pas un mot! silence absolu! c'est plus qu'une invitation, permettez-moi de dire que c'est un ordre.

PLUSIEURS MEMBRES. — C'est un sergent, c'est un sergent qu'on envoie!

M. LE PRÉSIDENT BENOIST D'AZY. — Un sergent est le représentant de la force publique.

M. DE FALLOUX. — Si nous n'avons pas la force, ayons au moins la dignité.

UN MEMBRE. — Nous aurons l'une et l'autre. (Profond silence.)

M. LE PRÉSIDENT. — Restez à vos places, songez que l'Europe entière vous regarde!

M. le président Vitet et M. Chapot, l'un des secrétaires, se dirigent vers la porte par laquelle la troupe va pénétrer, et s'avancent jusque sur le palier. Un sergent et une douzaine de chasseurs de Vincennes du 6e bataillon occupent les dernières marches de l'escalier.

MM. Grévy, de Charencey et plusieurs autres représentants ont suivi MM. Vitet et Chapot. Quelques personnes étrangères à l'Assemblée se trouvent aussi sur le palier. Parmi elles nous remarquons M. Beslay, ancien membre de l'Assemblée constituante.

M. LE PRÉSIDENT VITET, s'adressant au sergent. — Que voulez-vous? Nous sommes réunis en vertu de la Constitution.

LE SERGENT. — J'exécute les ordres que j'ai reçus.

M. LE PRÉSIDENT VITET. — Allez parler à votre chef.

M. CHAPOT. — Dites à votre chef de bataillon de monter ici.

Au bout d'un instant, un capitaine faisant les fonctions de chef de bataillon se présente au haut de l'escalier.

M. LE PRÉSIDENT, s'adressant à cet officier. — L'Assemblée nationale est ici réunie. C'est au nom de la loi, au nom de la Constitution que nous vous sommons de vous retirer.

LE COMMANDANT. — J'ai des ordres.

M. VITET. — Un décret vient d'être rendu par l'Assemblée, qui déclare qu'en vertu de l'article 68 de la Constitution, attendu que le Président de la République porte obstacle à l'exercice du droit de l'Assemblée, le Président est déchu de ses fonctions, que tous les fonctionnaires et dépositaires de la force et de l'autorité publique sont tenus d'obéir à l'Assemblée nationale. Je vous somme de vous retirer.

LE COMMANDANT. — Je ne puis pas me retirer.

M. CHAPOT. — A peine de forfaiture et de trahison à la loi, vous êtes tenus d'obéir sous votre responsabilité personnelle.

LE COMMANDANT. — Vous connaissez ce que c'est qu'un instrument; j'obéis. Du reste, je vais rendre compte immédiatement.

M. GRÉVY. — N'oubliez pas que vous devez obéissance à la Constitution et à l'article 68.

LE COMMANDANT. — L'article 68 n'est pas fait pour moi.

M. BESLAY. — Il est fait pour tout le monde; vous devez lui obéir.

M. le président Vitet et M. Chapot rentrent dans la salle.

M. Vitet rend compte à l'Assemblée de ce qui vient de se passer entre lui et le chef de bataillon.

M. BERRYER. — Je demande que ce ne soit pas seulement par un acte du bureau, mais un décret de l'Assemblée, qu'il soit immédiatement déclaré que l'armée de Paris est chargée de veiller à la défense de l'Assemblée nationale, et qu'il soit enjoint au général Magnan, sous peine de forfaiture, de mettre les troupes à la disposition de l'Assemblée. (Très-bien!)

M. Pascal Duprat. — Il ne commande plus.

M. de Ravinel. — C'est Baraguey-d'Hilliers qui commande. (Non! non! Si! si!)

Plusieurs Membres. — Sommez le général sans mettre le nom.

M le président Benoist d'Azy. — Je consulte l'Assemblée.

L'Assemblée, consultée, vote le décret à l'unanimité.

M. Monet. — Je demande qu'il soit envoyé au Président de l'Assemblée un double du décret qui a été rendu, prononçant la déchéance.

Plusieurs Membres. — Il n'y en a plus, il n'y a plus de président! (Agitation.)

M. Pascal Duprat. — Puisqu'il faut dire le mot, M. Dupin s'est conduit lâchement. Je demande qu'on ne prononce pas son nom. (Vives rumeurs.)

M. Monet. — J'ai voulu dire le président de la Haute Cour. C'est au président de la Haute Cour qu'il faut envoyer le décret.

M. le président Benoist d'Azy. — M. Monet propose que le décret de déchéance soit envoyé au président de la Haute Cour nationale.

Je consulte l'Assemblée.

L'Assemblée, consultée, adopte le décret.

M. Jules de Lasteyrie. — Je vous proposerai, Messieurs, de rendre un décret qui ordonne au commandant de l'armée de Paris et à tous les colonels de légions de la garde nationale, d'obéir au président de l'Assemblée nationale, sous peine de forfaiture, afin qu'il n'y ait pas un homme qui ne sache dans la capitale quel est son devoir, et que s'il y manque, c'est une trahison envers le pays. (Très-bien! très-bien!)

M. Dufraisse. — Et au commandant de la garde nationale de Paris.

M. le président Benoist d'Azy. — Il est évident que le décret rendu s'applique à tous les fonctionnaires et commandants.

M. Dufraisse. — Il faut spécifier.

M. Pascal Duprat. — Nous avons à craindre dans les départements le retentissement des décrets fâcheux qui ont été publiés ce matin par le Président de la République; je demande que l'Assemblée prenne une mesure quelconque pour faire savoir aux départements quelle est l'attitude que nous avons prise ici ·au nom de l'Assemblée nationale.

PLUSIEURS VOIX. — Nos décrets, nos décrets sont là.

M. DE RESSEGUIER. — Je demande que le bureau soit chargé de faire une proclamation à la France.

VOIX DIVERSES. — Les décrets seulement, les décrets.

M. LE PRÉSIDENT BENOIST D'AZY. — Si nous avons la possibilité de publier les décrets, tout est fait; sinon, nous ne pouvons rien.

M. ANTONY THOURET. — Il faut envoyer des émissaires dans Paris; donnez-moi un exemplaire de notre décret.

M. RIGAL. — Je demande qu'on prenne toutes les mesures nécessaires pour faire imprimer le décret.

DE TOUTES PARTS. — C'est fait! c'est fait!

UN MEMBRE. — Je demande qu'on mette en réquisition le télégraphe.

M. DE RAVINEL. — Qu'on empêche le directeur de communiquer avec les départements, sinon pour transmettre les décrets de l'Assemblée.

M. DUFRAISSE. — Je demande, si l'Assemblée croit utile de l'ordonner, qu'il soit rendu un décret qui défende à tout directeur des deniers publics de les livrer sur les ordres des fonctionnaires publics actuels. (C'est fait! c'est fait!) C'est compris dans le décret.

M. COLFAVRU. — Puisqu'on dit dans le décret que toutes les attributions du pouvoir exécutif passent à l'Assemblée.

M. DE MONTEBELLO. — La responsabilité pécuniaire est de droit.

M. ANTONY THOURET. — Il me semble que l'Assemblée doit aussi se préoccuper de la position de nos collègues, les généraux qui sont à Vincennes.

DE TOUTES PARTS. — C'est fait; il y a un décret rendu sur la proposition de M. Berryer.

M. ANTONY THOURET. — Je demande pardon à l'Assemblée; c'est que je suis arrivé trop tard.

M. le général Oudinot. — Jamais nous n'avons éprouvé le besoin d'entourer notre président de plus de déférence, de soumission et de considération que dans ce moment. Il est bien qu'il soit investi d'une espèce de dictature, passez-moi l'expression. (Réclamations de la part de quelques membres.) Je retire l'expression si elle peut éveiller la moindre susceptibilité; je veux dire que sa parole doit obtenir immédiatement respect et silence. Notre force, notre dignité sont précisément dans l'unité. Nous sommes unis, il n'y a plus dans l'Assemblée de côté droit, ni de côté gauche. (Très-bien! très-bien!) Nous avons tous des fibres au cœur; c'est la France tout entière qui est blessée en ce moment. (Très-bien!)

Un seul mot. Quand le président croira devoir déléguer un ou plusieurs de nous pour une mission quelconque, que nous lui obéissions. Pour moi, j'obéirai complétement. Je veux qu'il soit entendu que toutes les propositions passeront par le bureau. Sinon qu'arrivera-t il? C'est qu'ainsi que vient de le faire M. Antony Thouret, on reproduit des propositions, justes en elles-mêmes, qui déjà ont été faites et adoptées. Ne perdons pas de temps; mais que tout passe par le bureau. Obéissons au président; pour moi, je me soumets complétement à ses ordres avec le plus grand empressement. (Très-bien!)

M. le président Benoist d'Azy. — Je crois que la force de l'Assemblée consiste à conserver une parfaite union. Je propose, conformément à l'avis qui vient de m'être exprimé par plusieurs membres, que le général Oudinot, notre collègue, soit investi du commandement des troupes. (Très-bien! très-bien! bravo!)

M. Tamisier. — Sans doute, M. le général Oudinot, comme tous nos collègues, ferait son devoir; mais vous devez vous rappeler l'expédition romaine qu'il a commandée. (Vives rumeurs. — Réclamations nombreuses.)

M. de Resseguier. — Vous désarmez l'Assemblée une seconde fois.

M. de Dampierre. — Taisez-vous, vous nous tuez.

M. Tamisier. — Laissez-moi achever, vous ne me comprenez pas.

M. LE PRÉSIDENT BENOIST D'AZY. — S'il y a des divisions parmi nous, nous sommes perdus.

M. TAMISIER, — Ce n'est pas une division; mais quelle autorité aura-t-il sur le peuple?

M. BERRYER. — Mettez la proposition aux voix, M. le président.

M. PASCAL DUPRAT. — Nous avons, parmi nos collègues, un homme qui, dans d'autres circonstances moins difficiles, il est vrai, a su résister aux pensées fâcheuses de Louis-Napoléon Bonaparte, c'est M. Tamisier. (Exclamations et rumeurs.)

M. TAMISIER. — Mais je ne suis pas connu, que voulez-vous que je fasse?

M. PISCATORY. — En grâce, laissez voter. Qu'il soit bien entendu, ce dont je suis profondément convaincu, que M. Tamisier, quand il a contesté le nom du général Oudinot, ne voulait pas amener de division parmi nous.

M. TAMISIER. — Non, je le jure! Je n'adhérais pas, parce que je craignais que cette nomination ne produisît pas sur le peuple de Paris l'effet que vous en attendiez.

M. LE GÉNÉRAL OUDINOT. — Je suis prêt à me soumettre aux ordres quelconques qu'on me donnera pour le salut de mon pays; ainsi j'accepterai tout commandement.

DE TOUTES PARTS. — Aux voix, aux voix, la nomination du général Oudinot!

· M. LE PRÉSIDENT BENOIST D'AZY. — Je consulte l'Assemblée.

La Chambre, consultée, rend un décret qui nomme le général Oudinot commandant en chef des troupes.

M. LE GÉNÉRAL OUDINOT. — Un seul mot. M. le président et mes collègues, je ne puis décliner aucun honneur. Ce serait une injure que je ferais à mes compagnons d'armes; ils ont fait en Italie, ils feront partout leur devoir. Aujourd'hui, le nôtre est tracé; il consiste à obéir aux ordres du président, parce que, ces ordres, il les puisera dans le droit de l'Assemblée nationale, dans la Constitution. (Très-bien!) Ordonnez donc; le général Oudinot obéira: s'il avait besoin de popularité, il l'aurait puisée ici même. (Très-bien! très-bien!)

M. DE SAINT-GERMAIN. — Je demande que le décret qui nomme

le général Oudinot soit rédigé immédiatement, il faut que le général en ait un exemplaire.

LES MEMBRES DU BUREAU. — On le rédige.

(Pendant que Messieurs les membres du bureau rédigent le décret, M. le général Oudinot s'approche de M. Tamisier et échange avec lui quelques paroles.)

M. LE GÉNÉRAL OUDINOT. — Messieurs, je viens d'offrir à M. Tamisier de me servir de chef d'état-major. (Très-bien!) Il accepte. (Très-bien! très-bien! bravos enthousiastes.)

Je demande à M. le président de faire connaître immédiatement à la troupe de ligne l'honneur que vous venez de me confier. (Très-bien!)

M. TAMISIER. — Messieurs, vous m'avez donné une tâche bien difficile que je n'ambitionnais pas; mais avant de partir pour accomplir les ordres de l'Assemblée, permettez-moi de jurer que je pars pour défendre la République. (Voix diverses : Très-bien ! Vive la République! vive la Constitution!)

En ce moment les membres qui se trouvent auprès de la porte annoncent qu'un officier du 6e bataillon de chasseurs arrive avec de nouveaux ordres. Le général Oudinot s'avance vers lui accompagné de M. Tamisier.

M. Tamisier donne lecture à l'officier du décret qui nomme le général Oudinot général en chef de l'armée de Paris.

LE GÉNÉRAL OUDINOT, à l'officier. — Nous sommes ici en vertu de la Constitution. Vous voyez que l'Assemblée vient de me nommer commandant en chef. Je suis le général Oudinot, vous devez reconnaître son autorité, vous lui devez obéissance. Si vous résistiez à ses ordres, vous encourriez les punitions les plus rigoureuses. Immédiatement vous seriez traduit devant les tribunaux. Je vous donne l'ordre de vous retirer.

L'OFFICIER (un sous-lieutenant du 6e chasseurs de Vincennes). — Mon général, vous savez notre position, j'ai reçu des ordres.

Deux sergents qui sont à côté de l'officier prononcent quelques mots et semblent l'encourager à la résistance.

M. LE GÉNÉRAL OUDINOT. — Taisez-vous, laissez parler votre chef; vous n'avez pas le droit de parler.

L'UN DES SERGENTS. — Si! j'en ai le droit.

LE GÉNÉRAL OUDINOT. — Taisez-vous, laissez parler votre chef.

LE SOUS-LIEUTENANT. — Je ne suis que le commandant en second. Si vous voulez, faites monter le commandant en premier.

LE GÉNÉRAL OUDINOT. — Ainsi vous résistez ?

L'OFFICIER, après un instant d'hésitation. — Formellement.

LE GÉNÉRAL OUDINOT. — Il va vous être donné un ordre écrit. Si vous y désobéissez, vous en subirez les conséquences. (Un certain mouvement a lieu parmi les soldats.)

LE GÉNÉRAL OUDINOT. — Chasseurs, vous avez un chef, vous lui devez respect et obéissance. Laissez-le parler.

UN SERGENT. — Nous le connaissons ; c'est un brave.

LE GÉNÉRAL OUDINOT. — Je lui ai dit qui j'étais ; je lui demande son nom.

Un autre sous-officier veut parler.

LE GÉNÉRAL OUDINOT — Taisez-vous, ou vous seriez de mauvais soldats.

L'OFFICIER. — Je m'appelle Charles Guédon, sous-lieutenant au 6e bataillon de chasseurs.

LE GÉNÉRAL OUDINOT, à l'officier. — Vous déclarez donc que vous avez reçu des ordres et que vous attendez les instructions du chef qui vous a donné la consigne ?

LE SOUS-LIEUTENANT. — Oui, mon général.

LE GÉNÉRAL OUDINOT. — C'est la seule chose que vous ayez à faire.

(M. le général Oudinot et M. Tamisier rentrent dans la salle. Il est une heure un quart.)

M. LE GÉNÉRAL OUDINOT. — Monsieur le président, je reçois les deux décrets qui me donnent, l'un le commandement de la troupe de ligne, l'autre le commandement de la garde nationale. Vous avez bien voulu accepter, sur ma proposition, M. Tamisier comme chef d'état-major pour la troupe de ligne. Je vous prie de vouloir bien accepter M. Mathieu de la Redorte comme chef d'état-major pour la garde nationale. (Très-bien !)

PLUSIEURS MEMBRES. — C'est à vous à faire ce choix, c'est dans vos pouvoirs.

M. LE PRÉSIDENT BENOIST D'AZY. — Vous usez de votre droit ; mais puisque vous nous communiquez votre pensée à cet égard, je crois répondre à l'intention de l'Assemblée en disant que nous applaudissons à votre choix. (Oui, oui! très-bien!)

LE GÉNÉRAL OUDINOT. — Ainsi, vous reconnaissez M. Mathieu de la Redorte comme chef d'état-major de la garde nationale? (Marques d'assentiment.)

M. LE PRÉSIDENT BENOIST D'AZY, après quelques instants d'attente. — On me dit que quelques personnes sont déjà sorties; je ne suppose pas que personne veuille se retirer avant que nous ayons vu la fin de ce que nous pouvons faire.

DE TOUTES PARTS. — Non! non! en permanence.

M. BERRYER, rentrant dans la salle avec plusieurs de ses collègues. — Messieurs, une fenêtre était ouverte. Il y avait beaucoup de monde dans la rue. J'ai annoncé par la fenêtre que l'Assemblée nationale, régulièrement réunie, en nombre plus que suffisant pour la validité de ses décrets, avait prononcé la déchéance du Président de la République, que le commandement supérieur de l'armée et de la garde nationale était confié au général Oudinot, et que son chef d'état-major était M. Tamisier. Il y a eu acclamations et bravos. (Très-bien!)

M. Guilbot, chef du 3e bataillon de la 10e légion de la garde nationale, se présente en uniforme à la porte de la salle et déclare au général Oudinot qu'il vient se mettre à la disposition de l'Assemblée.

LE GÉNÉRAL OUDINOT. — Bien, bien, commandant, c'est d'un bon exemple.

M. Balot, chef du 4e bataillon, sans uniforme, fait la même déclaration.

Après quelques instants, deux commissaires de police se présentent à la porte de la salle, et, sur l'ordre du président, s'avancent auprès du bureau.

L'UN DES COMMISSAIRES (le plus âgé). — Nous avons ordre de faire évacuer les salles de la mairie; êtes-vous disposés à obtempérer à cet ordre? Nous sommes les mandataires du préfet de police.

PLUSIEURS MEMBRES. — On n'a pas entendu.

M. LE PRÉSIDENT BENOIST D'AZY. — M. le commissaire nous dit qu'il a ordre de faire évacuer la salle. J'adresse à M. le commissaire cette question : Connaît-il l'article 68 de la Constitution ? Sait-il quelles en sont les conséquences?

LE COMMISSAIRE. — Sans doute, nous connaissons la Constitution; mais, dans la position où nous nous trouvons, nous sommes obligés d'exécuter les ordres de nos chefs supérieurs.

M. LE PRESIDENT BENOIST D'AZY. — Au nom de l'Assemblée, je vais faire donner lecture de l'article 68 de la Constitution.

M. le président Vitet fait cette lecture en ces termes : « Toute mesure par laquelle le Président de la République dissout l'Assemblée nationale, la proroge ou met obstacle à son mandat, est un crime de haute trahison. Par ce seul fait, le Président est déchu de ses fonctions; les citoyens sont tenus de lui refuser obéissance. Le pouvoir exécutif passe de plein droit à l'Assemblée nationale. Les juges de la Haute Cour de justice se réunissent immédiatement, à peine de forfaiture ; ils convoquent les jurés dans le lieu qu'ils désignent; ils nomment eux-mêmes les magistrats chargés de remplir les fonctions du ministère public. »

M. LE PRÉSIDENT BENOIST D'AZY, au commissaire. — C'est conformément à l'article 68 de la Constitution, dont vous venez d'entendre la lecture, que l'Assemblée, empêchée de siéger dans le lieu ordinaire de ses séances, s'est réunie dans cette enceinte. Elle a rendu le décret dont il va vous être donné lecture.

M. le président Vitet donne lecture du décret de déchéance ainsi conçu :

RÉPUBLIQUE FRANÇAISE

DÉCRET

« L'Assemblée nationale, réunie extraordinairement à la mairie du Xe arrondissement;

« Vu l'article 68 de la Constitution, ainsi conçu.....

« Attendu que l'Assemblée est empêchée par la violence d'exercer son mandat,

« Décrète :

« Louis-Napoléon Bonaparte est déchu de ses fonctions de Président de la République;

« Les citoyens sont tenus de lui refuser obéissance ;

« Le pouvoir exécutif passe de plein droit à l'Assemblée nationale ;

« Les juges de la Haute Cour de justice sont tenus de se réunir immédiatement, sous peine de forfaiture, pour procéder au jugement du Président de la République et de ses complices.

« En conséquence, il est enjoint à tous les fonctionnaires et dépositaires de la force et de l'autorité publique d'obéir à toutes réquisitions faites au nom de l'Assemblée, sous peine de forfaiture et de trahison.

« Fait et arrêté à l'unanimité, en séance publique, le 2 décembre 1851.

« *Pour le Président empêché :*

> « Benoist d'Azy, Vitet, vice-présidents ;
> Grimault, Moulin, Chapot, secrétaires ;
> et tous les membres présents. »

M. le président Benoist d'Azy. — C'est en vertu de ce décret, dont nous pouvons vous remettre une copie, que l'Assemblée s'est réunie ici et qu'elle vous somme, par ma bouche, d'obéir à ses réquisitions. Je vous répète que légalement il n'existe qu'une seule autorité en France, en ce moment ; c'est celle qui est ici réunie. C'est au nom de l'Assemblée qui en est la gardienne, que nous vous requérons d'obéir. Si la force armée, si le pouvoir usurpateur agit vis-à-vis de l'Assemblée avec la force, nous devons déclarer que nous, nous sommes dans notre droit. Il est fait appel au pays. Le pays répondra.

M. de Ravinel. — Demandez leurs noms aux commissaires.

M. le président Benoist d'Azy. — Nous qui vous parlons, nous sommes MM. Vitet, Benoist d'Azy, vice-présidents ; Chapot, Grimault et Moulin, secrétaires de l'Assemblée nationale.

Le Commissaire (le plus âgé). — Notre mission est pénible ; nous n'avons pas même une autorité complète, car, dans ce moment, c'est la force militaire qui agit, et la démarche que nous faisons était pour empêcher un conflit que nous aurions regretté. M. le préfet nous avait donné l'ordre de venir vous inviter à vous retirer ; mais nous avons trouvé ici un détachement considérable de chasseurs de Vincennes, envoyés par l'autorité militaire, qui prétend seule avoir le droit d'agir ; car la démarche que nous faisons est officieuse et pour empêcher un conflit fâcheux. Nous ne prétendons pas juger de la question de droit ; mais j'ai l'honneur de vous prévenir que l'autorité militaire a des ordres sévères et qu'elle les exécutera très-probablement.

M. LE PRÉSIDENT BENOIST D'AZY. — Vous compreniez parfaitement, Monsieur, que l'invitation à laquelle vous donnez en ce moment le caractère officieux, ne peut produire aucune impression sur nous. Nous ne céderons qu'à la force.

LE DEUXIÈME COMMISSAIRE (le plus jeune). — Monsieur le président, voici l'ordre qu'on nous a donné, et, sans plus attendre, nous vous sommons, que ce soit à tort ou à raison, de vous disperser. (Violents murmures.)

PLUSIEURS MEMBRES. — Les noms ! les noms des commissaires !

LE PREMIER COMMISSAIRE (le plus âgé). — Lemoine-Bacherel et Marlet.

En ce moment, un officier arrive, un ordre à la main, et dit : « Je suis militaire, je reçois un ordre, je dois l'exécuter. Voici cet ordre : »

« Commandant, en conséquence des ordres du ministre de la
« guerre, faites occuper immédiatement la mairie du Xe arron-
« dissement, et faites arrêter, s'il est nécessaire, les représentants
« qui n'obéiraient pas sur-le-champ à l'injonction de se diviser.
« — Le général en chef, Magnan. » (Explosion de murmures.)

PLUSIEURS MEMBRES. — Eh bien ! qu'on nous arrête, qu'on donne l'ordre de nous arrêter.

Un autre officier pénètre dans la salle, un ordre à la main. Il s'approche du bureau et donne lecture d'un ordre ainsi conçu :

« Le général en chef prescrit de laisser sortir de la mairie les
« représentants qui s'y trouvent et qui n'opposeraient aucune
« résistance. Quant à ceux qui ne voudraient pas obtempérer à
« cette injonction, ils seront arrêtés immédiatement et conduits
« avec tous les égards possibles, à la prison de Mazas. »

DE TOUTES PARTS. — Tous à Mazas !

M. Émile Leroux. — Oui! oui! allons à pied!

Le président Benoist d'Azy, à l'officier. — Vous vous présentez avec un ordre; nous devons, avant tout, vous demander, ainsi que nous l'avons déjà fait à l'officier qui s'est présenté le premier, si vous connaissez l'article 68 de la Constitution, qui déclare que tout acte du Pouvoir exécutif pour empêcher la réunion de l'Assemblée est un crime de haute trahison qui fait cesser, à l'instant même, les pouvoirs du chef du Pouvoir exécutif. C'est en vertu de son décret qui déclare la déchéance du chef du pouvoir exécutif que nous agissons en ce moment. Si nous n'avons pas de forces à opposer. .

M. de Larcy. — Nous opposons la résistance du droit.

Le président Benoist d'Azy. — J'ajoute que l'Assemblée, obligée de pourvoir à sa sûreté, a nommé le général Oudinot commandant de toutes les forces qui peuvent être appelées à la défendre.

M. de Larcy. — Commandant, nous faisons un appel à votre patriotisme comme Français.

M. le général Oudinot, à l'officier. — Vous êtes le commandant du 6e bataillon?

L'Officier. — Je suis commandant par intérim. Le commandant est malade.

Le général Oudinot. — Eh bien! commandant du 6e bataillon, vous venez d'entendre ce que M. le président de l'Assemblée vous a dit?

L'Officier. — Oui, mon général.

Le général Oudinot. — Qu'il n'y avait pour le moment d'autre pouvoir en France que l'Assemblée. En vertu de ce pouvoir, qui m'a délégué le commandement de l'armée et de la garde nationale, je viens vous déclarer que nous ne pouvons obéir que contraints, forcés, à l'ordre qui nous interdisait de rester réunis. En conséquence, et en vertu des droits que nous tenons d'elle, je vous ordonne d'évacuer et de faire évacuer la mairie.

Vous avez entendu, commandant du 6e bataillon; vous avez entendu que je vous ai donné l'ordre de faire évacuer la mairie. Allez-vous obéir?

L'Officier. — Non, et voici pourquoi : j'ai reçu de mes chefs des ordres, et je les exécute.

De toutes parts. — A Mazas ! à Mazas !

L'Officier. — Au nom des ordres du Pouvoir exécutif, nous vous sommons de vous dissoudre à l'instant même.

Voix diverses. — Non, non, il n'y a pas de Pouvoir exécutif. Faites-nous sortir de force; employez la force !

Sur l'ordre du commandant, plusieurs chasseurs pénètrent dans la salle. Un troisième commissaire de police et plusieurs agents y pénètrent également. Les commissaires et les agents saisissent les membres du bureau, M. le général Oudinot, M. Tamisier et plusieurs autres représentants, et les conduisent presque sur le palier. Mais l'escalier est toujours occupé par la troupe. Les commissaires et les officiers montent et descendent pour aller chercher et apporter des ordres. Après un quart d'heure environ, les soldats ouvrent les rangs. Les représentants, toujours conduits par les agents et le commissaire, descendent dans la cour. Le général Forey se présente, le général Oudinot lui parle un instant et se retournant vers les membres de l'Assemblée, dit que le général Forey lui a répondu : « Nous sommes militaires, nous ne connaissons que nos ordres. »

M. le général Lauriston. — Il doit connaître les lois et la Constitution. Nous avons été militaires comme lui.

Le général Oudinot. — Le général Forey prétend qu'il ne doit obéir qu'au Pouvoir exécutif.

Tous les représentants. — Qu'on nous emmène, qu'on nous emmène à Mazas !

Plusieurs gardes nationaux qui sont dans la cour crient, chaque fois que la porte s'ouvre pour laisser passer les officiers qui vont et viennent: « Vive la République ! vive la Constitution ! »

Quelques minutes se passent. Enfin, la porte s'ouvre, et les agents ordonnent aux membres du bureau et de l'Assemblée de se mettre en marche. MM. les présidents Benoist et Vitet déclarent qu'ils ne sortiront que par la force. Les agents les prennent par les bras, et les font sortir dans la rue. MM. les secrétaires, le général Oudinot, M. Tamisier et les autres représentants, sont conduits de la même manière, et on se met en

marche à travers deux haies de soldats. Le président Vitet est
tenu au collet par un agent; le général Forey est en tête des
troupes, et dirige la colonne. L'Assemblée, ainsi prisonnière, est
conduite, au milieu des cris de : « Vive l'Assemblée! vive la République! vive la Constitution! » poussés par les citoyens qui sont
dans les rues et aux fenêtres, jusqu'à la caserne du quai d'Orsay, en suivant les rues de Grenelle, Saint-Guillaume, Neuve-de-
l'Université, de l'Université, de Beaune, les quais Voltaire et d'Orsay. Tous les représentants entrent dans la cour de la caserne,
et on referme la porte sur eux. Il est trois heures vingt minutes.

Sur la proposition d'un membre, on procède, dans la cour
même, à l'appel nominal. MM. Grimault, secrétaire, et Antony
Thouret font l'appel nominal, qui constate la présence de deux
cent vingt membres, dont les noms suivent :

MM. Albert de Luynes, d'Andigné de la Chasse, Antony
Thouret, Arène, Audren de Kerdrel (Ille-et-Vilaine), Audren de
Kerdrel (Morbihan), de Balzac, Barchou de Penhoen, Barrillon,
Odilon Barrot, Barthélemy Saint-Hilaire, Bauchard, Gustave
de Beaumont, Béchard, Béhaguel, de Belvèze, Benoist d'Azy,
de Bernardy, Berryer, de Berset, Besse, Beting de Lancastel,
Blavoyer, Bocher, Boissié, de Botmiliau, Bouvatier, de Broglie,
de la Broise, de Bryas, Buffet, Caillet du Tertre, Callet, Camus de
la Guibourgère, Canet, de Castillon, de Cazalès, amiral Cécile,
Chambolle, Chamiot, Champanhet, Chaper, Chapot, de Charan-
cey, Chassaigne, Chauvin, Chazant, de Chazelles, Chégaray, de
Coislin, Colfavru, Colas de la Motte, Coquerel, de Corcelles, Cor-
dier, Corne, Creton, Daguilhon-Pujol, Dahirel, Dambray, de Dampierre, de Brotonne, de Fontaine, de Fontenay, Desèze, Desmars,
de la Devansaye, Didier, Dieuleveult, Druet-Desvaux, Abraham
Dubois, Dufaure, Dufougerais, Dufour, Dufournel, Marc Dufraisse, Pascal Duprat, Duvergier de Hauranne, Étienne de
Falloux, de Faultrier, Faure (Rhône), Favreau, Ferré des Ferris,
de Flavigny, de Foblant, Frichon, Gain, Gasselin, Germonière,
de Gicquiau, de Goulard, de Goyon, de Grandville, de Grasset,
Grelier-Dufougeroux, Grevy, Grillon, Grimault, Gròs, Guillier
de la Tousche, Harscouet de Saint-George, d'Havrincourt,
Hennecart, Hennequin, d'Hespel, Houel, Hovyn-Tranchère,

Huot, Joret, Jouannet, de Kéranfleck, de Kératry, de Kéridec, de Kermasec, de Kersauron-Penendreff, Léo de Laborde, Laboulie, Lacave, Oscar Lafayette, Lafosse, Lagarde, Lagrenée, Lainé, Lanjuinais, Larabit, de Larcy, J. de Lastyrie, Latrade, Laureau, Laurenceau, général Lauriston, de Laussat, Lefebvre de Grosriez, Legrand, Legros-Desvaux, Lemaire, Émile Leroux, Lespérut, de Lespinois, Lherbette, de Linsaval, de Luppé, Maréchal, Martin de Villers, Maze-Saunay, Mèze, Armand de Melun, Anatole de Melun, Mérintié, Michaut, Mispoulet, Monet, de Montébello, de Montigny, Moulin, Murat-Sistrière, Alfred Nettement, d'Olivier, général Oudinot de Reggio, Paillet, Duparc, Passy, Émile Péan, Pecoul, Casimir Périer, Pidoux, Pigeon, de Piogé, Piscatory, Proa, Prudhomme, Querhoent, Randoing, Raudot, Raulin, de Ravinel, de Rémusat, Renaud, Résal, de Rességuier, Henri de Riancey, Rigal, de la Rochette, Rodat, de Roquefeuil, des Rotours de Chaulieux, Rouget-Lafosse, Rouillé, Roux-Carbonel, Sainte-Beuve, de Saint-Germain, général de Saint-Priest, Salmon (Meuse), Sauvaire-Barthélemy, de Serré, de Sesmaison, Simonot, de Staplante, de Surville, de Talhouet, Talon, Tamisier, Thuriot de la Rosière, de Tinguy, de Tocqueville, de la Tourette, de Tréveneuc, Mortimer-Ternaux, de Vatimesnil, de Vandœuvre, Vernhette (Hérault), Vernhette (Aveyron), Vézin, Vitet, de Vogué.

L'appel terminé, le général Oudinot prie les représentants qui sont dispersés dans la cour de se réunir autour de lui, et leur fait la communication suivante :

« Le capitaine adjudant-major, qui est resté ici pour commander la caserne, vient de recevoir l'ordre de faire préparer des chambres dans lesquelles nous aurons à nous retirer, nous considérant comme en captivité. (Très-bien!) Voulez-vous que je fasse venir l'adjudant-major? (Non! non! c'est inutile!) Je vais lui dire qu'il ait à exécuter ses ordres. (Oui! c'est cela!). »

Quelques instants après, les chambres étant préparées, plusieurs représentants s'y rendent; les autres restent dans la cour.

Le compte rendu de cette mémorable séance appellerait bien des réflexions. Fidèle à notre rôle de modeste narrateur, nous serons sobres de commentaires.

Les écrivains impérialistes qui l'ont racontée affirment qu'elle est de nature à faire prendre en dégoût le parlementarisme. Le lecteur appréciera.

Les républicains ont critiqué, à un point de vue diamétralement opposé, la conduite des représentants de la droite, qui formaient l'immense majorité de la réunion.

Ils leur reprochent d'avoir parlé quand il fallait agir; d'avoir perdu en de vaines formalités deux heures d'un temps précieux; de n'avoir pas fait un appel immédiat au patriotisme du peuple; de ne pas s'être entourés d'un nombre suffisant de gardes nationaux en armes, qu'il était d'autant plus facile de réunir, en déployant un peu d'activité, que beaucoup accouraient spontanément, et que le colonel de la 10e légion, M. de Lauriston, était parmi les membres de la réunion; de ne pas avoir donné le signal de la résistance, les armes à la main, lorsqu'il était si facile de le faire, et que les premiers coups de feu pouvaient exercer une impression décisive sur la population hésitante; ils leur reprochent surtout ces cris: « à Mazas ! Qu'on nous emmène tous! » qui leur paraissent indignes de l'Assemblée nationale.

Encore une fois, le lecteur appréciera.

Nous dirons plus loin quel fut le sort des représentants amenés prisonniers à la caserne du quai d'Orsay. Notons, en passant, que leur nombre s'accrut vers quatre heures de l'après-midi de quelques membres qui vinrent se constituer volontairement prisonniers,

dans l'intention de partager la fortune de leurs collègues. Parmi ceux-là se trouvèrent MM. Bixio, Victor
Lefranc et Valette. Ce dernier dit aux agents qui
hésitaient à l'admettre parmi les prisonniers : —
« J'ai pourtant deux titres à être arrêté aujourd'hui ;
je suis représentant du peuple et professeur de droit. »

Un incident s'était produit pendant la durée de la
réunion à la mairie du X⁰ arrondissement qui aurait
pu en modifier considérablement l'issue. Il a été peu
remarqué. Vers dix heures du matin, un rassemblement considérable s'était formé sur la place de l'École-
de-Médecine ; les jeunes gens qui le composaient,
avertis de la présence des représentants à la mairie
du X⁰ arrondissement, s'étaient mis en marche, au nombre de douze à quinze cents, dans l'intention d'aller
prêter main-forte à l'Assemblée nationale. Au moment
où ils débouchaient sur la place de Saint-Sulpice, pour
s'engager dans la rue du Vieux-Colombier, ils furent
chargés par un fort détachement de gardes municipaux à cheval, qui les refoula dans les rues avoisi-
nantes et les força de rebrousser chemin. Bien que ces
jeunes gens fussent sans armes, nul ne peut dire que
leur présence autour de la mairie du X⁰ arrondissement, s'ils avaient pu y arriver, n'eût rendu infiniment
plus difficile l'arrestation en masse des représentants.

Pendant cette même matinée, les journalistes républicains tentaient de se concerter et de renouveler
l'exemple mémorable, donné par leurs prédécesseurs,
dans des circonstances analogues, le 26 juillet 1830,
après la publication des ordonnances.

Une première protestation fut rédigée dans les bu-

reaux de *la Révolution*, signée par MM. Xavier
Durrieu, ancien constituant, Kesler, Gaspérini, Merlet,
attachés à la rédaction du journal, et par quelques
autres citoyens. Vers midi, une réunion dans laquelle
presque toute la presse républicaine était repré-
sentée, fut tenue dans les bureaux du *Siècle*, rue du
Croissant. On y rédigea une protestation collective;
on s'engagea à tenter tous les moyens possibles pour
publier les journaux saisis. Ces résolutions eurent peu
d'effet. Les imprimeries étaient occupées militairement. Cependant un nombre considérable de proclamations et d'appels aux armes furent imprimés au
moyen de caractères et de brosses enlevés, presque
sous les yeux des agents, de l'imprimerie du *Siècle*
et transportés dans une maison voisine où logeait
l'un des rédacteurs de ce journal. On en imprima
également un grand nombre dans les bureaux
de *la Presse;* le représentant Noël Parfait réussit
à en emporter plusieurs centaines d'exemplaires,
sans éveiller les soupçons des soldats et des agents
placés en sentinelle aux abords de l'imprimerie et des
bureaux du journal. Des faits semblables durent se
produire dans quelques autres imprimeries, car les décrets de l'Assemblée du Xe arrondissement, les appels
aux armes de la gauche républicaine, ainsi que l'arrêt
de la Haute Cour de justice furent répandus dans la
nuit du 2 au 3, et affichés par milliers d'exemplaires.

Nous venons de parler de la Haute Cour de justice.
Il convient de dire, avant d'aller plus loin, le rôle de
ce tribunal suprême de la République pendant la journée du 2 décembre.

La Haute Cour se réunit-elle spontanément? ou bien attendit-elle communication du décret rendu à la mairie du X⁰ arrondissement? Nous ne saurions le dire, l'une et l'autre version ayant été affirmées par des narrateurs qui paraissent bien informés. Quoi qu'il en soit à cet égard, la Haute Cour se réunit dans l'une des salles de la Cour de cassation, au Palais de Justice, délibéra et rendit l'arrêt suivant :

« La Haute Cour : — Vu les placards imprimés et affichés sur « les murs de la capitale, et notamment, celui portant : le Pré- « sident de la République, etc... l'Assemblée nationale est dis- « soute, etc... — Lesdits placards, signés : Louis-Napoléon « Bonaparte et plus bas: le ministre de l'intérieur, signé : Morny. « — Attendu que ces faits et l'emploi de la force militaire dont « ils sont appuyés, réaliseraient le cas prévu par l'article 68 de « la Constitution. Déclare : — Qu'elle se constitue ; dit qu'il y a « lieu de procéder en exécution dudit article 68 ; nomme pour « son procureur général M. Renouard, conseiller à la Cour de « cassation ; et s'ajourne à demain midi pour la continuation de « ses opérations.

« Ont signé au registre : Ardouin, président ; Pataille, Dela- « palme, Aug. Moreau, Cauchy, juges. Présents les deux sup- « pléants, Quénault et Grandet ; Bernard, greffier en chef. »

Cet arrêt diffère sensiblement de celui qui fut affiché par les soins des républicains, et qui a été seul reproduit dans les récits du Coup d'État, publiés en France jusqu'à ce jour. L'arrêt connu portait prévention de haute trahison contre le Président et convocation des hauts jurés. La version que nous reproduisons est empruntée à bonne source.

Nous compléterons, d'après un renseignement de

même origine, le procès-verbal des opérations de la Haute Cour.

« Le même jour, à cinq heures, les mêmes juges, s'étant
« réunis chez leur président, constatèrent que, de l'ordre de
« M. de Maupas, préfet de police, trois commissaires de police,
« accompagnés d'officiers de paix et d'un détachement de gardes
« républicaines, commandés par un lieutenant, avaient envahi
« la chambre du conseil et sommé la Haute Cour de se séparer
« sous peine d'être dissoute par la force et ses membres empri-
« sonnés. La Cour avait protesté et déclaré qu'elle ne cédait
« qu'à la force. — Le 3 décembre, la Haute Cour se réunit au
« Palais de Justice, à midi, disent encore les registres. M. Re-
« nouard, auquel avait été notifié l'arrêt de la veille, fut introduit
« et déclara qu'il acceptait les fonctions de procureur général.
« — La Cour lui donna acte de sa déclaration, et, attendu que
« les obstacles matériels à l'exécution de son mandat conti-
« nuaient, elle s'ajourna. »

Nous avons pensé que cette relation, sèche, en style de greffier, dénotant l'origine judiciaire du document, ne serait pas sans intérêt pour le lecteur.

Il y a toutefois un point sur lequel il faut revenir. La Haute Cour, en séance, le 2 décembre, fut sommée de se dissoudre par la force armée. La troupe était conduite par M. Montour, aide de camp du ministre de la marine; les soldats pénétrèrent, baïonnette au bout du fusil, dans l'enceinte où siégeaient les magistrats. M. Mayer (page 91) raconte l'incident et y ajoute des réflexions qui méritent d'être citées, ne fût-ce qu'à titre de curiosité :

« Deux commissaires, dit-il, accompagnés de quelques gardes
« municipaux, entrèrent dans la salle des délibérations et enjoi-
« gnirent aux conseillers de se retirer sous peine d'arrestation

« immédiate. La Cour obéit sans mot dire avec ce sentiment du
« devoir individuel qui, dans les dangers de la chose publique,
« parle plus haut même au cœur d'un magistrat que le droit le
« plus clair et la loi la plus nette! »

Les membres de la Haute Cour, disons-le avant de
les quitter pour ne plus nous en occuper, n'éprou-
vèrent aucun dommage pour leurs velléités de résistance au Coup d'État. Ils conservèrent leurs siéges à
la Cour de cassation, et on put les voir peu après aux
Tuileries prêtant serment de fidélité au Prince Président.

Avant de raconter ce que firent pendant cette journée les représentants de la gauche dont la plupart ne
s'étaient montrés ni à l'Assemblée nationale, ni à la
mairie du Xe arrondissement, nous dirons deux mots
d'une promenade exécutée dans la matinée par Louis-
Napoléon. Il était sorti de l'Élysée, à cheval, entouré
d'un nombreux état-major, dans lequel on remarquait
l'ex-roi Jérôme Bonaparte, oncle du Président, le maréchal Excelmans, le comte de Flahaut, les généraux
de Saint-Arnaud, Magnan, Lawœstine, Daumas, etc. Il
passa devant le front des troupes, qui occupaient toujours les positions que nous avons indiquées; il fut
vivement acclamé. Poussant plus loin, vers l'intérieur
de Paris, le Président parcourut quelques rues, mais
ne tarda pas à tourner bride pour revenir à l'Élysée.
S'il avait compté sur un accueil triomphal de la part
de la population parisienne, il fut détrompé. Bien qu'il
n'ait guère dépassé les quais et les rues aux abords
des Tuileries, qui étaient occupés par les troupes, la
foule compacte qui regardait passer ce brillant état-

major, se montra froide. S'il n'y eut pas dans son attitude et dans ses cris d'hostilité prononcée, il y eut
moins encore d'enthousiasme.

A la hauteur du Pont-Royal, — on peut tenir ce détail pour certain, — le cortége du Président fut
accueilli par le cri dominant de *Vive la République!*
auquel se mêlaient çà et là des acclamations à la Constitution et à l'Assemblée nationale. La foule semblait
peu sympathique; néanmoins quand le Président
approcha, saluant du geste, la masse se découvrit.

Le Président, de retour à l'Élysée, se retira dans le
cabinet d'où il transmettait ses ordres aux ministres,
et, sauf une courte revue passée dans l'après-midi du
même jour, il ne sortit plus jusqu'à ce que tout fut fini.

La gauche républicaine de l'Assemblée n'avait pas
cru devoir se joindre à la droite; la plupart de ses
membres avaient pensé que tout essai de résistance
légale, — nous voulons dire entourée de formalités
légales comme à la mairie du X⁰ arrondissement, —
serait impuissante; qu'il n'y avait qu'un seul moyen de
sauver la République : appeler le peuple aux armes et
résister à coups de fusil.

La première réunion un peu nombreuse de la gauche
eut lieu rue Blanche, chaussée d'Antin, chez M. Coppens. Il y avait des membres de toutes les nuances du
parti républicain. On y remarquait MM. Victor Hugo,
Michel (de Bourges), Schœlcher, Emmanuel Arago,
Brives, Charamaule, Joigneaux, Chauffour, Baudin, etc.

M. Victor Hugo proposait de donner sur-le-champ
le signal de la résistance. Plusieurs membres l'ap-

puyaient, disant : « Descendons immédiatement dans
la rue, avec nos écharpes, et commençons le combat. »
La plupart pensèrent qu'il valait mieux temporiser
encore. Ils faisaient ressortir ce fait incontestable que
le peuple n'avait vu dans les proclamations du Président que le rétablissement du suffrage universel et
l'appel à la souveraineté nationale; que le Coup
d'État agitait la masse ouvrière, mais ne l'indignait
pas; qu'il fallait par conséquent employer la journée
et la nuit suivante à agir individuellement sur les
groupes, s'efforcer par tous les moyens possibles de
répandre et d'afficher des proclamations émanant des
représentants républicains. Cet avis fut adopté. M. Victor Hugo rédigea sur-le-champ un appel au peuple
que deux jeunes gens se chargèrent de faire imprimer,
et qui fut effectivement affiché dans la soirée à un
très-grand nombre d'exemplaires. M. Mayer *(Histoire
du 2 décembre*, pages **120, 121**) a reproduit ce premier
placard, qui était ainsi conçu :

> « Louis-Napoléon est un traître!
> « Il a violé la Constitution !
> « Il s'est lui-même mis hors la loi !
> « Les représentants républicains rappellent au peuple et à l'ar-
> « mée les articles 68 et 110 de la Constitution ainsi conçus :
> « Article 68 . — Toute mesure par laquelle le Président de la
> « République dissout l'Assemblée, la proroge, ou met obstacle
> « à l'exercice de son mandat, est un crime de haute trahison.
> « Par ce seul fait, le Président est déchu de ses fonctions, les
> « citoyens sont tenus de lui refuser obéissance.
> « Article 110. — L'Assemblée constituante confie la défense de
> « la présente Constitution, et les droits qu'elle consacre, à la
> « garde nationale et au patriotisme de tous les Français.

« Le peuple désormais et à jamais en possession du suffrage
« universel, le peuple qui n'a besoin d'aucun prince pour le lui
« rendre, saura châtier le rebelle.

« Que le peuple fasse son devoir, les représentants républi-
« cains marchent à sa tête.

« Vive la République ! vive la Constitution ! aux armes !

« *Signé :* Michel (de Bourges), Schœlcher, géné-
ral Leydet, Mathieu (de la Drôme),
Lasteyras, Brives, Breymand, Joi-
gneaux, Chauffour, Cassal, Gilland,
Jules Favre, Victor Hugo, Emma-
nuel Arago, Madier de Montjau,
Mathé, Signard, Ronjat (de l'Isère),
Viguier, Eugène Sue, de Flotte. »

Les membres réunis chez M. Coppens se séparèrent
après s'être donné rendez-vous ailleurs. A deux heures
de l'après-midi, un certain nombre se trouvaient chez
Bonvallet, boulevard du Temple. M. Michel (de
Bourges) harangua la foule qui couvrait le boulevard.
La police avertie se précipita vers la maison Bonvallet,
mais ne put arrêter aucun des représentants.

Une nouvelle et très-nombreuse réunion de membres
de la gauche, parmi lesquels la plupart des représentants de la Montagne, eut lieu chez M. Beslay, ancien
constituant. M. Joly (de Toulouse) dirigea la délibération. Le colonel de la 6e légion de la garde nationale,
M. Forestier, était présent. Au bout d'une demi-heure,
la réunion dut se disperser pour échapper à la troupe
qui arrivait, guidée par des espions.

D'autres réunions partielles eurent lieu dans la
journée. Nous ne nous y arrêterons pas. Passons rapidement à celle où fut décidée la prise d'armes du

lendemain. Un certain nombre de représentants se trouvèrent, vers onze heures du soir, chez leur collègue Lafond (du Lot), quai de Jemmapes. C'est là que fut élu le Comité de résistance. Ses membres furent les représentants Victor Hugo, Carnot, Jules Favre, Michel (de Bourges), Madier-Montjau, Schœlcher, de Flotte.

La maison de M. Lafond paraissant trop exposée aux visites de la police, on se transporta, vers minuit, rue Popincourt, chez M. Frédéric Cournet, ancien officier de marine, républicain éprouvé.

Une confusion de noms, qui trompa d'abord les premiers représentants qui arrivèrent chez Cournet, trompa également la police et un bataillon de troupes chargés de les arrêter, et fut cause que la délibération put se tenir sans encombre. Des agents de la police secrète virent quelques représentants entrer chez un M. Cornet dont le logement était à quelques pas de la maison habitée par Frédéric Cournet. Ils coururent chercher la force armée et fouillèrent ainsi minutieusement la maison Cornet, tandis que plus de cinquante représentants et un grand nombre de journalistes, d'officiers de la garde nationale, d'ouvriers et de citoyens de diverses professions, comptant parmi les plus énergiques du parti républicain, délibéraient tranquillement à côté.

Il fut décidé que dès le lendemain matin, les représentants devaient se transporter dans les quartiers populeux et commencer eux-mêmes les barricades. Quelques ouvriers du faubourg Saint-Antoine, assurant que le faubourg se soulèverait si les représentants de la

Montagne donnaient le signal, un certain nombre
de ceux-ci prirent rendez-vous, pour le lendemain
matin, à la salle Roysin, café socialiste, situé dans la
grande rue du faubourg. Quelques citoyens intrépides
promirent également de s'y rendre, et tinrent parole,
comme on le verra plus loin. A une heure du matin la
réunion se dispersa.

L'aspect de la capitale dans la soirée du 2 différait
déjà sensiblement de ce qu'il avait été aux premières
heures de la journée. L'agitation était très-vive sur la
rive gauche, au quartier latin. Sur la rive droite, des
rassemblements considérables couvraient toute la
ligne des boulevards. On y commentait avec ardeur les
nouvelles de la journée; le peuple s'animait, s'irritait
aux paroles véhémentes des républicains, et commençait à prendre une attitude hostile. Dans les quartiers
riches, au boulevard des Italiens surtout, les groupes
formés par la foule élégante manifestaient bruyamment
leur opposition au Coup d'État.

La brigade du général Korte fit, vers cinq heures,
à la tombée de la nuit, une promenade militaire de
la Madeleine jusqu'à la Bastille. « Elle déblaya toute
« l'étendue des boulevards, dit M. Granier de Cassa-
« gnac, sans trouver d'autre résistance que les menaces
« contenues de la bourgeoisie des quartiers riches, et
« les injures vaines de la jeunesse dorée (1). »

(1) *Histoire de la chute de Louis-Philippe*, etc., par Granier de
Cassagnac, 2e volume, p. 424. — M. de Cassagnac ajoute que le commandant Fleury essuya, ce soir même, un coup de feu, près de la
Porte-Saint-Martin. C'est une erreur de date; cet incident n'eut lieu
que le lendemain au soir. Il n'a pas été brûlé une amorce avant la
matinée du 3.

Un certain nombre de représentants prisonniers à la caserne du quai d'Orsay, parmi lesquels MM. Gustave de Beaumont, Vatismenil, général Oudinot, général Lauriston, de Falloux, Piscatory, de Montebello, etc., furent transférés ce soir-là au Mont-Valérien. Au moment où on les faisait monter dans les voitures cellulaires destinées au transport des prisonniers, M. de Montebello reconnut, raconte-t-on, le chef de l'escorte, M. le colonel Feray, et dit « Messieurs, c'est aujourd'hui le jour anniversaire de la « bataille d'Austerlitz, et voilà le gendre du maréchal « Bugeaud qui fait monter le fils du maréchal Lannes dans une voiture de galérien. »

Vers minuit, la ville avait repris sa physionomie ordinaire.

CHAPITRE V

Matinée du 3 décembre. — Le nouveau ministère et la Commission consultative. — Lettre de M. Leon Faucher. — Attitude de M. de Morny. — Dépêches de M. de Morny au general Magnan. — Évenement du faubourg Saint-Antoine. — La première barricade. — Mort heroïque du representant Baudin. — Agitation considerable dans l'après-midi du 3. — Proclamations et appels aux armes. —[Arrète du prefet de police. — Proclamation du ministre de la guerre. — Le combat s'engage sur plusieurs points. — Attitude de la population dans la soiree du 3. — Le mouvement grandit. —Plan d'operations militaires adopte par le gouvernement.

Le 3 décembre, Paris sembla tardif au réveil. Le temps était sombre et pluvieux. Les boutiques s'ouvraient lentement. La circulation était rare.

Les troupes reprirent bientôt leurs positions de la veille.

La première divison de l'armée de Paris, commandée par le général Carrelet, ayant sous ses ordres les généraux de brigade de Cotte, Canrobert, de Bourgon, Dulac et Reybell, occupait les abords des Tuileries et du palais de l'Élysée. Cette division comprenait six régiments d'infanterie de ligne, un régiment d'infanterie légère, un bataillon de chasseurs à pied, deux bataillons de gendarmerie mobile, trois batteries d'artillerie, deux régiments de lanciers et quelques détachements de génie. La cavalerie de réserve, deux régiments de carabiniers, deux de cuirassiers et un de dragons se tenait derrière l'infanterie, vers le haut des Champs-Élysées. Elle était commandée par les généraux Korte, Tartas et d'Allonville.

Ces forces diverses s'élevaient à plus de vingt mille hommes, de toutes armes.

La deuxième division, commandée par le général Renault et les généraux de brigade Sauboul, Forey, Ripert, occupait les quartiers situés sur la rive gauche de la Seine. Cette division comprenait sept régiments d'infanterie de ligne, deux bataillons de chasseurs à pied, trois batteries d'artillerie et des détachements de génie, formant un effectif d'environ dix-sept mille hommes.

La troisième division avait pour chefs le général Levasseur et les généraux de brigade Herbillon, Marulaz et de Courtigis. La troupe comprenait six régiments d'infanterie de ligne, deux régiments d'infanterie légère, un bataillon de chasseurs à pied, de l'artillerie et du génie. C'était une force de plus de dix-huit mille hommes. Cette division occupait l'Hôtel-de-Ville et les quartiers environnants jusqu'à Vincennes. La brigade de Marulaz se tenait sur la place de la Bastille ; la brigade de Courtigis, en partie à la barrière du Trône, en partie à Vincennes.

Telles étaient, indépendamment de la garde municipale, de la police et des troupes qu'on pouvait appeler des garnisons voisines, les forces qu'allaient braver les quelques poignées de républicains résolus à engager la lutte armée.

C'est dans cette matinée du 3 décembre que fut définitivement constitué le nouveau ministère de Louis-Napoléon. En voici la composition : de Morny, ministre de l'intérieur ; de Saint-Arnaud, ministre de la guerre ; Fould, ministre des finances ; de Turgot, ministre des affaires étrangères; Rouher, ministre de la justice; Ducos, ministre de la marine et des colonies; Fortoul, ministre de l'instruction publique; Magne, ministre des travaux publics; Lefèvre-Duruflé, ministre de l'agriculture et du commerce.

Le même jour fut publié, dans le *Moniteur*, la liste des membres d'une commission dite consultative, instituée par le Président de la République.

Cette liste contenait les noms de certains membres de la fraction conservatrice de l'Assemblée, qui avaient soutenu la politique de l'Élysée jusqu'au 2 décembre, mais qu'on n'avait pas jugé à propos de consulter avant de les nommer membres de cette commission. De là, plusieurs refus qui produisirent une certaine sensation.

M. Léon Faucher, l'ancien ministre de l'intérieur, était du nombre. Il adressa, sur-le-champ, la lettre suivante à Louis-Napoléon (1) :

Monsieur le Président,

« C'est avec un étonnement douloureux que je vois mon nom
« figurer parmi ceux des membres d'une commission consulta-
« tive que vous venez d'instituer. Je ne pensais pas vous avoir
« donné le droit de me faire cette injure : les services que je
« vous ai rendus en croyant les rendre au pays m'autorisaient
« peut-être à attendre de vous une autre reconnaissance. Mon
« caractère, en tous cas, méritait plus de respect. Vous savez
« que, dans une carrière déjà longue, je n'ai pas plus démenti
« mes principes de liberté que mon dévouement à l'ordre. Je
« n'ai jamais participé ni directement ni indirectement à la

(1) Cette lettre a déjà été publiée en France, notamment par M. Mayer dans son *Histoire du 2 décembre*, page 197. Notre texte concorde parfaitement avec celui qu'il donne.

« violation des lois, et pour décliner le mandat que vous me
« conférez sans mon aveu, je n'ai qu'à me rappeler celui que
« j'ai reçu du peuple, que je conserve. »

« LÉON FAUCHER. »

Le docteur Véron s'occupe fort, dans ses *Mémoires*,
de cette commission consultative, qu'il appelle « la
« liste des candidats au pouvoir, aux places, aux hon-
« neurs. » — « Le nombre de ces dévoués et de ces
« courageux du lendemain grossit de jour en jour,
« ajoute le docteur, en raison des certitudes crois-
« santes d'une complète victoire du prince Louis-Na-
« poléon. Quelques-uns, après avoir sollicité la veille
« l'honneur d'être inscrits sur cette liste, écrivaient le
« lendemain au ministre pour que leur nom en fût
« rayé, puis demandaient qu'il y fût rétabli, suivant
« les nouvelles et les agitations de la journée (1). »

Plus d'un personnage officiel se sera sans doute
reconnu dans cette esquisse; nous devons dire néanmoins qu'aucune des personnes dont les lettres de
refus ont été *publiées*, ne s'est, depuis lors, ralliée au
nouveau régime.

La liste définitive des membres acceptants de la
Commission consultative ne fut arrêtée que vers le
15 décembre. On n'y trouve guère de noms parlementaires, de quelque notoriété, autres que ceux de
MM. de Montalembert, Baroche et Billault.

Malgré le succès des mesures de la veille, bien que
toute la journée du 2 se fût écoulée sans que le Coup

(1) *Mémoires d'un bourgeois de Paris*, par le docteur L. Véron,
tome VI, page 186.

d'État eût rencontré de résistance matérielle, on doutait fortement du succès définitif, non-seulement dans la population parisienne, mais parmi même les partisans haut placés du Président.

Presque personne, sauf les chefs supérieurs de l'armée, n'avait fait acte d'adhésion ouverte au Coup d'État.

Le palais de l'Élysée avait reçu la veille si peu de visiteurs que Louis-Napoléon et ses premiers confidents semblaient rester isolés.

Le centre du gouvernement, il est vrai, n'était pas à l'Élysée. Il était au ministère de l'intérieur, dans le cabinet de M. de Morny. Tout le monde a entendu parler du sang-froid, de la résolution, de la présence d'esprit déployés par M. de Morny dans ces circonstances; nous croyons cependant qu'on n'a peut-être pas encore suffisamment apprécié la prépondérance de son rôle. Nous ne craignons pas de nous tromper en disant que l'acte du 2 décembre a bien été décrété par Louis-Napoléon, mais qu'il a été *exécuté* par M. de Morny.

A mesure que les détails intimes de ce qui se passait, dans ces journées, à l'Élysée et dans les ministères, seront mieux connus, on verra ressortir de plus en plus ce que nous avançons, touchant cette part immense qui revient à M. de Morny, dans le succès du Coup d'État.

Le docteur Véron, qui avait vu M. de Morny à l'œuvre pendant les moments critiques, a laissé quelques révélations précieuses. Il est regrettable seulement que le docteur ait craint de pousser trop loin ses indiscrétions.

« C'est là aussi (au ministère de l'intérieur), dit-il, qu'arri-
« vaient les mauvaises nouvelles. Le bruit se répandit d'abord
« que le général Castellane et la garnison de Lyon ne reconnais-
« saient pas le Coup d'Etat. Un nouveau train venant de Lyon
« démentit heureusement ce faux bruit. Je me rendais matin et
« soir au ministère de l'intérieur, et j'y fus témoin de plus d'une
« scène dont le récit serait une indiscrétion. Plus d'une physio-
« nomie pâlissait, s'allongeait à la moindre alerte. Plus d'un
« personnage murmurait entre ses dents : — Partout s'élèvent
« des barricades..... c'est toujours comme ça que ça commence.
« Vous verrez que ça finira comme au 24 février! — D'autres
« interrogeaient avec une fébrile anxiété les allants et venants :
« — Le peuple est-il pour nous? Que disent les faubourgs?
« Peut-on compter sur l'armée? — M. de Morny, je dois le
« dire ici pour rendre hommage à la vérité, M. de Morny, et
« quelques amis résolus qui l'entouraient, rassuraient tous ces
« trembleurs, qui se tenaient assez volontiers dans le voisinage
« des portes de sortie (1). »

Le préfet de police, M. de Maupas, était loin d'avoir conservé le même sang-froid que M. de Morny. Celui-ci fut obligé d'intervenir, plus d'une fois, pour rectifier les idées de M. de Maupas, quelque peu troublées par les difficultés de la situation. Les dépêches, échangées entre le ministère de l'intérieur et la Préfecture de police, qui ont été publiées par le docteur Véron, bien qu'évidemment incomplètes, fournissent de fort curieux indices à cet égard.

M. de Maupas ne semble pas non plus avoir été

(1) *Mémoires d'un bourgeois de Paris*, par le docteur L. Véron, 6e volume, pages 187 et 188.

heureux dans le choix des informations que lui apportaient ses agents. La dépêche suivante, qu'il adressait au général Magnan, pour l'informer des plans de résistance des républicains, en fournit un assez intéressant exemple :

LE PRÉFET DE POLICE AU GÉNÉRAL MAGNAN.

« 2 decembre au soir.

« Les sections socialistes commenceront à six heures du soir. « Les principaux quartiers sont, pour les barricades, faubourgs « du Temple, Marceau, Saint-Antoine, barrière du Trône. Les « sections sont convoquées pour dix heures ; à dix heures qua- « rante-cinq minutes, chacun sera à son poste.

« Les munitions sont des bombes portatives à la main. Le « 44e serait avec eux ; trois cents hommes le suivent en criant : « *Vive la République sociale, et pas de prétendant !*

« Ils ont l'intention de faire sonner le tocsin : dans plusieurs « églises, on fait couper les cordes.

« La nuit sera très-grave et décisive. On a le projet de se « porter sur la Préfecture de police. Tenez du canon à ma dis- « position, je vous le demanderai quand il le faudra.

« *P. S.* Vos troupes manquent de vivres sur plusieurs points ; « c'est souvent par le manque de bien-être que les troupes sont « disposées à faiblir (la brigade du général Forey).

« On veut sonner le tocsin : j'ai donné l'ordre de faire occu- « per les clochers (1). »

Rien de tout cela n'avait l'ombre d'un fondement.

---

(1) Dépêche publiee par le docteur Veron dans ses *Mémoires d'un bourgeois de Paris*. Toutes celles que nous citerons ulterieurement emanant soit du prefet de police, soit du ministre de l'interieur, sont empruntees au même ouvrage. Leur authenticite n'a ete l'objet d'aucune contestation.

Les dépêches de M. de Morny au même général
Magnan sont autrement significatives. M. de Morny
dirigeait jusqu'aux opérations militaires. Voici trois
dépêches, qui nous paraissent dignes d'intérêt :

LE MINISTRE DE L'INTÉRIEUR AU GÉNÉRAL EN CHEF.

« Paris, le 2 decembre 1851.

« Les patrouilles de la nuit ne sont pas bonnes. Elles sont peu
nombreuses, facilement entourées. Il vaudrait mieux ne pas
voir de troupes du tout ou en voir davantage. Cela les fatigue
inutilement.

« Je maintiens avec entêtement mon système : la police seule
pour épier les projets; la troupe pour agir violemment si ces
projets s'exécutent. Mais de grosses patrouilles n'empêchent
jamais rien; elles rendent seulement l'usage des troupes moins
efficace le lendemain.

« Signé : MORNY. »

LE MINISTRE DE L'INTÉRIEUR AU GÉNÉRAL EN CHEF

« Paris, le 3 décembre 1851.

« De la Préfecture, on me mande que quelques troupes trop
faibles sont cernées. Comment fait-on cette faute, au lieu de
laisser les insurgés s'engager tout à fait et des barricades sérieuses se former, pour ensuite écraser l'ennemi et le détruire?
Prenez garde d'user la troupe à des escarmouches et de ne
l'avoir plus à l'heure décisive.

« Signé : MORNY. »

LE MINISTRE DE L'INTÉRIEUR AU GÉNÉRAL MAGNAN.

« Paris, le 3 décembre 1851.

« Je vous répète que le plan des émeutiers est de fatiguer les

troupes pour en avoir bon marché le troisième jour. C'est ainsi
qu'on a eu 27, 28, 29 juillet, 22, 23, 24 février. N'ayons pas 2,
3 et 4 décembre avec la même fin. Il faut ne pas exposer les
troupes, les faire entrer et loger dans les maisons. Avec peu de
troupes, à chaque angle de rue, aux fenêtres, on tient tout un
quartier en respect. J'ai rencontré bien des petites patrouilles
inutiles. La troupe sera sur les dents. En la faisant coucher
chez des particuliers, elle se repose et elle intimide tout le
quartier. On me paraît suivre les vieux errements. Les vivres
sont indignement servis : on pille des vivres.

« Je vous livre ces réflexions. *Il n'y a qu'avec une abstention
entière, en cernant un quartier et le prenant par famine, ou en
l'envahissant par la terreur, qu'on fera la guerre de ville.*

« Signé : MORNY. »

Le lecteur n'a pas oublié qu'un certain nombre de
représentants, réunis chez Frédéric Cournet, s'étaient
donné rendez-vous au faubourg Saint-Antoine.

Avant de retracer cet épisode des journées de décembre, rendu célèbre par la mort du représentant
Baudin, il convient de dire à quelles sources sont pui-
sées les informations d'après lesquelles nous rédigeons
notre récit. C'est d'autant plus nécessaire, que jusqu'à
présent, aucune relation véridique de cet événement
n'a été publiée en France.

Les historiographes, apologistes du Coup d'État, se
sont bornés à reproduire la version des journaux du
temps, sans se donner la peine de contrôler ces récits,
improvisés sur des « on dit, » et sans même prendre
le soin de rectifier certains points contredits par d'autres détails, publiés plus tard dans ces mêmes journaux.

Nous avons pu obtenir communication d'un récit

des faits du faubourg Saint-Antoine, rédigé par un homme dont le nom seul fait autorité, M. Schœlcher, témoin et acteur de ces événements. Le caractère bien connu de M. Schœlcher, l'estime que professent pour lui ses ennemis politiques eux-mêmes, justifient amplement le prix que nous attachons à son témoignage.

Nous avons d'ailleurs sérieusement contrôlé sa narration; nous avons consulté d'autres témoins oculaires que nous pourrions nommer au besoin, et qui nous ont confirmé l'exactitude scrupuleuse des détails donnés par M. Schœlcher.

Un peu avant huit heures du matin, quelques représentants du peuple remontaient à pied la grande rue du Fauboug-Saint-Antoine, se dirigeant vers la salle Roysin, où le rendez-vous avait été fixé.

Les ouvriers du faubourg stationnaient en groupes nombreux sur le devant de leurs portes, s'entretenant des événements de la veille.

Les représentants leur adressèrent sans grand succès de vives exhortations :

« Quoi! disaient-ils, vous ne faites rien? Qu'atten-
« dez-vous? Est-ce donc l'Empire que vous voulez? »
« — Non, non, répondaient la plupart des ouvriers.
« Mais, pourquoi nous battre? On nous rend le suf-
« frage universel!... Et puis, que pourrions-nous
« faire? On nous a désarmés depuis juin; il n'y a pas
« un fusil dans tout le faubourg. »

Quelques-uns, mais en petit nombre, promettaient d'agir.

Un incident peu connu vint, sur ces entrefaites,

glacer le peu de dispositions au combat que les représentants républicains rencontraient dans le faubourg.

Neuf ou dix omnibus, chargés de représentants ar-
rétés, la veille, à la mairie du Xe arrondissement, passèrent, sous l'escorte de quelques lanciers. On trans-
férait ces prisonniers de la caserne du quai d'Orsay à
Vincennes. — « Ce sont des représentants qu'on em-
« mène ! crièrent quelques voix : délivrons-les ! » — On
sait combien sont subits les entraînements des foules
populaires. Un mouvement se fit dans les groupes.
Quelques hommes intrépides s'élancèrent. Le premier
omnibus fut arrêté. Le représentant Malardier et Frédéric Cournet étaient au nombre de ceux qui s'étaient
jetés à la tête des chevaux. Aussitôt, ils virent se pen-
cher aux portières des représentants, — c'étaient certainement des membres de la droite, — qui, la tête
effarée, supplièrent le peuple de ne pas les délivrer.

La foule indignée fit selon leur désir.

« — Vous voyez bien qu'il n'y a rien à faire avec
ces gens-là ! » dit à Cournet l'un des hommes du peuple, qui s'était jeté avec le plus d'ardeur à la tête des
chevaux (1).

Cet incident extraordinaire au premier abord, — on
voit rarement des prisonniers s'opposer à ce qu'on les
délivre, — ne surprendra pas le lecteur, qui se souvient des cris poussés la veille à la mairie du Xe ar-

---

(1) M. Schœlcher, qui n'était pas en ce moment sur les lieux, tenait
ces détails de Frédéric Cournet. Ils nous ont été confirmés par M. Malardier, l'un des acteurs de la scène.

rondissement : « A Mazas! Qu'on nous emmène tous à Mazas! »

Vers huit heures et demie, un certain nombre de républicains, déterminés à donner le signal de la résistance, parmi lesquels quinze ou seize représentants du peuple, se trouvaient réunis à la salle Roysin. Au nombre des représentants on comptait MM. Baudin, Bourzat, Brillier, Bruckner, Charamaule, Dulac, Esquiros, de Flotte, Madier de Montjau, Maigne, Malardier, Schœlcher, etc. On nomme, parmi les citoyens qui s'étaient joints à eux, MM. Jules Bastide, Alphonse Brives, Charles Broquet, Xavier Durrieu, Frédéric Cournet, Kesler, Lejeune (de la Sarthe), Amable Lemaître, Maillard, Ruin, Léon Watripon, et d'autres encore.

Il y avait eu, paraît-il, un malentendu sur l'heure fixée. Quelques-uns parmi ceux qui avaient promis de venir arrivèrent trop tard.

Quoi qu'il en soit, vers neuf heures, les représentants et leurs amis, en tout une quarantaine de personnes, sortirent de la salle Roysin. Les représentants avaient mis leurs écharpes. Ils se présentèrent dans la grande rue du Faubourg-Saint-Antoine, criant : « Aux armes! aux barricades! vive la République! « vive la Constitution! »

En quelques instants, une centaine d'ouvriers s'étaient joints à eux. La masse cependant demeurait inactive, sinon indifférente.

Le rassemblement s'arrêta au coin des rues Cotte et Sainte-Marguerite. On se mit en devoir de construire une barricade, sans même se demander si la position était bien choisie. Une grosse charrette, deux petites voitures, un omnibus, qui passaient, furent successivement arrêtés, dételés et renversés. Il n'y eut pas d'autres matériaux employés, pas un pavé.

En quelques minutes, la frêle barricade était construite. Elle ne barrait pas même entièrement la grande rue du faubourg, fort large en cet endroit. Ceux qui la construisaient étaient encore sans armes.

Le souvenir de cette première barricade de décembre, qui devait être arrosée du sang du représentant Baudin, est demeuré parmi les plus douloureux, mais en même temps parmi les plus fiers souvenirs du parti républicain.

Les hommes qui la dressaient ne songeaient nullement à engager une lutte qui eût quelques chances de succès immédiat. Au milieu d'une population froide, sans armes, sans abri sérieux, pris entre deux masses de troupes, — plusieurs milliers de soldats campés aux deux extrémités du faubourg, — ils n'avaient et ne pouvaient avoir qu'un seul but : se dévouer, faire appel aux soldats, leur montrer les représentants du peuple, se faire tuer, s'il le fallait, pour que le sang versé suscitât des combattants.

Ce qu'il y avait de vraiment noble dans cette action, — quelque jugement que l'on porte sur les idées politiques qui l'inspiraient, — a commandé le respect de plusieurs parmi les plus acharnés ennemis du parti républicain (1).

(1) On lit dans l'ouvrage, déjà cité de M. de Cassagnac, 2e volume, page 426 : « Que pouvaient faire les *dévouements* isolés et rares de « quelques députés montagnards, comme Baudin, de l'Ain, qui s'était

Jamais certainement construction de barricade n'avait présenté un aussi extraordinaire spectacle. On voyait là, soldats d'une même foi politique, une centaine d'hommes que les hasards de la naissance ou les accidents de la vie avaient placés à tous les degrés de ce que l'on nomme l'échelle sociale. Les ouvriers, artisans et petits patrons formaient le plus grand nombre, comme toujours. Mais, mêlés à eux, dans ce faible groupe, véritable résumé de la démocratie française, on comptait :

Deux hommes qui avaient rempli les plus hautes charges de l'État, un ancien ministre des affaires étrangères, M. Jules Bastide; un ancien sous-secrétaire d'État au ministère de la marine et des colonies, M. Schœlcher; un excellent écrivain, au talent duquel les travaux de l'exil ont ajouté un nouvel éclat, M. Alphonse Esquiros; des journalistes de mérite, MM. Xavier Durrieu, Kesler, Watripon; un officier distingué de l'armée de terre, le capitaine Bruckner; deux anciens lieutenants de vaisseau de la marine nationale, MM. de Flotte et Cournet; un médecin, M. Baudin; des avocats de talent, MM. Madier de Montjau, Brillier, Bourzat, etc.

Les diverses nuances du parti républicain y étaient aussi représentées. A côté des socialistes, des montagnards, des « rouges, » comme on disait alors, on pouvait voir, — et ce n'était pas le moins énergique, — un

« fait tuer la veille, et comme Gaston Dussoubs, de la Vienne, qui se fera
« tuer le lendemain? Aucun espoir serieux de vaincre, ou même de
« resister, avec leurs propres ressources, ne restait donc, etc. »

des membres les plus modérés de la gauche, M. Charamaule (de l'Hérault).

La barricade était déjà faite, lorsqu'on s'occupa de
chercher des armes. Le rassemblement possédait en
tout trois fusils qu'on venait d'enlever à des soldats
passant isolément.

On se dirigea, les représentants en tête, vers le
corps-de-garde situé au milieu du faubourg, près de la
rue de Montreuil; il était occupé par une dizaine de
soldats, sous les ordres d'un sous-officier; ils se laissèrent désarmer sans trop de résistance. Là, quelqu'un
indiqua le poste du Marché-Noir comme pouvant fournir encore quelques fusils. Les soldats y furent désarmés de même, sans accident.

On revint à la barricade.

Les représentants Alphonse Esquiros, Madier de
Montjau et quelques autres se séparèrent alors du
groupe principal, dans le but d'aller, en compagnie de
quelques amis, essayer de barrer le faubourg dans la
direction de la barrière du Trône, afin que la première
barricade ne pût être prise à revers par les troupes stationnées du côté de l'avenue de Vincennes.

Quelques instants après, — il était environ neuf
heures et demie. — trois compagnies du 19ᵉ de ligne,
détachées de la brigade Marulaz, qui occupait la place
de la Bastille, remontèrent lentement la rue du Faubourg-Saint-Antoine. Elles étaient dirigées par le chef
de bataillon Pujol; la compagnie de tête était commandée par le capitaine Petit. Dès qu'elles furent à
portée de la barricade, quelques-uns des citoyens qui
s'étaient joints aux représentants se retirèrent, consi-

dérant la résistance comme un acte de folie, vu l'état
d'imperfection de la barricade et le défaut d'armes,
vingt-deux fusils pour une centaine d'hommes.

Les représentants montèrent sur les voitures renversées, et s'adressant à ceux qui étaient demeurés,
M. Schœlcher dit : « Amis, pas un coup de fusil avant
« que la ligne n'ait ouvert le feu. Nous allons à elle ;
« si elle tire, la première décharge sera pour nous ; si
« elle nous tue, vous nous vengerez. Mais jusque-là,
« pas un coup de fusil. »

Huit représentants étaient debout sur la barricade :
Baudin, Brillier, Bruckner, de Flotte, Dulac, Maigne,
Malardier et Schœlcher. Ils firent signe aux soldats de
s'arrêter ; le capitaine Petit répondit par un geste né-
gatif. Sept des représentants descendirent alors, et
marchèrent vers la troupe. Ils étaient sans armes, en
écharpes, sur une seule ligne. Les soldats s'arrêtèrent
instinctivement. M. Schœlcher prit la parole : « Nous
« sommes représentants du peuple, s'écria-t-il ; au
« nom de la Constitution, nous réclamons votre con-
« cours pour faire respecter la loi du pays. Venez à
« nous, ce sera votre gloire. » — « Taisez-vous, ré-
« pondit le capitaine, je ne veux pas vous entendre ;
« j'obéis à mes chefs ; j'ai des ordres ; retirez-vous ou
« je fais tirer. » — Vous pouvez nous tuer ; nous ne
« reculerons pas. Vive la République ! vive la Cons-
« titution ! répondirent d'une seule voix les sept repré-
« sentants. » L'officier fit apprêter les armes et commanda : « en avant ! » Plusieurs des représentants,
croyant la dernière heure venue, mirent le chapeau à
la main, comme pour saluer la mort, en poussant un

nouveau cri de : « vive la République ! » Mais l'officier ne commanda pas le feu. Neuf rangs de soldats passèrent successivement, marchant vers la barricade, et se détournèrent des représentants, sans les frapper. Ceux-ci continuaient à les adjurer de se joindre à eux.

Cependant, quelques soldats, plus impatients que les autres, repoussèrent les représentants, les menaçant de leurs baïonnettes. Un fourrier coucha en joue M. Bruckner, mais, sur un mot calme et digne du représentant, il releva son fusil et le déchargea en l'air. Au même instant, un soldat lançait un coup de baïonnette à M. Schœlcher, — pour l'éloigner plutôt que pour le percer, a dit M. Schœlcher lui-même. — Malheureusement, l'un des républicains qui étaient demeurés sur la barricade crut, sans doute, que les soldats frappaient réellement les représentants. Il abaissa son arme et fit feu. Un militaire tomba mortellement frappé. La tête de la colonne, qui n'était plus qu'à trois ou quatre pas de la barricade, répondit par une décharge générale.

Le représentant Baudin, qui était demeuré debout sur l'une des voitures, et qui continuait de haranguer les soldats, tomba foudroyé. Trois balles lui avaient fracassé le crâne.

Un jeune homme du peuple qui se tenait à côté de Baudin, un fusil à la main, tomba en même temps frappé à mort. On n'a pu savoir le nom de cet ouvrier intrépide dont le sang se mêla à celui du représentant !

Un incident avait attristé les derniers moments de Baudin.

Quelques minutes avant l'arrivée des troupes, il faisait appel à un groupe d'ouvriers. L'un d'eux lui dit :

« — Est-ce que vous croyez que nous voulons nous
« faire tuer pour vous conserver vos vingt-cinq francs
« par jour?

« — Demeurez là encore un instant, mon ami,
« répliqua Baudin, avec un sourire amer, et vous
« allez voir comment on meurt pour vingt-cinq
« francs ! »

Le cadavre du représentant fut relevé par les soldats et porté à la Morgue. Le jeune ouvrier qui était tombé à côté de Baudin, et qui vivait encore, fut relevé par l'un des républicains présents, M. Ruin, qui le transporta, au péril de sa vie, dans une maison des environs.

La troupe n'avait fait qu'une seule décharge. Elle franchit la barricade et s'engagea dans les rues Cotte et Sainte-Marguerite, à la suite des citoyens qui s'éloignaient forcément devant elle.

Tous ces incidents s'étaient passés en beaucoup moins de temps qu'il n'en faut pour les raconter.

Les sept représentants qui s'étaient avancés au devant des soldats étaient demeurés seuls au milieu de la rue. Ils n'avaient pas vu tomber leur collègue.

Quelques ouvriers se rapprochèrent bientôt; ils portèrent ensemble à l'hôpital Sainte-Marguerite le corps du jeune soldat du 19e, qui était demeuré gisant sur la chaussée.

Ce pieux devoir accompli, les représentants se séparèrent en deux groupes. MM. Schœlcher, Dulac,

Malardier et Brillier continuèrent à parcourir le faubourg en appelant le peuple aux armes. Un bataillon
approchait avec des canons. Des ouvriers entraînèrent
les représentants dans une cour dont on referma les
portes. La troupe passée, ils reprirent leur marche,
accompagnés de M. Sartin, qui venait de les rejoindre.
Ils parcoururent la rue de Charonne, ralliant quelques hommes autour d'eux. Au carrefour Basfroid,
cinq ou six ouvriers dépavaient pour commencer une
barricade. Néanmoins, la voix des représentants trouva
peu d'échos. — « On nous saluait des portes et des
« fenêtres, a dit M. Schœlcher, on agitait les cas-
« quettes et les chapeaux, on répétait avec nous :
« Vive la République! mais rien de plus. Il fallut
« bien nous avouer que le peuple ne voulait pas re-
« muer; son parti était pris. »

Après une heure environ de vaines tentatives, les
représentants quittèrent le faubourg Saint-Antoine
pour aller rejoindre leurs amis dans d'autres quartiers de Paris, où la résistance s'essayait avec plus de
succès.

Le bruit des événements qui venaient de se passer
rue du Faubourg-Saint-Antoine s'était répandu rapidement dans la ville entière, grossi comme toujours par la rumeur publique. La nouvelle du représentant Baudin, tué en donnant le signal de la résistance, produisait dans les quartiers éloignés du théâtre de l'action une impression bien plus profonde que
dans le faubourg Saint-Antoine. A partir de ce moment, l'agitation grandit et acquit bientôt des proportions considérables. Des rassemblements se formaient

de toutes parts et prenaient d'heure en heure, dans les quartiers du centre surtout, une attitude plus menaçante. Entre les boulevards, la rue du Temple, la rue Saint-Denis et les quais, dans ce fouillis, inextricable en ce temps-là, de rues populeuses, étroites, tortueuses, éminemment favorables à la guerre de barricades, on commençait à rencontrer des groupes armés, rares encore, mais pleins d'audace; on affichait ouvertement dans ces quartiers les proclamations, les appels aux armes de la gauche. Des barricades commencèrent à s'élever rue Saint-Denis, rue Aumaire, rue Grenéta, rue Transnonain, rue Bourg-l'Abbé, rue Beaubourg, etc.

Toutefois, c'étaient surtout des tentatives individuelles, improvisées sans plan général, sans entente, entre les divers groupes.

Ceux des représentants républicains qui poussaient à la résistance et se montraient dans les rassemblements n'étaient pas d'accord sur l'opportunité de la lutte à force ouverte. Tandis que plusieurs, — ceux qui étaient allés au faubourg Saint-Antoine et d'autres encore, parmi lesquels l'illustre poëte Victor Hugo, — étaient d'avis qu'il importait de commencer sur le champ des barricades et de résister à coups de fusil; d'autres pensaient qu'il valait mieux temporiser encore, attendre que le peuple parût mieux disposé, etc. De là, mille avis contraires qui se croisaient dans les rassemblements et paralysaient souvent la bonne volonté des plus résolus. Le bruit s'était répandu qu'un comité de résistance, composé de représentants républicains, était constitué. Beaucoup passèrent de longues heures à la recherche de ce comité, qu'il était d'autant plus difficile de rejoindre que ses membres agissaient pour la plupart individuellement dans des quartiers divers.

Cependant, bien que beaucoup de républicains se soient plaints de ce que, dans cette journée du 3, l'inaction des uns, les contre-ordres des autres aient compromis le succès de la résistance, il est incontestable que le mouvement grandit singulièrement dans l'après-midi de ce jour, et que la physionomie de Paris devint de plus en plus sombre.

Dans les quartiers riches, vers le boulevard des Italiens, c'étaient les mêmes manifestations bruyantes que la veille, encore plus accentuées. Quelques charges de cavalerie furent exécutées pour dissiper les attroupements; il n'y eut cependant pas d'effusion de sang, ce jour-là, dans ces quartiers.

Sur la rive gauche de la Seine, l'agitation avait gagné le faubourg Saint-Marceau, où s'était rendu le représentant de Flotte, après la mort de Baudin.

A Belleville, le représentant Madier de Montjau et M. Jules Bastide réussissaient à déterminer un commencement de résistance. Des barricades furent commencées. Un appel aux armes, dont le texte a été conservé, fut imprimé et placardé en assez grand nombre d'exemplaires. Il était ainsi conçu :

AUX ARMES!

« La République, attaquée par celui qui lui avait juré fidélité,
« doit se défendre et punir les traîtres.

« A la voix de ses représentants fidèles, le faubourg Saint-
« Antoine s'est levé et combat.

« Les départements n'attendent qu'un signal, et il est donné.

« Debout tous ceux qui veulent vivre et mourir libres!

« *Pour le Comité de résistance de la Montagne,*

« *Le représentant du peuple délégué,*

« A. MADIER-MONTJAU. »

L'arrêt de la Haute Cour de justice était également
imprimé et distribué par milliers d'exemplaires, surtout dans les quartiers riches. Dans les rues avoisinant
le carré Saint-Martin, on s'attroupait autour d'un appel
à l'armée, audacieusement affiché par quelques jeunes
gens. Cette pièce n'est pas signée; mais on y recon-
naîtra aisément le style de Victor Hugo, par qui elle a
été effectivement rédigée.

A L'ARMÉE!

« Soldats!

« Un homme vient de briser la Constitution. . . . .

. . . .

. . . .

. . . .

« . . . .

. . . .

. . . .

. . . .

« . . . .

. . . .

. . . .

« Tournez vos yeux vers la vraie fonction de l'armée française. Protéger la patrie, propager la révolution, délivrer le
peuple, soutenir les nationalités, affranchir le continent, briser

les chaînes partout, défendre partout le droit, voilà votre rôle parmi les armées de l'Europe. Vous êtes dignes des grands champs de bataille.

« Rentrez en vous-mêmes, réfléchissez, reconnaissez-vous, relevez-vous, songez à vos généraux arrêtés, ...
. . . .
. . . .
. . . .
. . . .
. . . .
. . . .
. . . .
. . . .
. . . .

« Soldats, si vous êtes la grande armée, respectez la grande nation.

« Nous, citoyens; nous, représentants du peuple et vos représentants; nous, vos amis, vos frères; nous qui sommes la loi et le droit; nous qui nous dressons devant vous en vous tendant les bras et que vous frappez . . . . savez-vous ce qui nous désespère? Ce n'est pas notre sang qui coule, c'est de voir. . . . .

« . . . .
. . . .
. . . .
. . . .
. . . .
. . . .

« Si vous persistiez, savez-vous ce que l'histoire dirait de vous? Elle dirait : . . . .
. . . .
. . . .
. . . .

« Soldats français, cessez de prêter main-forte. . . . . .
« Paris, 3 décembre 1851 (1). »

(1) Nous avions cru pouvoir donner *in extenso* cette pièce révolu-

Un groupe très-actif, ayant de nombreuses relations avec la population ouvrière, s'était organisé dans la journée, et poussait ardemment à la résistance. C'étaient surtout MM. Jules Leroux, représentant du peuple, Desmoulins, typographe, Gustave Naquet, réfugié politique à Londres, qui venait d'arriver au risque d'être reconnu à la frontière, Boquet, Nétré et quelques délégués des corporations ouvrières. C'est à ce groupe qu'est due la rédaction d'une pièce fort remarquable, qui fut affichée dans la soirée.

M. Mayer, qui l'a reproduite dans son ouvrage, dit qu'elle fut répandue à profusion. En voici le texte :

AUX TRAVAILLEURS.

« Citoyens et compagnons,

« Le pacte social est brisé !

« Une majorité royaliste, de concert avec Louis-Napoléon, a violé la Constitution, le 31 mai 1850.

« Malgré la grandeur de cet outrage, nous attendions, pour en obtenir l'éclatante réparation, l'élection générale de 1852.

« Mais hier, celui qui fut le président de la République a effacé cette date solennelle.

« Sous prétexte de restituer au peuple un droit que nul ne peut lui ravir, il veut, en réalité, le placer sous une dictature militaire.

tionnaire, à titre de document historique. Plusieurs proclamations aussi violentes d'expressions ont pu être reproduites, en France, sans inconvenients. Toutefois, un scrupule nous saisit, au dernier moment, et nous remplaçons par des points les passages trop accentués.

« Citoyens, nous ne serons pas dupes de cette ruse grossière.

« Comment pourrions-nous croire à la sincérité et au désintéressement de Louis-Napoléon?

« Il parle de maintenir la République et il jette en prison les républicains.

« Il promet le rétablissement du suffrage universel, et il vient de former un conseil consultatif des hommes qui l'ont mutilé.

« Il parle de son respect pour l'indépendance des opinions, et il suspend les journaux, il envahit les imprimeries, il disperse les réunions populaires.

« Il appelle le peuple à une élection, et il le place sous l'état de siége :, il rêve on ne sait quel escamotage perfide qui mettrait l'électeur sous la surveillance d'une police stipendiée par lui.

« Il fait plus, il 'exerce une pression sur nos frères de l'armée, et viole la conscience humaine en les forçant de voter pour lui, sous l'œil de leurs officiers, en quarante-huit heures.

« Il est prêt, dit-il, à se démettre du pouvoir, et il contracte un emprunt de vingt-cinq millions, engageant l'avenir sous le rapport des impôts, qui atteignent indirectement la subsistance du pauvre.

« Mensonge, hypocrisie, parjure, telle est la politique de cet usurpateur.

« Citoyens et compagnons, Louis-Napoléon s'est mis hors la loi. La majorité de l'Assemblée, cette majorité qui a porté la main sur le suffrage universel, est dissoute.

« Seule, la minorité garde une autorité légitime. Rallions-nous autour de cette minorité. Volons à la délivrance des républicains prisonniers ; réunissons au milieu de nous les représentants fidèles au suffrage universel ; faisons-leur un rempart de nos poitrines ; que nos délégués viennent grossir leurs rangs, et forment avec eux le noyau de la nouvelle Assemblée nationale !

« Alors, réunis au nom de la Constitution, sous l'inspiration de notre dogme fondamental : Liberté, Fraternité, Egalité, à l'ombre du drapeau populaire, nous aurons facilement raison du nouveau César et de ses prétoriens!

« *Le Comité central des corporations.* »

« Les républicains proscrits reviennent dans nos murs seconder l'effort populaire. »

Deux dépêches de M. de Maupas à M. de Morny, datées de l'après-midi du 3, montreront maintenant comment le préfet de police appréciait de son côté la situation :

LE PRÉFET DE POLICE AU MINISTRE DE L'INTÉRIEUR.

« 3 décembre, 4 heures.

« Voici le mot d'ordre que les délégués envoient à l'instant même à toutes les sections : « Tout le monde au faubourg Saint-Antoine et à celui du Temple pour ce soir ! Ledru-Rollin, Caussidière, Mazzini, seront à Paris demain matin, à six heures au plus tard. Ne nous faisons pas d'illusions : c'est la grande lutte de 1852 que nous avons à combattre en décembre 1851. »

« On m'assure que le prince de Joinville débarque à Cherbourg, que ses frères chercheront à pénétrer en France par d'autres points. Cherbourg est donc essentiel à surveiller. Je vais, pour ma part, veiller aux abords de Paris.

« Madier de Montjau est tué, Schœlcher gravement blessé. Nous trouverons chez nos ennemis, quand ils seront remis de leur premier échec, la résolution du désespoir.

« Des barricades à l Ecole-de-Médecine. *Le Moniteur* demande instamment de l'ouvrage.

« Les représentants de la rue des Pyramides cherchent à renouveler aujourd'hui leur séance d'hier. Je ne les crois pas hostiles, néanmoins je désirerais avoir votre avis sur le parti à prendre.

« *Le Préfet de police,*
« DE MAUPAS. »

« *P. S.* La vérité sur la situation. Le sentiment des masses est l'élément le plus sûr de sages et bonnes résolutions; c'est en même temps pour le préfet de police le devoir le plus impérieux. Je dois donc dire que *je ne crois pas que les sympathies populaires soient avec nous.* Nous ne trouvons *d'enthousiasme nulle part :* ceux qui nous approuvent sont tièdes; ceux qui nous combattent sont d'un acharnement inexprimable. Le bon côté de la médaille dont je viens de vous donner le revers, c'est que sur tous les points, chefs et soldats, la troupe paraît décidée à agir avec intrépidité : elle l'a prouvé ce matin. C'est là qu'est notre force et notre salut. Pour ma part, quelque pessimiste que je paraisse être, je crois fermement au succès... »

LE PRÉFET DE POLICE AU MINISTRE DE L'INTÉRIEUR

« Paris, le 3 decembre 1851, 4 heures 1/4.

« On commence des barricades dans la rue Rambuteau, à la hauteur des rues Saint-Denis et Saint-Martin; des voitures ont été arrêtées.

« On affirme que Madier de Montjau n'est pas tué et qu'il est dans les groupes. Le cri « aux armes! » est poussé au coin de la rue Grenéta. Le point de rassemblement général est en ce moment le quartier Saint-Martin. Il paraît certain qu'une troupe choisie dans les hommes d'action est convoquée en armes vers cinq heures, au carré Saint-Martin, et que les meneurs de cette troupe ont annoncé qu'il serait question de se porter sur la Présidence. On prétend aussi que les patriotes rouennais arrivent, et que Ledru-Rollin est dans les faubourgs.

« Pour le préfet de police, en ce moment au conseil des ministres.

« *Le Commissaire du gouvernement délégué.* »

Vers trois heures, les afficheurs de la Préfecture de police placardaient les deux proclamations suivantes, qui suffiraient à elles seules pour faire apprécier l'état réel de Paris en ce moment.

14

La première est de M. de Maupas :

« Nous, préfet de police, etc.

« Arrêtons ce qui suit :

« Art. 1er. — Tout rassemblement est rigoureusement interdit. Il sera immédiatement dissipé par la force.

« Art. 2. — Tout cri séditieux, toute lecture en public, tout
affichage d'écrit politique n'émanant pas d'une autorité régulièrement constituée, sont également interdits.

« Art. 3. — Les agents de la force publique veilleront à l'exécution du présent arrêté.

« Fait à la Préfecture de police, le 3 décembre 1851.

« *Le Préfet de police,*
« DE MAUPAS.

« Vu et approuvé :
« *Le Ministre de l'intérieur,*
« DE MORNY. »

La deuxième proclamation émanait du ministre de
la guerre, M. de Saint-Arnaud :

« Habitants de Paris !

« Les ennemis de l'ordre et de la société ont engagé la lutte.
Ce n'est pas contre le gouvernement, contre l'élu de la nation
qu'ils combattent, mais ils veulent le pillage et la destruction.

« Que les bons citoyens s'unissent au nom de la société et des
familles menacées.

« Restez calmes, habitants de Paris ! Pas de curieux inutiles
dans les rues ; ils gênent les mouvements des braves soldats qui
vous protégent de leurs baïonnettes.

« Pour moi, vous me trouverez toujours inébranlable dans la
volonté de vous défendre et de maintenir l'ordre.

« Le ministre de la guerre,
« Vu la loi sur l'état de siége,
« Arrête :

« Tout individu pris construisant ou défendant une barricade,
ou les armes à la main, SERA FUSILLÉ.

« *Le général de division, ministre de la guerre,*

« DE SAINT-ARNAUD. »

L'arrêté de M. de Saint-Arnaud était sans exemple
dans l'histoire de nos troubles civils depuis le commencement de ce siècle.

Nous ne voulons pas dire pour cela qu'on n'eût jamais fusillé de prisonniers dans les guerres de rue. On
nous répondrait en évoquant les souvenirs d'avril 1834,
sous Louis-Philippe, et de juin 1848, sous la République. Mais les exécutions de prisonniers désarmés
avaient toujours été, dans ces lamentables circonstances, des actes spontanés de colère, de représailles,
de cruauté, si l'on veut, commis par des soldats ou des
gardes nationaux exaspérés, enivrés par les fureurs de
la lutte. Ce qu'on n'avait jamais vu, c'était un ministre
de la guerre décrétant à l'avance, publiquement, ouvertement, la condamnation à mort et l'exécution, sans
autre forme de procès que la fusillade, de *tout individu
pris construisant ou défendant une barricade, ou les
armes à la main.*

Quant à la loi sur l'état de siége, visée dans l'arrêté
de M. de Saint-Arnaud, il est à peine besoin de dire
qu'elle ne contenait et n'a jamais contenu aucune pres-
cription de cette espèce.

Au reste, ces proclamations si menaçantes, loin de
ralentir le mouvement, contribuèrent peut-être à lui
donner une impulsion plus vive.

Ce qui est incontestable, c'est que ces placards
furent apposés vers trois heures, et qu'à quatre heures

les coups de fusil commençaient à s'échanger dans les rues où nous avons signalé la construction des barricades.

Un témoin oculaire, très-digne de foi, nous a rapporté une curieuse remarque qu'il eut occasion de faire dans la matinée du lendemain au sujet de l'effet produit par ces proclamations.

L'arrêté de M. de Saint-Arnaud était placardé sur certains points où s'élevaient des barricades, et les républicains, qui prenaient part à leur construction, n'avaient pas même pris la peine d'arracher ces affiches.

Ils pouvaient lire, — et ils lisaient, — collé sur le mur où ils appuyaient leur barricade, l'arrêté qui les menaçait de mort et d'exécution sommaire, s'ils avaient le malheur d'être pris !

A quatre heures et demie, le général Herbillon partit de la place de l'Hôtel-de-Ville à la tête d'une colonne composée d'un bataillon de chasseurs à pied et deux bataillons de ligne avec une pièce de canon. Il se porta par les rues du Temple et de Rambuteau jusqu'à la pointe Sainte-Eustache en fouillant les rues voisines par des détachements. Les barricades furent enlevées partout sans résistance sérieuse. Les citoyens qui les avaient construites avaient instinctivement adopté pour tactique de harceler la troupe, en défendant à peine les barricades, mais en les réoccupant derrière elle, fatiguant ainsi les soldats par des alertes continuelles.

Jusqu'à neuf heures du soir, ce fut dans tous ces quartiers une série d'escarmouches dont quelques-unes ne laissèrent pas que d'être assez vives. Une barricade fut énergiquement défendue, rue Aumaire; une autre également, près de l'Imprimerie nationale; les gendarmes mobiles enlevèrent cette dernière. Vers neuf heures du soir, un rassemblement armé qui paraît avoir été assez nombreux, plus de cent hommes, avait réoccupé les barricades des rues Grenéta; Transnonain et Beaubourg. Un vrai combat s'engagea sur ce point. Le colonel Chapuis avait attaqué les barricades, de front, avec un bataillon du 3ᵉ de ligne. Il rencontrait une très-vive résistance, lorsqu'un bataillon du 6ᵉ léger, commandant Boulatigny, déboucha sur les derrières des défenseurs des barricades, et les mit entre deux feux. Un certain nombre tombèrent en combattant, soixante ou quatre-vingts furent pris, et plusieurs de ceux-là fusillés sur-le-champ (1).

Pendant que les coups de feu retentissaient dans ces quartiers du centre du vieux Paris, les représentants républicains libres continuaient à se réunir et à se concerter. Le Comité de résistance avait rendu plusieurs décrets provisoires qu'il réussit à faire imprimer. L'un de ces décrets décernait à Baudin les honneurs du Panthéon; un autre convoquait les électeurs pour nommer une Assemblée souveraine, etc.

A cinq heures du soir, une réunion assez nombreuse eut lieu chez M. Landrin. On y remarquait indépendamment de plusieurs des représentants que nous avons déjà nommés, MM. Garnier-Pagès et Marie, anciens membres du Gouvernement provisoire, M. J. Bas-

---

(1) Le général Magnan le dit dans son rapport officiel:

« Tous les obstacles (de la rue Beaubourg) furent enlevés au pas de « course, et ceux qui les défendaient *passés par les armes.* »

tide, MM. Émile de Girardin et Napoléon Bonaparte (aujourd'hui le prince Napoléon), cousin du Président.

On s'y entretint des événements de la journée, de la conduite à tenir. M. Émile de Girardin proposa, dit-on, que tous les représentants demeurés libres se constituassent prisonniers et qu'on organisât une *grève générale* jusqu'à la chute du Président, Une altercation fort vive s'éleva après cette proposition entre M. de Girardin et Michel (de Bourges). Rien ne fut, semble-t-il, décidé dans cette réunion, sauf la rédaction d'une nouvelle proclamation, conçue dans des termes plus qu'énergiques, laquelle fut signée par tous les représentants présents, y compris celui qui est aujourd'hui le prince Napoléon. C'est du moins ce que nous ont affirmé des personnes dignes de foi.

Dans une seconde réunion, chez M. Marie, il fut pris quelques résolutions. On y arrêta, paraît-il, de prendre une part active à la résistance armée, qui commençait à devenir sérieuse. D'ailleurs, les dispositions de la population semblaient tellement modifiées que l'espoir du succès, la confiance dans l'issue de la crise étaient revenus chez ceux mêmes qui étaient le plus affectés, la veille, de l'attitude du peuple.

Tous les républicains, qui ont parcouru Paris dans la soirée du 3 décembre, affirment encore aujourd'hui que jamais mouvement révolutionnaire n'avait paru plus puissant, dans un premier jour de lutte, que celui qui se prononçait en ce moment.

Les écrivains les plus enthousiastes du Coup d'État n'ont pas dissimulé que le 3, au soir, les rassemblements qui se formaient et se reformaient, sur les boulevards, depuis la Chaussée-d'Antin jusqu'au faubourg du Temple, et surtout dans les rues adjacentes, malgré les patrouilles et les charges de cavalerie, présentaient l'aspect sombre, menaçant, des foules parisiennes à la veille des grandes journées révolutionnaires. Les bruits de nouvelles fâcheuses pour Louis-Napoléon, — fausses nouvelles, la plupart du temps, — étaient accueillis avec avidité. Les rares personnes qui osaient, au milieu des groupes, exprimer des opinions favorables au Président étaient menacées, maltraitées même.

Les excitations des républicains qui parcouraient les rassemblements soulevaient, au contraire, des applaudissements et des acclamations. Un ancien constituant, mort aujourd'hui, qui écrivait quelque temps après l'événement, M. X. Durrieu, a dit : « Sur mon honneur, je « déclare que, de sept heures à minuit (le 3 décembre), « tout mon espoir m'était revenu. Je croyais presque « la révolution assurée... J'ai assisté aux dernières « heures du règne de Louis-Philippe; j'étais mêlé « de fort près aux événements qui ont amené sa « chute : mais, en vérité, jamais je n'avais rencon- « tré... » Nous ne pouvons achever la citation textuelle; mais le sens en est que jamais M. Durrieu, même en février, n'avait vu une foule aussi bien disposée à la Révolution.

Il n'est pas sans intérêt de transcrire maintenant un passage du livre de l'écrivain militaire, enthousiaste du 2 décembre, M. Mauduit, passage qui raconte un incident de cette soirée du 3. On verra que les impressions ressenties par ces deux hommes, d'opinions aussi diamétralement opposées, confirment la réalité des faits tels qu'ils nous apparaissent, c'est-à-dire les dispositions hostiles au Coup d'État de la population dans la soirée du 3 décembre.

« Le 3 décembre, dit M. Mauduit, vers six heures et demie du « soir, le colonel de Rochefort du 1er lanciers reçut l'ordre de « partir, avec deux escadrons seulement, pour maintenir la « circulation sur les boulevards, depuis la rue de la Paix jus- « qu'au boulevard du Temple ; cette mission était d'autant plus « difficile et délicate, qu'il lui avait été interdit de repousser par « la force d'autres cris que ceux de : Vive la République démo- « cratique et sociale !

« Le colonel, *pressentant ce qui allait arriver*, avait prévenu « tout son détachement de n'avoir point *à s'étonner de la foule* « *qu'il aurait à traverser et des cris poussés par elle;* il prescrivit « à ses lanciers de rester calmes, impassibles, jusqu'au moment « où il ordonnerait la charge, et, une fois l'affaire engagée, de « ne faire grâce à qui que ce fût.

« A peine parvenu sur les boulevards, à la hauteur de la rue « de la Paix, il se trouva en présence d'un *flot de population* « *immense, manifestant l'hostilité la plus marquée*, sous le « masque du cri de : Vive la République !!! Ces cris convenus « étaient accompagnés de gestes menaçants.

« L'œil attentif et l'oreille tendue, pour ordonner la charge « au premier cri séditieux, le colonel continua à marcher ainsi « au pas, poursuivi de hurlements affreux, jusqu'au boulevard « du Temple.

« Le colonel, ayant reçu l'ordre de charger tous les groupes « qu'il rencontrerait sur la chaussée, il se servit d'une ruse « de guerre, dont le résultat fut de châtier un certain nombre « de ces vociférateurs en paletots.

« Il masqua ses escadrons, pendant quelques instants, dans un « pli de terrain, près du Château-d'Eau, pour leur donner le « change et leur laisser croire qu'il était occupé du côté de la « Bastille; mais faisant brusquement demi-tour, sans être aperçu, « et prescrivant aux trompettes et à l'avant-garde de rentrer

« dans les rangs, il se remit en marche au pas, jusqu'au mo-
« ment où il se trouva à l'endroit le plus épais de cette foule
« *compacte et incalculable*, avec l'intention de PIQUER tout ce qui
« s'opposerait à son passage.

« Les plus audacieux, enhardis peut-être par *la démonstration*
« *pacifique* de ces deux escadrons, se placèrent en avant du co-
« lonel et firent entendre les cris *insultants* de : Vive l'Assem-
« blée nationale!!! A bas les traîtres! Reconnaissant à ce cri
« *une provocation*, le colonel de Rochefort s'élance, comme un
« lion furieux, au milieu du groupe d'où elle était partie en
« frappant d'estoc, de taille et de lance. Il resta sur le carreau
« PLUSIEURS CADAVRES.

« Dans ces groupes ne se trouvaient que *peu d'individus en*
« *blouse*.

« Les lanciers subirent cette *rude épreuve morale* avec un
« calme admirable, leur confiance n'en fut point ébranlée une
« minute, etc.

« De retour à la place Vendôme, et sa *mission accomplie*, le
« colonel de Rochefort s'empressa d'en rendre compte au général
« de division Carrelet (1). »

A minuit. Paris semblait redevenu calme. Certaines
gens, dans les régions gouvernementales, crurent que
tout était fini.

C'est ce soir-là que furent conduits au chemin de
fer du Nord, pour être transférés à Ham, l'ancienne prison de Louis-Napoléon, les généraux Bedeau, Cavaignac, Changarnier, Lamoricière et Leflô,
ainsi que MM. Baze, Charras et Roger (du Nord).

Dans cette soirée redoutable, où le mouvement de
résistance grandissait, menaçait d'amener, comme le
mandait M. de Morny au général Magnan, des jour-

---

(1) *Révolution militaire du 2 décembre*, par le capitaine H. Mauduit,
pages 176, 177 et 178.

nées des 2, 3, 4 et 5 décembre, qui eussent fait le
pendant des 26, 27, 28 et 29 juillet, ou des 22, 23 et
24 février, dans cette soirée, où il était d'une importance capitale de prendre un parti, on tint un grand
conseil militaire, auquel assistaient le ministre de la
guerre Saint-Arnaud, le général en chef Magnan, les
principaux généraux de division de l'armée de Paris,
M. de Morny et probablement aussi le Président de la
République, bien que nous ne puissions affirmer ce
dernier détail. M. de Morny y fit prévaloir le plan d'o-
pérations qu'il recommandait avec tant d'insistance au
général Magnan.

On peut le résumer ainsi :

— Concentrer les troupes par grandes masses, les
soigner, les bien nourrir, les tenir hors du contact de
la population ; retirer les postes trop faibles ; s'abstenir de patrouilles ; laisser construire des barricades.
Puis, le moment d'agir étant soigneusement choisi,
attaquer brusquement avec des forces compactes et
écraser toute résistance.

On n'a pas oublié le dernier mot de l'une des dépêches de M. de Morny au général Magnan : « Il n'y a
« qu'avec une abstention entière, en cernant un quar-
« tier et le prenant par famine, ou *en l'envahissant par*
« *la terreur,* qu'on fera la guerre de ville. — » Ce
plan fut adopté. La suite de ce récit montrera avec
quelle exactitude il fut suivi.

CHAPITRE VI

Le jeudi matin, 4 décembre, l'agitation commença de bonne heure. L'attitude de la population ne démentait pas les espérances que formaient la veille au soir les républicains.

La foule fut bientôt immense sur les points ordinaires de rassemblement. Du boulevard Bonne-Nouvelle au Château-d'Eau, et dans tous les quartiers voisins, les rassemblements étaient énormes. Les ouvriers y dominaient; leurs sentiments paraissaient bien modifiés depuis deux jours; le mouvement révolutionnaire gagnait les masses. Des hommes armés se montraient dans les groupes. On lisait à haute voix les appels aux armes imprimés dans la nuit. La foule applaudissait.

Les bruits les plus étranges circulaient. On parlait tantôt de l'évasion des généraux arrêtés, qui auraient réussi à rallier quelques régiments dans un département voisin et marcheraient sur Paris ; tantôt de l'insurrection populaire triomphante, disait-on, à Reims et à Orléans. Plus loin, c'était la nouvelle contradictoire, mais non moins avidement reçue de l'exécution sommaire du général Bedeau et du colonel Charras. C'était faux ; mais on y croyait. On racontait également mille détails sur les fusillades, qui auraient suivi les combats de la veille, sur des égorgements de prisonniers, massacrés de sang-froid. On annonçait la prochaine arrivée des républicains exilés depuis 1849. On disait que le général Neumayer, — le général disgracié après Satory, — s'était prononcé pour l'Assemblée nationale et arrivait à la tête de ses troupes.

Ces rumeurs trouvaient tant de créance dans la foule, que le préfet de police lui-même, auquel ses agents les rapportaient, fut tenté de croire, — on le verra plus loin, — à la réalité de quelques-unes de ces nouvelles.

On conçoit sans peine l'excitation que l'annonce de telles choses déterminait dans le public.

Un bruit d'un caractère différent, tout à fait spécial, circulait aussi, affirmé avec une telle insistance et si généralement accepté pour vrai, que le gouvernement s'en émut.

On disait que vingt millions avaient été enlevés de la Banque de France, par ordre du Président de la République ; on ajoutait qu'une partie de cette somme considérable avait été distribuée aux principaux

coopérateurs du Coup d'État, — on citait le chiffre
des sommes données à tel ou tel, — et le reste, assu-
rait-on, était dépensé depuis la veille en largesses à la
troupe.

Les journaux publièrent, peu après, des lettres de
MM. Casabianca, ancien ministre des finances, et d'Ar-
gout, directeur de la Banque de France, qui opposaient
le plus formel démenti à ces assertions. Ce dernier
déclarait qu'une somme de vingt ou vingt-cinq millions, due à l'État par la Banque, et dont le paiement
aurait pu être exigé en ce moment, n'avait pas été re-
tirée. Toutefois cette rumeur a laissé tant de traces,
que plusieurs années après l'événement, M. Granier
de Cassagnac a jugé nécessaire d'y répondre par
le récit d'un fait inconnu jusqu'alors.

« La vérité, a-t-il dit, sur les dépenses des soldats pendant les
« journées du 2, du 3 et du 4 décembre, est bien plus simple et
« bien plus noble.

« Lorsque le prince se décida, le 1ᵉʳ décembre au soir, à sau-
« ver la société par une mesure décisive, il lui restait, de toute
« sa fortune personnelle, de tout son patrimoine, une somme,
« de *cinquante mille francs*. Il savait qu'en certaines circons-
« tances mémorables les troupes avaient faibli devant l'émeute,
« faute de vivres, et plus affamées que vaincues. Il prit donc
« jusqu'au dernier écu tout ce qui lui restait, et il chargea
« M. le colonel Fleury d'aller, brigade par brigade et homme
« par homme, distribuer cette dernière obole aux soldats vain-
« queurs de la démagogie (1). »

Aux premières heures de la matinée, M. de Maupas

(1) *Histoire de la chute de Louis-Philippe*, etc., par Granier de Cassagnac, 2ᵉ volume, pages 433 et 434.

avait fait afficher une nouvelle proclamation, plus si-
gnificative encore que les précédentes :

« Habitants de Paris !

« Comme nous, vous voulez l'ordre et la paix ; comme nous,
« vous êtes impatients d'en finir avec cette poignée de factieux,
« qui lèvent depuis hier le drapeau de l'insurrection.

« Partout notre courageuse et intrépide armée les a culbutés
« et vaincus.

« Le peuple est resté sourd à leurs provocations.

« Il est des mesures néanmoins que la sûreté publique com-
« mande.

« L'état de siége est décrété.

« Le moment est venu d'en appliquer les conséquences rigou-
« reuses.

« Usant des pouvoirs qu'il nous donne,

« Nous, préfet de police, arrêtons :

« Art. 1er. — La circulation est interdite à toute voiture publique ou bourgeoise. Il n'y aura d'exception qu'en faveur de
celles qui servent à l'alimentation de Paris et au transport des
matériaux.

« Les *stationnements des piétons* sur la voie publique et la for-
mation des groupes seront, SANS SOMMATIONS, DISPERSÉS PAR LA
FORCE.

« *Que les citoyens paisibles restent à leur logis.*

« *Il y aurait péril sérieux à contrevenir aux dispositions arrêtées.*

« Paris, le 4 décembre 1851.

« *Le Préfet de police,*
« DE MAUPAS. »

M. P. Mayer, dans son *Histoire du 2 décembre*, a
commenté cette proclamation dans des termes qui méritent d'être reproduits :

« Au point du jour, dit-il, le préfet de police fit afficher la pro-
« clamation suivante : (suit la proclamation). Pour tout le monde,

« excepté pour les sourds et les aveugles, elle devait et voulait
« dire : — Il y aura aujourd'hui une grande bataille; que ceux
« qui ne veulent pas être tués n'aillent pas sur le champ du
« combat.'— Cette pièce répond et a répondu à tous les repro-
« ches d'inhumanité et à toutes les évocations de sang innocent
« répandu, que les partis, depuis le fatal combat du boulevard
« Poissonnière, ont essayé de faire remonter jusqu'au gouver-
« nement (1). »

Mais n'anticipons pas sur ce que M. Mayer appelle
le fatal combat du boulevard Poissonnière.

Toutes les troupes ayant été retirées, comme il
avait été convenu dans le conseil militaire, rien ne
s'opposait à la construction des barricades. Dès neuf
heures du matin, elles s'élevèrent en grand nombre
dans les rues comprises entre les boulevards, les
quais, la rue Montmartre et la rue du Temple, ainsi
que dans le faubourg Saint-Martin, jusqu'aux abords
du canal. Cette portion de la masse populaire, qui, en
temps de révolution, ne s'ébranle guère que le troisième jour, n'agissait pas encore; mais elle se montrait sympathique à ceux qui agissaient. Ceux-ci
étaient l'élite de ce que Paris contenait de républicains intrépides, tant du peuple que de la bourgeoisie.

Une barricade formidable fut construite vers onze
heures dans la rue Saint-Denis, en vue des boulevards.
Elle était flanquée d'obstacles de moindre importance
qui barraient toutes les rues voisines.

La rue du Petit-Carreau était déjà, à la même
heure, coupée de cinq ou six barricades. Il y en avait
encore dans la rue des Jeuneurs, dans la rue Tique-

(1) *Histoire du 2 décembre,* par P. Mayer, page 151.

tonne et dans presque toutes les petites rues qui dé-
bouchent de ce côté sur la rue Montmartre. Au centre, vers la rue Greneta, toutes les barricades renversées par la troupe, la veille au soir, étaient relevées
et fortifiées. On en voyait d'assez nombreuses dans la
rue Saint-Martin, aux abords du marché de ce nom ;
il s'en dressait une assez forte à la hauteur du Conser-
vatoire des Arts et Métiers. La rue du Temple, dans
la partie qui avoisine les boulevards, en était coupée,
ainsi que les petites rues voisines. Vers les quais, entre l'Hôtel-de-Ville et la pointe Saint-Eustache, toutes
les rues étaient couvertes de retranchements improvisés. Le cloître Saint-Merri, célèbre dans les fastes
révolutionnaires de Paris depuis le combat de juin
1832, était barricadé.

Au coin des rues du Temple et de Rambuteau se
dressait une barricade formidable, presque aussi
bien construite que celle de la rue Saint-Denis.

Vers midi, les barricades furent commencées sur les
boulevards même. Il s'en éleva une assez considérable
sur le boulevard Bonne-Nouvelle, à quelques vingt
mètres de la porte Saint-Denis.

Devant le théâtre du Gymnase, un autre obstacle
fut ébauché, mais demeura très-imparfait. Quelques
voitures renversées, garnies de matériaux de démoli-
tions, provenant des colonnes vespasiennes que la
foule avait jetées à terre, formaient sur ce point un
poste avancé où se placèrent une quinzaine d'hommes
armés.

A la même heure, vers midi, la mairie du Ve arrondissement, rue du Faubourg-Saint-Martin, fut prise

sans grande résistance, par un rassemblement de républicains, ouvriers pour la plupart. Nous pouvons
nommer parmi eux les citoyens Laurens, ancien sous-
officier d'artillerie, A. Gay, Édouard Baudoin, Bour-
don, Favrelle (1). On a encore cité parmi ceux qui figu-
rèrent, un peu plus tard, aux barricades du faubourg
Saint-Martin, les citoyens Denis-Dussoubs, — celui
qui se fit tuer héroïquement quelques heures après, —
Artaud, Lebloy, Longepied, J. Luneau, lieutenant de
la garde républicaine, en disponibilité pour cause d'o-
pinions démocratiques, et qui s'était rendu aux barricades revêtu de son uniforme. On trouva à la mairie du
Ve trois cents fusils et des munitions. C'est le tambour-
major de la légion qui indiqua spontanément la cave
où se trouvait ce dépôt d'armes.

Pendant ce temps, d'autres groupes parcouraient
les quartiers du centre, principalement les rues mar-
chandes, demandant des armes. Les bourgeois li-
vraient leurs fusils volontiers; c'est ainsi que beaucoup d'armes de la cinquième légion de la garde
nationale passèrent entre les mains des républicains
disposés à combattre. L'entraînement était déjà assez
grand dans ces quartiers pour que l'inscription fameuse : « *armes données,* » qu'on ne voit guère qu'au
moment des insurrections triomphantes, pût se lire
sur les portes et les devantures des boutiques de toutes ces rues (2).

---

(1) La plupart de ces citoyens furent déportés en Afrique quelques
mois plus tard.

(2) Une correspondance qu'on peut lire dans *le Moniteur* entre M. de

Du boulevard Montmartre à la chaussée d'Antin, dans un quartier qu'on voit rarement sympathiser avec les mouvements révolutionnaires, la foule était grande et en proie à une extrême agitation. Les « gants jaunes, » — selon l'expression de M. Granier de Cassagnac, — applaudissaient à la résistance. Les aides de camp détachés, les pelotons en reconnaissance, qui fendaient cette foule en habits, étaient accueillis par des cris de colère : « A bas les traîtres! à bas les prétoriens! » Un officier d'état-major fut assailli au coin de la rue de la Paix, renversé de son cheval, et eut peine à échapper à la foule qui lui voulait faire un mauvais parti.

« L'émeute, dit M. de Cassagnac, avait trouvé sinon des par-
« tisans, du moins des auxiliaires, dans une partie de la jeu-
« nesse lettrée et aisée, appartenant soit à la presse, soit au
« commerce parisien. Ces jeunes gens remplissaient de tumulte
« la partie la plus riche et la plus élégante des boulevards, d'où

Morny et le général Lawœstine, commandant en chef de la garde nationale, fait foi de ce que nous avançons à cet égard. Voici un extrait de
la lettre de M. de Morny, en date du 7 décembre:

A M. le commandant supérieur des gardes nationales de la Seine.

Paris, le 7 décembre.

« Général, dans plusieurs quartiers de Paris, quelques propriétaires
« ont eu l'impudeur de mettre sur leurs portes : *Armes données.* On con-
« cevrait qu'un garde national écrivît : *Armes arrachées de force*, afin
« de mettre à couvert sa responsabilité..... J'ai donné ordre au préfet
« de police de faire effacer ces inscriptions, etc.

« *Signé* : DE MORNY. »

Le général Lawœstine répondait le même jour en désignant la cinquième légion comme celle dont les armes avaient été ainsi livrées. Elle
fut dissoute sur-le-champ,

« il avait semblé peu probable que le communisme (!) dût at-
« tendre une telle diversion (1). »

Le même écrivain a dit ailleurs :

« Quand on a relevé les cadavres des émeutiers, qu'a-t-on
trouvé en majorité? — *Des malfaiteurs* et des *gants jaunes* (2)! »

Le mot de « malfaiteurs » est là, comme « communisme » un peu plus haut. C'est une façon honnête et
modérée de désigner les hommes du peuple qui tombèrent au 4 décembre. Nous avons sous les yeux une
liste, fort incomplète il est vrai, mais la seule officielle
qui ait été publiée, des morts de cette journée. Sur 153
noms qui y sont inscrits, beaucoup appartiennent à la
classe moyenne, négociants, avocats, rentiers, propriétaires ; beaucoup sont aussi des noms d'ouvriers.
Celui qui leur a jeté cette injure posthume, — *malfaiteurs*, — serait mis dans un honteux embarras si, en
présence de cette liste funèbre, il était forcé de dire
lequel de ces morts mérita par sa vie publique ou privée d'être flétri du nom de malfaiteur (3).

Mais poursuivons notre récit.

L'agitation n'était pas concentrée dans les quartiers
dont nous venons de parler.

Des essais de barricades étaient tentés sur beaucoup
d'autres points. Dans les quartiers de la rive gauche,
les rassemblements étaient nombreux ; des jeunes gens

---

(1) *Histoire de la chute de Louis-Philippe*, etc., 2e volume, pages 427, 428.
(2) *Récit complet et authentique*, etc., page 38.
(3) Voir cette liste à l'appendice.

des écoles essayèrent, à plusieurs reprises, d'élever des barricades, notamment rue de la Harpe, rue Saint-André-des-Arts, au carrefour de Buci, rue Dauphine, etc.

Le faubourg Saint-Antoine s'agitait aussi. Des barricades y furent dressées que la brigade de Courtigis ne détruisit qu'en employant la force.

Quelques-unes furent aussi commencées vers le haut du faubourg Poissonnière; plusieurs, assez fortes, s'élevèrent à la Chapelle-Saint-Denis. A Montmartre et aux Batignolles, l'agitation fut aussi très-vive.

Les dépêches suivantes de M. de Maupas montrent combien la situation lui paraissait menaçante.

LE PRÉFET DE POLICE AU MINISTRE DE L'INTÉRIEUR.

« Le jeudi 4 décembre 1851, 1 h. 15 m.

« Les nouvelles deviennent tout à fait graves. Les insurgés occupent les mairies, les boutiquiers leur livrent leurs armes. La mairie du Vᵉ est occupée par les insurgés; ils se fortifient sur ce point. *Laisser grossir maintenant serait un acte de haute imprudence.* Voilà le moment de frapper un coup décisif. Il faut le bruit et l'effet du canon, et *il les faut tout de suite.* Ne laissons pas répandre le bruit qu'il y a de l'indécision dans le pouvoir : ce serait donner une force morale inutile à nos ennemis.

« *Le Préfet de police,*
« Signé : DE MAUPAS. »

LE PRÉFET DE POLICE AU MINISTRE DE L'INTÉRIEUR.

« Jeudi 4 décembre.

« Les barricades prennent de grosses proportions dans le quartier Saint-Denis. Des maisons sont déjà occupées par l'émeute. On tire des fenêtres. Les barricades vont jusqu'au

deuxième étage. Nous n'avons encore rien eu d'aussi sérieux. »
(Dépêches reproduites dans *les Mémoires d'un bourgeois de
Paris*, par le docteur Véron.)

M. de Morny, à ce que raconte le docteur Véron,
avait poussé, de sa personne, une reconnaissance vers
les quartiers en armes. Rentrant au ministère de l'intérieur, « et trouvant son entourage pâle, effrayé à cette
« nouvelle que de nombreuses barricades s'étaient éle-
« vées dans Paris, il dit à tous avec une chaleureuse
« gaîté : Comment ! hier vous vouliez des barricades, on
« vous en fait, et vous n'êtes pas contents?... » (Textuel : *Mémoires d'un bourgeois de Paris*, tome 6ᵉ,
page 210).

Un peu plus tard, vers une heure sans doute, il
adressait au général Magnan, une dépêche où l'on remarque ces mots : « Je vais, d'après votre rapport,
faire fermer les clubs des boulevards. FRAPPEZ FERME DE
CE CÔTÉ. » (*Mémoires d'un bourgeois de Paris*, tome 6ᵉ,
pages 208 et 209).

Le moment, en effet, était venu où le plan de campagne, révélé par les dépêches du 3 de M. de Morny au
général Magnan, et définitivement résolu dans le conseil militaire de la veille, pouvait s'exécuter avec un
plein succès.

Les barricades en effet étaient déjà nombreuses et
suffisamment fortes pour que leurs défenseurs fussent
tentés d'accepter le combat. Le nombre de ceux-ci
n'était pas assez considérable pour que l'issue de la
lutte fût douteuse; mais ils formaient un noyau d'élite,
comprenant les hommes les plus énergiques du parti
républicain, ouvriers et bourgeois; s'il leur était donné

d'entretenir pendant encore une journée la guerre d'escarmouches, leur nombre allait se décupler, et la matinée du lendemain les aurait trouvés formidables. En enveloppant par de grandes masses de troupes les quartiers où ils s'étaient retranchés, en attaquant avec vigueur, on pouvait écraser, d'un seul coup, ce que Paris révolutionnaire comptait d'hommes les plus intrépides.

L'occasion était opportune pour faire la guerre de villes, comme l'entendait M. de Morny.

En « frappant ferme » sur les boulevards, on allait couper court à l'opposition bourgeoise; il n'y aurait pas à redouter de voir le lendemain, ainsi qu'en février, les uniformes de la garde nationale, mêlés aux blouses et aux paletots des insurgés.

Les soldats, parfaitement reposés, tenus depuis la veille hors du contact de la population, largement fournis de vivres et de vins, étaient dans des dispositions aussi bonnes que le gouvernement pût le désirer.

Il est certain qu'on a eu raison de dire qu'en 1830 et en 1848 le manque de soins matériels avait fortement contribué à abattre le moral des troupes. L'administration avait soigneusement pourvu à ce qu'un pareil accident ne se renouvelât pas (1).

Il n'y avait pas non plus, isolés dans les quartiers en armes, de faibles postes, de patrouilles détachées, à

---

(1) Nous lisons, entre autres détails, dans le *Moniteur parisien*, du 6 décembre: — « Les vins, les mets, leur ont été prodigués. » — Ce journal parle des soldats qui campèrent, le soir du 4, sur les boulevards. Mais il est bien légitime de penser qu'on n'avait pas attendu l'issue de la lutte pour bien traiter les soldats. Mille témoins oculaires

l'attaque desquels les révolutions antérieures avaient dû leurs premiers succès et la troupe ses premières causes de démoralisation.

L'emploi de cette tactique militaire, différente des anciens errements, a été certainement la cause déterminante du désastre des républicains. Plusieurs de ceux qui ont échappé sains et saufs des luttes de l'après-midi nous ont dit que le mouvement révolutionnaire leur avait paru, dans le commencement de la journée, plus sérieux qu'il ne l'était le 23 février.

Le Comité de résistance s'était réuni dans une maison voisine des boulevards. Les nouvelles favorables y affluaient. L'un des membres du Comité a raconté quelques détails significatifs. — « Paris est parti ! » — disait en entrant un vétéran des luttes révolutionnaires, qui venait de parcourir divers quartiers de la capitale. — « Maintenant qu'un régiment hésite ou « qu'une légion sorte, et Louis-Napoléon est perdu ! » s'écriait M. Jules Favre, frappé des progrès croissants de l'excitation populaire.

Il semble qu'à la Préfecture de police, l'impression ne fut guère différente, quant aux faits, bien entendu. On a vu plus haut ce mot de la dépêche de M. de Maupas : » — Laisser grossir maintenant serait un acte « de haute imprudence... Il faut le bruit et *l'effet* du « canon, et il les faut tout de suite... »

---

vivent encore, qui ont vu dans la matinée, les troupes en position, aux Champs-Élysées, manger et boire copieusement. Plusieurs militaires présents nous ont dit à nous-mêmes, peu d'années après, que, sous le rapport des soins materiels, les choses avaient eté très-largement faites dans cette matinee.

Le général Magnan dit aussi dans son rapport inséré au *Moniteur* :

« A midi, j'appris que les barricades devenaient formidables et que les insurgés s'y retranchaient; mais j'avais décidé de n'attaquer qu'à deux heures, et, inébranlable dans ma résolution, je n'avançai pas le moment, quelques instances qu'on me fit pour cela. »

Vers une heure, la barricade du boulevard, entre le Gymnase et la Porte-Saint-Denis, était presque terminée. Une jeune femme, debout, entre deux ouvriers armés, à la cime de la barricade, lisait un appel des représentants de la gauche. La foule applaudissait. Un rassemblement tentait de pénétrer dans la mairie située aujourd'hui rue Drouot, demandant des armes. Sur les boulevards Montmartre et des Italiens, une foule immense, très-animée, s'agitait, poussant les cris de Vive la République! Vive la Constitution! entremêlés de cris directement injurieux pour le Président de la République.

Cependant, sur toute la ligne des boulevards, depuis le théâtre du Gymnase jusqu'à la Madeleine, on n'apercevait pas d'hommes armés et il n'y avait pas de traces de barricades.

Un peu avant deux heures, les troupes commencèrent leur mouvement.

La division Carrelet déboucha de la place Vendôme et de la Madeleine, dans l'ordre suivant : en tête la brigade du général de Bourgon, puis les brigades des généraux de Cotte et Canrobert. Ces troupes d'infanterie étaient appuyées par plusieurs batteries de

canons et d'obusiers, douze ou quinze bouches à feu.
La cavalerie du général Reibell, deux régiments de
lanciers, fermait la marche de la colonne.

La brigade du général Dulac, appartenant à la
même division, prenait position à la Pointe-Saint-
Eustache, près des Halles. Les régiments qui la composaient étaient appuyés par une batterie d'artillerie.

Le général de division Levasseur formait en colonnes, aux abords de l'Hôtel-de-Ville, les brigades
Herbillon et Marulaz, et prenait position aux débouchés des rues du Temple, Saint-Martin et Saint-
Denis.

La brigade de Courtigis se disposait à quitter la
barrière du Trône pour balayer les barricades qui
venaient de s'élever dans le faubourg Saint-Antoine.

Sur la rive gauche de la Seine, le général Renault
occupait, avec sa division, le Luxembourg, la place de
Saint-Sulpice, l'Odéon, le Panthéon, la place Maubert
et maintenait ainsi le quartier des Écoles et le faubourg Saint-Marceau. La Préfecture de police, située
dans la Cité, était gardée par des forces imposantes.

Si le lecteur n'a pas perdu de vue la position des quartiers barricadés, formant le centre de la résistance, il
verra que les républicains qui avaient pris les armes
allaient être assaillis et enveloppés par un mouvement
convergent des brigades de Bourgon, de Cotte,
Canrobert, d'un côté, les brigades Dulac, Herbillon,
Marulaz, de l'autre. Ce n'était pas moins de trente
mille hommes, agissant par masses, dont ils devaient
affronter le choc.

On se demandera, sans doute, quel était le nombre

des citoyens armés qui occupaient les barricades?
Quelque difficile qu'il soit de faire une telle évaluation, il n'est pas impossible d'arriver à un chiffre ap-
proximatif.

On s'accorde à dire qu'il y avait une centaine de
combattants à la Porte-Saint-Denis, cent cinquante
environ à la grande barricade dans la rue du même
nom, un pareil nombre, aux abords des Arts et Métiers, deux cent cinquante, au plus, dans le faubourg
Saint-Martin, sept à huit groupes de quinze à vingt
hommes chacun, dans les petites rues qui donnent
vers la rue Montmartre, quelques groupes de même
force dans celles qui avoisinent la rue du Temple, près
des boulevards. C'est-à-dire, huit à neuf cents hommes
environ, dans les positions qui allaient affronter le
choc des quinze mille soldats des brigades de Bourgon, de Cotte, Canrobert et Reibell.

Du côté opposé, faisant face aux quais, entre les
Halles et l'Hôtel-de-Ville, il y avait à la grande barricade de la rue de Rambuteau, un rassemblement de
deux cents hommes environ, flanqués, dans les rues
voisines, par divers groupes de quinze à vingt combattants : tout au plus quatre cents hommes armés en
face des trois brigades Dulac, Herbillon et Marulaz.

On n'est guère au-dessous de la vérité en évaluant
à un total de douze cents hommes armés ceux des républicains qui s'apprêtaient à combattre.

A mesure que les troupes de la division Carrelet
défilaient sur les boulevards, la foule qui couvrait la
chaussée refluait sur les trottoirs et se massait au
coin des rues adjacentes. Elle regardait passer les

soldats, tantôt silencieuse, tantôt criant : « Vive
la République ! vive la Constitution ! » Sur quelques
points des cris plus acccentués se faisaient entendre : « A bas les prétoriens ! A bas Soulouque ! »
A deux heures, la brigage de Bourgon, qui formait
la tête de colonne, arriva à quelques pas des premières positions des républicains. Les quinze ou vingt
hommes qui se tenaient embusqués derrière les voitures renversées près du Gymnase, n'avaient pas aban-
donné leur poste, malgré la masse énorme de troupes
qui marchait vers eux. Une pièce de canon fut bra-
quée et tirée contre la petite barricade. Le premier
boulet passa par dessus. Les républicains ripostèrent
par quelques coups de feu. Ce furent, autant qu'on
peut en juger, les premiers échangés dans la journée. L'infanterie, 33e et 58e de ligne, fut, peu après,
lancée en avant par le général de Bourgon ; elle en-
leva rapidement les barricades du boulevard, près de
la porte Saint-Denis, balaya à coups de fusil toute
la partie des boulevards comprise entre le faubourg
Saint-Denis et le Château-d'Eau, puis tournant à droite
s'engagea dans les quartiers barricadés par la rue
du Temple.

La brigade de Cotte suivit bientôt après ce mouvement. Le 72e de ligne, appuyé par plusieurs pièces de
canon, pénétra dans la rue Saint-Denis, où s'élevait
la grande barricade dont nous avons parlé. Il fut arrêté court par la plus énergique résistance.

Pendant ce temps, une partie de l'infanterie du
général de Cotte, toute la brigage Canrobert et la cavalerie du général Reibell demeuraient massées sur

les boulevards Bonne-Nouvelle, Poissonnière, Montmartre et des Italiens.

Tout à coup, vers trois heures, une épouvantable fusillade, entremêlée de coups de canon, retentit sur toute cette ligne des boulevards où n'avaient été aperçus jusqu'alors ni barricades, ni insurgés.

Le récit de cet événement, à jamais lamentable, qui devait exercer une influence si décisive et qui fut si fécond en désastres, mérite d'être exposé à part, avec un soin spécial. Nous nous bornons à noter l'heure où il se produisit, nous réservant d'y revenir amplement, lorsque nous aurons achevé de raconter les opérations militaires qui se poursuivaient, indépendamment des faits du boulevard.

Le général de Cotte, dont la brigade avait reçu ordre d'enlever les barricades de la rue Saint-Denis et des rues adjacentes, vient bientôt diriger lui-même l'attaque du formidable obstacle qui arrêtait le 72e de ligne.

La barricade se dressait au point où la rue Saint-Denis décrit une courbe. On ne pouvait la battre en brèche à coups de canon, sans entamer les maisons voisines. Formée d'ailleurs de masses de pavés, elle était d'une solidité exceptionnelle.

Ses défenseurs communiquaient par un passage avec leurs camarades qui gardaient les barricades de la rue Saint-Martin. Ils avaient établi une fonderie de balles et une ambulance dans le passage. Le drapeau tricolore du poste des Arts et Métiers flottait à la cîme de la barricade.

Il y avait là cent cinquante hommes d'une rare bravoure. Nous regrettons de ne pouvoir donner avec certitude les noms d'aucun d'entre eux. On a cité cependant parmi eux un représentant du peuple, M. Carlos-Forel, un professeur, M. David, qui fut tué.

Pendant une heure de temps, quatre pièces de canon en batterie sur la chaussée du boulevard, tirèrent sans relâche à obus et boulets. La barricade fut entamée, mais on ne put faire lâcher prise à ses défenseurs. Plusieurs soldats du 6e d'artillerie furent blessés sur leurs pièces. L'infanterie de ligne, 72e, essaya vainement plusieurs attaques à la baïonnette. L'une d'elles fut meurtrière. Le colonel et le lieutenant-colonel du régiment mirent pied à terre pour enlever leurs grenadiers ; ils les conduisirent au pas de charge jusqu'à quelques mètres de la barricade.

Les républicains qui avaient réservé leur feu, les accueillirent par une véritable grêle de balles. Le colonel Quilico tomba grièvement blessé ; le lieutenant-colonel Loubeau fut tué raide ; trois autres officiers et plus de trente soldats étaient tombés tués ou blessés ; presque au même moment, le général de Cotte avait son cheval tué sous lui.

Le 72e de ligne, repoussé en désordre, fut ramené sur les boulevards. Les républicains, debout sur la barricade, saluèrent, dit-on, la retraite de leurs ennemis par une immense acclamation : Vive la République !

Ce ne fut que vers quatre heures et demie, lorsque les colonnes de troupes, qui opéraient par les rues latérales, menacèrent de les prendre par derrière, que ce groupe de braves abandonnèrent la position qu'ils avaient si vaillamment défendue.

Pendant ce temps, le 15ᵉ léger avait enlevé successivement les barricades de la rue du Petit-Carreau et des rues voisines. Ce n'avait pas été sans rencontrer de résistance. Ce régiment eut quinze ou vingt hommes hors de combat. Rue des Jeuneurs, une barricade défendue par une trentaine d'hommes résista vigoureusement.

La brigade Canrobert, défilant derrière la brigade de Cotte, prit·position à la porte Saint-Martin et attaqua le faubourg.

Les premières barricades, attaquées d'abord à coups de canon, furent enlevées à la baïonnette par le 5ᵉ bataillon de chasseurs de Vincennes. Elles étaient défendues par les citoyens qui s'étaient emparés, vers midi, de la mairie du Vᵉ arrondissement. A la barricade qui s'élevait au coin de la rue des Vinaigriers la résistance fut particulièrement acharnée. Les chasseurs et la ligne furent repoussés plusieurs fois et ne réussirent à faire tomber l'obstacle qu'en le tournant par des rues latérales.

Le lieutenant Luneau, de l'ancienne garde républicaine, s'était fait remarquer, au milieu des républicains, par une bravoure extraordinaire. Bien que son uniforme le désignât plus particulièrement aux coups des chasseurs de Vincennes, on a raconté que dédaignant de se couvrir, il était debout sur le monceau de pavés qui formaient la barricade, son épée d'une main, un pistolet dans l'autre, dirigeant la défense avec autant de sang-froid que d'intrépidité.

Les républicains subirent des pertes cruelles. Beau-

coup furent tués en combattant, d'autres pris, quelques-uns, dit-on, fusillés dans la mairie de V^e arrondissement, d'autres enfin, acculés aux bords du canal,
furent tués avant d'avoir pu gagner les quartiers situés
au delà.

Le cinquième bataillon de chasseurs, commandé par
M. Levassor-Sorval, avait subi, de son côté, des pertes assez sérieuses. Vingt-deux hommes, parmi lesquels deux officiers étaient tués ou blessés. Le général Magnan, dans son rapport, fait un grand éloge
de la valeur déployée par cette troupe, éloge qui revient par contre-coup à ceux contre lesquels elle eut à
combattre et qui étaient en nombre infiniment inférieur.

La brigade du général de Bourgon, que nous avons
laissée s'engageant dans la rue du Temple, descendit
cette rue, enlevant les barricades et fouillant tout le
quartier, jusqu'à ce qu'elle eût opéré sa jonction
avec les colonnes parties de l'Hôtel-de-Ville. Elle eut
plus d'un combat à livrer dans l'intervalle. Les journaux du temps ont tous raconté que, rue Phélippeaux,
une vingtaine de jeunes gens, armés de fusils de la
garde nationale, avaient arrêté quelques temps un
régiment de ligne, qui débouchait de la rue du Temple, appuyé d'une batterie. Cette poignée de jeunes
gens avait combattu avec un acharnement extrême. —
« Ils ont péri jusqu'au dernier, dit *le Constitutionnel*
du 6 décembre. »

Ceci est peut-être exagéré; mais la publication de
tels détails dans les journaux officiels du **2** décembre

démontre bien, ce nous semble, l'impression produite sur les vainqueurs par l'intrépidité des vaincus.

Pendant que ces événements se passaient dans les rues voisines des boulevards, les brigades Dulac, Marulaz et Herbillon pénétraient dans les quartiers barricadés, en partant de la direction opposée et enfermaient ainsi les républicains dans un cercle de fer.

Le général Dulac quittait vers deux heures la pointe Saint-Eustache et lançait à l'attaque des barricades de la rue de Rambuteau et des rues adjacentes des colonnes, formées de trois bataillons du 51ᵉ de ligne, colonel de Lourmel, et de deux autres bataillons, l'un du 19ᵉ, l'autre du 43ᵉ, appuyés par une batterie d'artillerie. La brigade Herbillon, en deux colonnes, débouchait par le bas des rues du Temple et Saint-Martin. Le général Marulaz opérait dans le même sens par la rue Saint-Denis. Trois ou quatre cents républicains, divisés en petits groupes, occupaient les barricades de ce côté. Ils combattirent non moins vaillamment que ceux qui faisaient face aux boulevards. Le canon commença l'œuvre et la baïonnette l'acheva. Rue de Rambuteau, une barricade formidable fit le pendant de celle de la rue Saint-Denis. Un omnibus et plusieurs voitures, soigneusement garnis de pavés, lui donnaient une solidité considérable. L'un des historiographes du Coup d'État que nous avons déjà cités, M. Belouino, paraît avoir eu sur cette barricade quelques détails circonstanciés. Il y avait là, dit-il, une centaine de vétérans des guerres des barricades, « d'anciens sicaires de Caussidière, faisant admirablement bien le coup de feu; » avec eux combattaient, — toujours

d'après le même écrivain, — des jeunes gens, enthousiastes de la liberté ; un artiste d'avenir, qui tomba
vaillamment, frappé en pleine poitrine ; des enfants
de quinze ans, ayant à peine la force d'épauler un
fusil.

La résistance de ce groupe intrépide fut acharnée.
Pendant trois quarts d'heure, dit M. Belouino, la canonnade et la mousqueterie retentirent d'une manière
effroyable. La barricade brisée par les boulets fut
enfin enlevée, couverte des cadavres d'un grand nombre de ses défenseurs. M. Mauduit, l'historien militaire de ces événements, raconte qu'il visita le lendemain le théâtre de cette lutte :

« Parvenu, dit-il, à la rue de Rambuteau, je me dirigeai,
« comme le public, en procession, vers Saint-Eustache, et ne
« tardai pas à voir toutes les têtes en l'air et les yeux fixés sur
« plusieurs maisons, particulièrement sur celle qui forme l'an
« gle de la rue du Temple, et qui, en effet, était criblée. A ses
« pieds se trouvaient encore les débris de l'omnibus qui avait
« servi de base à la barricade, cause de tous ces dégâts.
« L'omnibus fut démoli à coups de canon, tout rempli de pa
« vés qu'il fût, et servit à alimenter le bivouac pendant la nuit.
« Une compagnie de grenadiers du 43e de ligne occupait les
« maisons des quatre angles des rues du Temple et Rambuteau.
« A chaque croisée se trouvait un grenadier assis sur une chaise,
« ayant le fusil chargé et prêt à faire feu au moindre geste hos
« tile de cette population plus comprimée que satisfaite de ce
« qu'elle voyait : les figures étaient mornes. (*Révolution mili*
« *taire du 2 décembre*, pages 269, 270.) »

Cependant, un certain nombre des républicains armés qui occupaient les barricades, entre la rue Saint-
Denis et la rue Montmartre, avaient pu échapper au

mouvement convergent des troupes et s'étaient ralliés place des Victoires.

En peu d'instants, ils eurent barricadé, — faiblement il est vrai, — les rues du Mail, Pagevin, des Fossés-Montmartre, etc. Le 19e de ligne, commandé par le colonel Courant, les assaillit avant que leurs moyens de défense ne fussent complets, et les dispersa après quelques minutes de fusillade. Des barricades tentées, peu après, rue Saint-Honoré, rue des Poulies et dans les petites rues adjacentes, par un certain nombre de ces hommes de cœur, qui ne pouvaient se résoudre à leur défaite, furent enlevées par les troupes en position au Palais-Royal.

Tandis que, de deux à cinq heures, la fusillade et le canon tonnaient sur les boulévards et dans tous ces quartiers du centre de Paris, fouillés en tout sens par trente mille soldats, des incidents notables se produisaient sur d'autres points de Paris,

Dans le quartier latin, quelques groupes de jeunes gens tenaient en haleine la division du général Renault. Des barricades étaient ébauchées çà et là, des coups de fusil échangés, notamment rue de la Harpe.

Un groupe audacieux causa vers trois heures une vive alerte à la Préfecture de police.

M. de Maupas, qui s'alarmait facilement, — c'est M. de Morny qui le mandait ce jour même dans une dépêche au général Magnan, — M. de Maupas se crut en péril.

Les dépêches suivantes échangées entre la Préfecture de police et le ministre de l'intérieur en font foi :

LE PRÉFET DE POLICE AU MINISTRE DE L'INTÉRIEUR.

« Jeudi 4 decembre.

« Barricades rue Dauphine ; je suis cerné. Prévenez le général Sauboul. Je suis sans forces ; c'est à n'y rien comprendre. »

LE PRÉFET DE POLICE AU MINISTRE DE l'INTÉRIEUR.

« Jeudi 4 decembre.

« On dit que le 12e de dragons arrive de Saint-Germain avec le comte de Chambord dans ses rangs comme soldat.
« J'y crois peu. »

RÉPONSE DE M. DE MORNY.

« Et moi je n'y crois pas. »

LE PRÉFET DE POLICE AU MINISTRE DE L'INTÉRIEUR.

« Jeudi 4 décembre.

« Rassemblements sur le Pont-Neuf ; coups de fusil au quai aux Fleurs ; masses compactes aux environs de la Préfecture de police. On tire par une grille. Que faire ? »

RÉPONSE DE M. DE MORNY.

« Répondez en tirant par votre grille. »

LE PRÉFET DE POLICE AU MINISTRE DE L'INTÉRIEUR.

« Jeudi 4 décembre.

« Mon devoir exige qu'on me rende mes canons et bataillons. Est-ce le gén'ral Maguan qui refuse de les rendre ? »

LE PRÉFET DE POLICE AU MINISTRE DE L'INTÉRIEUR.

« Jeudi 4 decembre.

« Je suis rassuré pour le quart d'heure; l'émeute de la rue Saint-Martin est écrasée; mais je ne le suis pas pour la Préfecture de police, sur laquelle se replieront les insurgés après la défaite. »

Les vingt ou trente jeunes gens qui mettaient ainsi la Préfecture en alarmes par quelques coups de feu, tirés presque hors de portée, ne se doutaient guère qu'ils fussent aussi redoutables. Quelques-uns d'entre eux, alors étudiants, qui ont conquis de nos jours une honorable notoriété dans le journalisme, ont raconté depuis combien fut grande leur surprise lorsque, après plusieurs années, les dépêches qu'on vient de lire, révélées par M. le docteur Véron, leur apprirent l'effet produit par leur diversion.

Au même moment, la fusillade retentissait sur toute la ligne des quais, de l'Hôtel-de-Ville au Châtelet. M. Mauduit, témoin oculaire de cet incident, l'a raconté de la manière suivante :

« La gauche de la colonne du général Marulaz touchait encore au pont d'Arcole, lorsque partirent *des croisées* du quai Pelletier *plusieurs coups* maladroits contre le 44ᵉ et la ligne de tirailleurs que le commandant Larochette avait placés en avant de l'Hôtel-de-Ville, pour en protéger les abords.

« Toute la place, ainsi que les quais Pelletier et de Gèvre jusqu'au Châtelet, *furent à l instant en feu*, et de l'extrémité du pont Louis-Philippe, je crus, pendant plus d'un quart d'heure, je crus, en vérité, assister à un combat des plus sérieux. *Plus de vingt mille cartouches furent brûlées*, des milliers de carreaux brisés, mais seulement quelques hommes tués ou blessés dans les deux camps; les socialistes n'ayant exécuté *leur attaque* qu'avec des forces disséminées dans les maisons, et trop insuffisantes pour tenter un hourra sur l'Hôtel-de-Ville. » (Mauduit, page 242.)

A neuf heures du soir, une centaine de combattants républicains, désespérés de l'effet produit sur la population parisienne par les événements de la journée, — surtout par ceux des boulevards, que nous raconterons tout à l'heure, — résolus de ne pas survivre au désastre de la République, s'étaient groupés dans la rue Montorgueil; ils avaient relevé les barricades, et s'étaient préparés pour un dernier combat. Parmi eux se trouvait Denis Dussoubs, frère du représentant de la Haute-Vienne. Ame ardente, cœur loyal, Denis Dussoubs avait épousé les convictions républicaines, et sa vie, depuis dix ans, n'avait été qu'une lutte pour leur . triomphe. Son frère, le représentant du peuple, étant · cloué au lit par une grave maladie, Denis Dussoubs, par une héroïque usurpation, s'était revêtu de son écharpe, et depuis deux jours payait vaillamment de sa personne. Au faubourg Saint-Martin, il n'avait quitté les barricades qu'au dernier moment. Échappé par miracle aux colonnes du général Canrobert, il avait rejoint dans les rues étroites, qui serpentent sur les hauteurs du Petit-Carreau, ce groupe de désespérés, qui voulaient tomber les armes à la main.

Le colonel du 51e de ligne, M. de Lourmel, qui campait à la pointe Saint-Eustache, fut averti de la présence d'un dernier noyau d'hommes armés à peu de distance de sa position. Il détacha le 2e bataillon de

son régiment, commandant Jeannin, pour les débus-
quer. A la première barricade, Denis Dussoubs se présenta seul, sans armes. Un récent accident au bras
droit ne lui eût pas même permis d'en faire usage. Il
adressa d'une voix vibrante un appel aux soldats. On
entendait, dit M. Belouino, sa voix de tout le quartier. « Malheureux soldats! disait-il, vous devez être
« désespérés de ce qu'on vous a fait faire : venez à
« nous! »

Le commandant ému de l'accent douloureux de
Denis Dussoubs, plus encore peut-être que de ses paroles, le conjure de se retirer, de ne pas tenter une
résistance inutile. Après avoir encore harangué vainement les soldats, Denis Dussoubs remonta vers la barricade; il se retournait, poussant un dernier cri de
« vive la République! » lorsque quelques soldats, tirant sans qu'aucun ordre eût été donné (1), le tuèrent
de deux balles dans la tête. Il tomba, et expira sur-le-
champ.

Les trois premières barricades furent franchies au
pas de course par les soldats. A la quatrième, une
lutte terrible s'engagea; elle fut courte, mais san-
glante. C'est là, ont raconté les historiographes du
Coup d'État, que furent relevés le plus de cadavres
recouverts d'habits fins.

Des scènes affreuses suivirent la prise de cette bar-

(1) On a écrit à l'étranger que le commandant avait ordonné le feu.
M. Schœlcher, qui a eu des renseignements circonstanciés sur ce triste
épisode, affirme, de la manière la plus positive, que le commandant, au
contraire, aurait voulu preserver Dussoubs, et que la decharge fut faite
sans qu'aucun commandement eût ete prononce.

ricade. M. Mauduit les laisse deviner par ces paroles que nous citons textuellement :

« Le 4, dit-il, à neuf heures du soir, une colonne du 51ᵉ en-
« lève, non sans pertes, toutes les barricades que l'on venait de
« reconstruire dans les rues Montorgueil et du Petit-Carreau. Des
« fouilles sont aussitôt ordonnées chez les marchands de vin,
« une centaine de prisonniers y sont faits, ayant la plupart les
« mains encore noires de poudre, preuve évidente de leur par-
« ticipation au combat. *Comment alors ne pas appliquer à bon*
« *nombre d'entre eux les terribles prescriptions de l'état de siége ?* »
(*Révolution militaire*, p. 248.)

Ces prescriptions, M. de Saint-Arnaud les avait affi-chées dans sa proclamation du 3 : « Tout individu « pris construisant ou défendant une barricade, ou les « armes à la main, SERA FUSILLE. »

On a dit que plus de vingt des prisonniers de la rue Montorgueil furent ainsi fusillés sur-le-champ. Nous ne saurions affirmer si ce nombre est exact. Le géné-ral Magnan dit dans son rapport que *quarante* insurgés furent tués à cette barricade, mais il ne spécifie pas combien furent tués en combattant, et combien furent passés par les armes après avoir été pris. On raconte que deux des exécutés échappèrent comme par mira-cle. L'un d'eux, M. Voisin, conseiller général de la Haute-Vienne, avait été passé par les armes et laissé pour mort sur la place. Recueilli par une vieille femme, il fut conduit à l'hospice Dubois. Malgré quinze bles-sures, il fut sauvé. Au mois de mars, il était en con-valescence ; la police s'empara de lui ; il fut empri-sonné au fort d'Ivry, et plus tard déporté en Afrique.

Ces détails ont été donnés par plusieurs de ses

compagnons de captivité, qui les tenaient de sa bouche (1).

M. le docteur Deville a aussi raconté que, peu de jours avant qu'il ne fût arrêté lui-même, il avait remarqué à la Charité, dans le service de M. Velpeau, un blessé provenant de la barricade de la rue Montorgueil qui avait été fusillé, après avoir été pris, et qui survivait encore malgré onze blessures. C'était, a dit M. Deville, un homme de Rouen. Nous trouvons ailleurs, cité parmi ceux des républicains qui succombèrent en même temps que Denis Dussoubs, le nom de Paturel (de Rouen); c'est sans doute le blessé vu à la Charité par le docteur Deville.

Le lecteur comprendra que si nous insistons sur des faits de ce genre, c'est qu'il y a un réel intérêt historique à constater si l'arrêté du général Saint-Arnaud ne fut, comme on pourrait le penser, qu'une mesure comminatoire, un simple moyen d'intimidation, ou bien si cet arrêté inouï a été vraiment mis à exécution.

Or, les citations déjà faites et celles qui vont suivre n'établissent que trop la réalité des fusillades sommaires de prisonniers.

Nous ferons remarquer que les journaux ou les livres auxquels nous empruntons les extraits ci-dessous, ayant été publiés en l'absence de toute liberté de presse, le gouvernement peut être considéré comme reconnaissant lui-même la réalité des faits qui y sont énoncés.

(1) Nous empruntons ce fait à un récit de M. Schœlcher.

Le général Magnan a dit dans son rapport officiel, en parlant des barricades de la rue Beaubourg : « Tous les obstacles furent enlevés au pas de course, et ceux qui les défendaient *passés par les armes.* »

Le Moniteur parisien, du 6 décembre, a raconté le fait suivant :

« Un ancien gardien de Paris, reconnu comme ayant fait partie « de la bande des Montagnards de Sobrier et de Caussidière (en « 1848), passait aujourd'hui, vers deux heures après-midi, sur « le pont Saint-Michel, et menaçait les gardes républicains qui « étaient en sentinelle. Arrêté et conduit à la Préfecture de « police, on a trouvé sur lui des munitions de guerre et deux « poignards. Comme il opposait une vive résistance aux gardes « qui le conduisaient, persistant dans ses menaces et proférant « des cris de mort contre les agents de l'autorité, *le chef du* « *poste l'a fait fusiller par deux de ses soldats dans la rue de* « *Jérusalem.* Il avait une blessure au bras droit, et ses « mains étaient encore toutes noircies par la poudre des barri-« cades. »

Dans une liste de morts, n'appartenant pas à l'armée, dressée par les soins de M. Trébuchet, chef du bureau de la salubrité à la Préfecture de police, liste dont nous parlerons encore plus loin, on trouve six N..... avec cette mention : « INCONNUS, dont on n'a pu constater l'identité, *passés par les armes* ou trouvés morts sur les barricades. »

Le Moniteur parisien, déjà cité, dit dans un article, publié sous la rubrique, *Journée du 5 :*

« Une femme du peuple portant vingt-cinq poignards a été « arrêtée, ce soir, *et fusillée* par les soldats du 36ᵉ de ligne. »

M. Mauduit, dans son livre : *Révolution militaire* (p. 238), raconte ce fait :

« Un individu, porteur d'armes sous sa blouse, ayant été
« arrêté au moment où il voulait forcer la consigne, *fut fusillé*
« à l'entrée du Pont-Neuf, et son corps jeté dans la Seine, etc...
« Il se nommait Berger, jardinier à Passy. Il a survécu à sa bles-
« sure, et a osé protester de son innocence en disant que sa ca-
« rabine était hors de service, tandis qu'elle était chargée. »

Le même capitaine Mauduit dit, p. 240 :

« Il n'y eut rien de sérieux dans la Cité; tout s'y borna à un
« émeutier tué et à *trois individus* arrêtés, porteurs d'armes, de
« munitions, de proclamations ou de fausses nouvelles, *et qui*
« *furent passés par les armes et lancés dans la rivière.* »

La Patrie du 14 décembre a publié une lettre, signée
Vincent N..., caporal aux chasseurs, dans laquelle on
lit ce qui suit :

« A la deuxième barricade, dans une maison d'où l'on a tiré
le plus de coups de fusil, et où nous sommes entrés, nous avons
trouvé plus de trois cents insurgés. On aurait pu les passer à la
baïonnette ; mais comme le Français est toujours humain, nous
ne l'avons pas fait. Il n'y a que *ceux qui n'ont pas voulu se rendre qui* ONT ÉTÉ FUSILLÉS SUR-LE-CHAMP. Dans une chambre,
nous en avons trouvé qui demandaient pardon, en criant :
Nous n'avons rien fait, nous faisons des remèdes pour les blessés; mais ils avaient bien soin de cacher plusieurs moules et cinq
ou six cuillers ou fourchettes en plomb avec lesquelles ils fon-
daient des balles. NOUS AVONS TUÉ UN INDIVIDU qui en tombant
criait : *Ne me tuez pas, car ce serait malheureux de mourir pour
dix francs.*

« Je craignais beaucoup les émeutes à Paris; je croyais toujours que l'on se battait pour un parti ou pour l'autre, ou bien
contre des ouvriers qui demandent du travail. Mais on n'a pas
trouvé parmi *ces individus un ouvrier digne de figurer au nombre des travailleurs. Ce sont des hommes qui sont poussés par
l'argent, et qui se battent sans savoir ni pour qui, ni pourquoi.*

Ils ne cherchent qu'à piller. Les ouvriers intelligents, ainsi que les habitants, les dénoncent eux-mêmes ou les font prendre. Les habitants ne sont contents que quand ils voient la troupe garder leurs maisons.

« Nous avons passé plusieurs nuits dehors sur les boulevards, mais nous n'étions pas malheureux. Tous les habitants *vidaient leurs caves pour donner du vin aux soldats*, faisaient la soupe et donnaient du bois pour nous chauffer toute la nuit. On criait de toutes parts : *Ne les ménagez pas*, fusillez-les de suite. »

Bien que tous les détails contenus dans cette lettre ne paraissent pas dignes de foi, elle nous a semblé cependant assez caractéristique pour être reproduite.

Complétons par deux autres citations d'une portée un peu différente, mais encore dignes d'intérêt.

M. Mayer dit :

« M. le général Herbillon *faisait donner le fouet aux insurgés*
« *âgés de moins de vingt ans qu'on lui amenait, et les livrait aux*
« *sergents de ville.* »

Après quoi l'écrivain bonapartiste ajoute :

« La bénignité du fils d'Hortense (Louis-Napoléon) se com-
« muniquait, comme sa volonté absolue, aux derniers agents du
« gouvernement (1). »

M. Mauduit raconte un épisode qui fait le pendant de celui-ci :

Une compagnie de voltigeurs du 51°, postée, dit-il, rue Meslay, se chauffait avec les débris d'un omnibus qui avait servi de base à une barricade ; les roues et le timon avaient brûlé, lorsque, vers une heure après

(1) *Histoire du 2 décembre*, par P. Mayer, pages 165 et 166.

minuit, les soldats se mirent en devoir de briser la caisse de la voiture pour la jeter au feu. Un gamin en sortit, qui s'y était blotti au moment de la prise de la barricade.

« En voilà encore un! s'écrièrent les voltigeurs. Il faut le « fusiller, car certainement il a tiré sur nos frères.

« On le fouille, et, sous sa blouse, l'on découvre un pistolet « et un poignard. Les voltigeurs le conduisent au capitaine « pour prendre ses ordres, et voici le châtiment qui lui fut « infligé :

« Près de là, on avait déposé dans une maison le cadavre « d'un clairon de chasseurs à pied, tué à l'attaque des barri- « cades des Arts et Métiers. Près de ce clairon se trouvaient « également les cadavres de deux hommes du peuple.

« Tu vas *demander pardon* à ce clairon, et *à genoux*, lui dit « le capitaine. — Ce n'est pas moi qui l'ai tué, répondit le « gamin en pleurant. — Qui m'en répond? Et d'ailleurs, *tu en* « *as peut-être tué d'autres*. Ainsi, demande-lui pardon ou « sinon!..... Et le gamin se met à genoux, et demande grâce à « ce malheureux soldat. — Ce n'est pas tout. Tu vas maintenant « passer le reste de la nuit avec tes camarades et leur victime, « et, plus tard, on verra ce que l'on devra faire d'un petit « polisson de ton espèce... Et la porte est refermée sur lui. « Mais, *soit par remords*, soit par terreur de se trouver ainsi « seul dans l'obscurité, et côte à côte avec trois cadavres, le « gamin frappa bientôt violemment à la porte, en conjurant de « l'arracher *au supplice moral* qui lui était infligé.

« Le capitaine, croyant la leçon assez forte, le fit sortir et le « renvoya à ses parents. »

Il nous faut revenir maintenant aux événements qui s'étaient passés sur les boulevards Bonne-Nou- velle, Poissonnière, Montmartre et des Italiens.

De tous les épisodes des journées de décembre, il n'en est pas qui aient laissé une impression plus profonde dans les souvenirs de la population parisienne. Il n'en est pas dont on ait plus parlé dans les conversations privées, sur lesquels on ait pu recueillir plus de détails oraux ; mais en même temps, il n'en est pas sur lesquels on ait moins écrit.

Depuis quinze ans, c'est à peine si, dans les livres ou les journaux, on y a fait quelques rares allusions. Il semble que ces faits accomplis au grand jour, en plein Paris, dans les quartiers les plus beaux et les plus riches de la capitale, soient considérés comme un mystère dont la divulgation serait interdite.

Les narrateurs officieux du Coup d'État sont sobres de détails. Les uns glissent rapidement sur les faits ; les autres ne racontent que fort peu de chose, mais se livrent à d'étranges commentaires, employant, pour faire allusion à un événement qu'ils ne décrivent pas, des précautions de langage qui ne semblent justifiées par rien dans leur récit.

Nous allons chercher à dégager le vrai sur cet événement douloureux ; nous allons le faire en rapprochant les diverses indications que nous avons pu recueillir çà et là dans ce qui a été publié en France, et peut-être arriverons-nous, par une critique rationnelle de ce qui a été dit, à établir ce qui fut réellement.

Prenons d'abord le rapport du général Magnan. Le commandant en chef de l'armée de Paris fait à peine une allusion aux faits du boulevard, et encore dans des termes fort inexacts :

« Les rassemblements, dit-il, qui ont voulu essayer de se
« reformer sur les boulevards, ont été chargés par la cavalerie

« du général Reibell, qui a essuyé, à la hauteur de la rue
« Montmartre, une assez vive fusillade. »

Pas un mot de plus. Rien qui rappelle le canon, tirant à obus, sur l'hôtel Sallandrouze et sur le magasin
Billecoq, une grêle de balles s'abattant sur toutes les
façades, depuis le Gymnase jusqu'aux Bains chinois,
sur plus de huit cents mètres de boulevard !

M. Granier de Cassagnac, qui écrivait plusieurs années plus tard, a dit :

« Un *incident remarquable* avait signalé le passage de ces
« troupes sur le boulevard intérieur. Au moment où la brigade
« Reibell venait d'atteindre, sans coup férir, le boulevard Mont-
« martre, des coups de fusil, *tirés par des mains gantées*, par-
« tirent de diverses maisons. Elle s'arrêta un instant, et, aidée
« des tirailleurs d'infanterie de la brigade Canrobert, qui
« firent un feu terrible sur les fenêtres, elle ouvrit les portes
« des maisons ennemies *à coups de canon*. La leçon fut courte,
« mais sévère ; et, dès ce moment, le boulevard élégant se le
« tint pour dit (1). »

Ainsi, pour M. de Cassagnac, l'événement des boulevards n'est rien de plus qu'un « incident remarquable, » une leçon courte, mais sévère, donnée par
la troupe aux « gants jaunes » qui avaient tiré sur
elle.

On va voir que M. P. Mayer, qui écrivait au lendemain des événements, et dont l'enthousiasme napoléonien ne le cède pas à celui de M. Granier de Cassagnac, est cependant bien loin d'envisager les faits
de la même façon. Il parle de « cinquante ou soixante

(1) *Histoire de la chute de Louis-Philippe*, etc , par Granier de Cassagnac, 2ᵉ volume, p. 428 et 429.

infortunées victimes, » d'un « deuil éternel » qui
« attristera la patrie et l'humanité, » de « sang innocent et irréparable. »

Mais citons textuellement :

> « A la suite de la bataille du 4, où *des passants inoffensifs*
> « *avaient été victimes de la terrible fusillade* des brigades Rei-
> « bell et Canrobert, les plus monstrueuses exagérations cou-
> « rurent Paris et la France. On parlait de centaines, de milliers
> « même de personnes massacrées de sang-froid par des soldats
> « ivres de sang et de poudre..... Ces calomnies n'ont pas été
> « détruites, etc (1). »

Suit une analyse de la liste des morts, dressée par
M. Trébuchet, chef du bureau de la salubrité à la
Préfecture de police, liste d'après laquelle, dit
M. Mayer, le total des morts n'appartenant pas à
l'armée serait de cent quatre-vingt-onze, pas un de
plus.

Cela dit, M. Mayer continue en ces termes :

> « C'est trop, sans doute, et un deuil éternel attristera l'huma-
> « nité et la patrie au souvenir des CINQUANTE OU SOIXANTE
> « infortunées victimes du guet-apens, dans lequel tombèrent à
> « la fois les tués et les tueurs, car cette décharge meurtrière ne
> « fut qu'une riposte aux coups de feu tirés sur les soldats
> « par des gens qui comptaient bien « exploiter le massacre ; »
> « *sans doute, le sang innocent est irréparable et crie justice*
> « *dans le cœur des bons citoyens*, quand les mauvaises passions
> « crient vengeance ; mais enfin ce malheur, qui pouvait être
> « plus immense encore, n'a eu ni les proportions excessives que
> « lui prêta la malveillance, ni le caractère atroce que la déma-
> « gogie victorieuse, par exemple, n'eût pas manqué de donner
> « à son triomphe. Si quelque chose enfin pouvait *atténuer ce*

(1) *Histoire du 2 décembre*, par P. Mayer, p 167 et 168.

« *désastre*, et nous ne dirons pas consoler, mais rassurer la
« douleur publique, c'est que la conscience du gouvernement
« eut la satisfaction douloureuse *d'avoir prévu dès la veille*, et
« d'avoir tout fait, du moins, pour empêcher cette sinistre
« éventualité. La proclamation du préfet de police disait claire-
« ment à tout le monde : « N'allez pas sur les boulevards; ne
« vous mêlez pas aux attroupements, car ils seront dissipés par
« les armes et sans sommations préalables. » Il est hors de
« doute que si la troupe assaillie par tant de côtés à la fois
« n'eût pas pris le parti d'écraser instantanément et exemplaire-
« ment l'insurrection, la guerre civile durerait encore. Cela dit
« tout, et aux yeux, non pas des gens de bien qui n'ont pas
« attendu le lendemain pour se prononcer, mais des *faibles et*
« *des incertains, justifie tout* (1). »

Huit mois après l'événement, *le Moniteur universel*
publia, dans son numéro du 30 août 1852, la note
suivante qui a certainement trait aux événements du
boulevard :

« Le gouvernement ne s'émeut pas des injures. Il n'y répond
« pas; mais, lorsqu'il s'agit de faits audacieusement et outra-
« geusement défigurés, son devoir est toujours de rétablir la
« vérité.

« Le *Times*, convaincu de dénigrements prémédités, ne se
« défend que par de nouvelles calomnies. Dans son numéro du
« 28 août, il prétend qu'après le 2 décembre, 1,200 personnes
« inoffensives et sans armes ont été assassinées par des soldats
« ivres dans les rues de Paris. La réfutation d'une semblable
« calomnie se trouve dans son exagération même.

« Tout le monde le sait, le relevé officiel porte le nombre des
« personnes *tuées* pendant l'insurrection à **380**; c'est déjà trop
« sans doute. Quant aux personnes *blessées accidentellement*,
« par bonheur le nombre s'en élève à peine à **8** ou **10**.

(1) *Histoire du 2 décembre*, par P. Mayer, p. 170 et 171.

« En présence de documents positifs opposés à des assertions
« mensongères, qu'on juge de la bonne foi du journa-
« liste. »

On a déjà remarqué sans doute la contradiction
qui existe entre ce chiffre officiel de 380 tués et
le chiffre de 191 donné par M. P. Mayer, d'après les
relevés de M. Trébuchet. Il est clair que le gouvernement n'avait aucun intérêt, lorsqu'il publia cette note,
à grossir le chiffre des victimes ; nous devrions donc,
n'y eût-il même aucune autre considération, l'accepter
de préférence a celui de 191 donné par M. Mayer.
Toutefois, cette différence énorme ne diminue pas
l'autorité de la liste de M. Trébuchet. Cet employé a
constaté et enregistré ce qu'il a vu ; il a inscrit sur sa
liste les cadavres qui lui ont été présentés ; mais il n'a
pas tout vu. Les cent cinquante-trois noms relevés
sur sa liste n'en constituent pas moins un document
d'un grand intérêt, et qui nous servira utilement dans
notre recherche de la vérité sur les faits des boulevards.

La note du *Moniteur* renferme par exemple une
bien singulière assertion : « Quant aux personnes
blessées accidentellement, par bonheur, le nombre s'en
élève à peine à 8 ou 10. »

Si le mot *blessées* doit être pris au pied de la lettre,
nous ne pouvons objecter que l'invraisemblance, car
aucun relevé de personnes *blessées* n'est parvenu à
notre connaissance. Mais si, par cet euphémisme, *le
Moniteur* a voulu désigner les victimes inoffensives
tuées accidentellement, c'est autre chose. La liste de
M. Trébuchet, si incomplète qu'elle soit, fournirait la

17

preuve de l'inexactitude de l'assertion. Nous relevons
sur cette liste *neuf* noms de femmes, celui d'un enfant
de sept ans et demi, sept noms d'hommes, accompagnés de cette mention : *tué chez lui*. Enfin, sur les
153 personnes tuées dont les noms sont inscrits dans
ce relevé, près de *soixante* sont indiquées comme
étant tombées sur les boulevards Bonne-Nouvelle,
Poissonnière, Montmartre et des Italiens, et dans
quelques rues adjacentes où ne se montrèrent jamais
ni barricades, ni insurgés.

Ce chiffre se rapproche déjà sensiblement « de celui
de cinquante ou soixante infortunées victimes » dont
parle M. Mayer.

Nous en pouvons déjà conclure qu'aux yeux de cet
écrivain, les tués du boulevard étaient des personnes
inoffensives, frappées *accidentellement*.

Nous voici déjà loin et de la sèche mention faite
par le général Magnan et de la dédaigneuse allusion
de M. de Cassagnac.

Mais continuons nos citations.

M. le capitaine Mauduit, l'auteur du livre déjà cité,
Révolution militaire, a vu de ses yeux, non pas l'événement, mais le théâtre de l'événement quelques heures
plus tard. Son témoignage est précieux.

M. Mauduit était sorti, le 4 au soir, cherchant à re-
oindre son fils, officier attaché à l'état-major du général de Cotte.

« Le 4, à huit heures du soir, je me déterminai, dit-il, à m'a-
« venturer vers la Chaussée-d'Antin. Dans le passage Delorme, je
« trouvai l'un de mes anciens camarades de régiment, qui me dit :
« Vous ne pourrez traverser le boulevard, mon cher ami, *sans*

« *vous exposer à des coups de pistolet ou de lance de la part des*
« *vedettes* placées à chaque angle des rues, les boulevards sont
« *jonchés de cadavres, etc.* » (Page 254) « Je m'acheminai seul
« vers les boulevards ; de loin en loin, quelques individus attar-
« dés rentraient chez eux, mais nul curieux, nul groupe cau-
» sant sur le seuil des portes, comme c'est l'ordinaire en pa-
» reilles conjonctures, *partout un aspect lugubre !* « N'allez pas
« vers les boulevards, » me dit à voix basse un passant qui en
« revenait, et que je trouvai au milieu de la rue de la Michodière,
« *on tire sur tout ce qui traverse.* » — « Merci, monsieur, de
« votre bon conseil, » répondis-je, « mais il me faut à tout prix
« me rendre dans la Chaussée-d'Antin. Je continuai et traversai
« le boulevard à la hauteur des Bains chinois.

« Un groupe assez nombreux, mais *consterné*, était formé au
« débouché de la rue du Mont-Blanc, on y écoutait le récit d'un
« individu qui venait, disait-il, de voir rangés sur l'asphalte qui
« borde le grand dépôt d'Aubusson, *une trentaine de cadavres*
« *bien vêtus, et parmi eux celui d'une femme. Une impression de*
« *terreur dominait dans ce groupe,* et semblait paralyser tout le
« monde, car chacun se retirait en silence après avoir recueilli
« sa part des sinistres nouvelles du moment.

» J'arrivai enfin à l'hôtel de mon fils ; il n'y avait pas
« paru, etc.

« Je revins sur mes pas avec la ferme intention d'arriver jus-
« qu'à sa brigade... Mais impossible, le boulevard est partout
« intercepté, l'on ne peut même aborder une vedette pour en
« obtenir le plus léger renseignement.

« En reprenant la rue de la Michodière, un monsieur vint à
« moi et me demanda de l'accompagner. — « Que d'affreux mal-
« heurs, monsieur ! s'écria-t-il, et que de malheurs plus affreux
« encore, *si tous les honnêtes gens ne se réunissaient pour* ARRÊ-
« TER CETTE HORRIBLE BOUCHERIE *en envoyant supplier le Prési-*
« *dent de la République de renoncer à son Coup d'État,* et de
« résigner son autorité !... Demain, tout Paris sera sous les ar-
« mes et les rues couvertes de barricades. — Je n'en crois rien,
« répondis-je ; le combat a été trop vigoureusement accepté et
« soutenu par les soldats, pour laisser aux Parisiens quelques

« illusions sur l'issue d'une lutte prolongée. La population pa-
« risienne ne s'est jamais montrée crâne que devant des adver-
« saires faibles en nombre, irrésolus dans leurs plans et prêts
« à lui céder le champ de bataille; il n'en sera pas de même
« du Président de la République, ni de l'armée *qui se dévoue*
« *à l'accomplissement de son œuvre.* Demain, Paris *sera dans la*
« *stupeur,* je ne le conteste pas, mais nullement tenté de pro-
« longer la lutte. » (Pages 255, 256.)

    « La victoire restait à Napoléon... Jetons, lecteurs, jetons un
« voile funèbre sur les victimes nombreuses de nos discordes
« qui gisent çà et là depuis Tortoni jusqu'à la porte Saint-Denis,
« et parfois par groupes réunis !... (Page 257.) »

Le même écrivain décrit ainsi l'aspect des boulevards, dans la matinée du lendemain :

    « A l'entrée du faubourg Poissonnière, le boulevard offrait
« l'image du plus affreux désordre : toutes les maisons'étaient
« criblées de balles, tous les carreaux brisés, toutes les
« colonnes vespasiennes démolies et leurs débris de briques ré-
« pandus çà et là sur la chaussée ; des avant-trains d'artillerie
« brisés brûlaient encore à un feu de bivac qui, en ce moment,
« achevait de dévorer une roue. » (Page 266.)

    « Me voici sur le boulevard, que je remonte dans la direction
« de la Madeleine ; presque toutes les maisons du boulevard
« Bonne-Nouvelle, et particulièrement celles des angles des
« rues Poissonnière et Mazagran, sont criblées de balles, et peu
« de carreaux ont échappé à l'ouragan. Sur le boulevard Pois-
« sonnière, *l'on voit encore sur les marches du grand dépôt d'Au-*
« *busson une mare de sang* que l'on eût bien dû faire disparaître
« en enlevant *les vingt-cinq ou trente cadavres que l'on y avait*
« *rangés et laissés exposés,* pendant vingt-quatre heures, aux
« regards d'un public consterné. *Un coup de fusil,* parti de ce
« vaste établissement, sur la tête de la colonne du général Can-
« robert, *a causé ces malheurs.* Des maçons sont occupés à ré-
« parer les brèches faites à la façade de ce bel hôtel par la mi-
« traille et les boulets. » (Pages 273, 274.)

Il résulte bien évidemment de ces citations que le canon et la fusillade avaient été dirigés avec fureur sur les maisons du boulevard; que la chaussée était jonchée de cadavres; qu'on en voyait gisant depuis Tortoni jusqu'à la porte Saint-Denis (près d'un kilomètre de distance) parfois par groupes réunis; que vingt-cinq cadavres étaient amoncelés devant l'hôtel Sallandrouze; que plusieurs heures après, les vedettes tiraient parfois sur les passants; que la consternation était générale et profonde dans la population.

Recherchons maintenant dans quelles circonstances s'étaient accomplies ces tristes faits.

L'heure où commença la fusillade sur les boulevards a été fixée d'une manière très-précise par divers témoins. C'était trois heures. Comme on verra plus loin, la fusillade fut presque instantanée sur toute la ligne.

Or, à trois heures de l'après-midi, il y avait déjà une heure que les troupes défilaient ou stationnaient sur les boulevards, depuis la rue de la Paix jusqu'à la Porte-Saint-Denis. Depuis une heure la foule les regardait passer; les fenêtres étaient remplies de curieux; les balcons également; nul accident ne s'était produit.

La brigade du général de Bourgon avait déjà échangé plusieurs décharges avec les républicains armés aux barricades vers la porte Saint-Denis; elle avait poursuivi sa marche jusqu'au Château-d'Eau.

A la même heure, la batterie de la brigade de Cotte et le 72ᵉ de ligne de la même brigade avaient engagé la canonnade et la mousqueterie contre la barricade de la rue Saint-Denis. Le reste de la brigade de Cotte était encore sur le boulevard Bonne-Nouvelle. La brigade Canrobert était, — en majeure partie sinon tout entière, — sur les boulevards Poissonnière et Montmartre. Les gendarmes mobiles à pied étaient vers le boulevard des Italiens. La cavalerie du général Reibell suivait. A trois heures, elle était à la hauteur de la rue Lepelletier, sur le boulevard des Italiens.

On entendait en ce moment très-distinctement le canon vers les portes Saint-Denis et Saint-Martin.

Mais la foule qui était sur les trottoirs des boulevards et dans les rues adjacentes demeurait là, depuis près d'une heure, séparée des troupes par quelques pas à peine, sans qu'aucun acte d'hostilité se fût produit de part ni d'autre.

Ceci est essentiel à noter.

On n'a jamais dit qu'il y eût dans cette foule des hommes *ostensiblement* armés, ni dans ces rues la moindre barricade.

On avait crié, il est vrai, à l'arrivée des soldats : « Vive la République ! vive la Constitution ! à bas les « traîtres ! à bas les prétoriens ! » Mais ces cris hostiles persistaient-ils, lorsque déjà, depuis une heure, dix mille soldats occupaient les boulevards ? C'est, au moins très-invraisemblable.

M. P. Mayer, dans les passages cités plus haut, paraît avoir deux idées quelque peu contradictoires sur les causes qui auraient amené le désastre.

Tantôt il semble dire que l'on n'aurait fait qu'exécuter les prescriptions de M. de Maupas : « disperser « par la force, sans sommations, les stationnements

« de piétons sur la voie publique. » Tantôt il insinue
que des agents provocateurs, — républicains naturellement, — auraient fait feu sur ces soldats, rangés à
quelques pas de la foule inoffensive, pour amener une
riposte meurtrière, qui couchât sur le carreau des victimes innocentes. Cet odieux calcul aurait eu pour but
« d'exploiter le massacre. »

Nous verrons tout à l'heure si les faits permettent
d'accorder créance à une supposition aussi atroce, à
l'appui de laquelle M. Mayer ne fournit d'ailleurs aucune preuve.

On n'a pas oublié que le général Magnan a parlé
d'une « assez vive fusillade » essuyée par la cavalerie
du général Reibell, à la hauteur de la rue Montmartre,
et que M. de Cassagnac parle de son côté de coups de
feu tirés par des mains gantées.

M. Mauduit, plus explicite, dit quelque part :

« ... Je repris à la porte Saint-Martin, la ligne des boulevards
« que je suivis cette fois jusqu'à la Madeleine. La population
« habituelle de ce séjour de la flânerie conservera longtemps le
« souvenir des charges du 1er de lanciers, et saura que s'il y a du
« courage à se battre sur une barricade, l'on ne tire pas toujours
« impunément du fond d'un salon brillant et même masqué par
« la poitrine d'une jolie femme, contre une troupe armée uni-
« quement de lances et de pistolets. Plus d'un brave de cette
« espèce ont payé cher leurs injures et leurs fusillades à la Jar-
« nac ;... plus d'une amazone du boulevard a payé cher égale-
« ment son imprudente complicité à ce nouveau genre de barri-
« cades... Puissent-elles en profiter pour l'avenir !... » (*Révolution militaire*, page 278.)

En admettant pour un instant la réalité de cette
fusillade des « gants jaunes, » masqués par de « jolies

« femmes, » il est clair qu'elle ne s'applique qu'au boulevard des Italiens, sur lequel stationnait, à trois heures, la cavalerie du général Reibell. Elle n'explique nullement la fusillade terrible et la canonnade simultanée de la brigade Canrobert sur les boulevards Montmartre et Poissonnière. On a vu plus haut que le capitaine Mauduit attribuait les malheurs arrivés sur ce point, à *un* coup de fusil tiré de l'établissement des tapis d'Aubusson sur la tête de colonne du général Canrobert.

Le même écrivain explique ailleurs, d'une manière très-différente, sans coups de fusil, la charge meurtrière du 1er de lanciers sur le boulevard des Italiens. Nous lisons aux pages 217 et 218 de son livre :

« A la hauteur de la rue Taitbout, il (M. de Rochefort, colo-
« nel du 1er de lanciers) aperçut un rassemblement considérable
« tant à l'entrée de la rue, que sur l'asphalte près Tortoni ; ces
« hommes étaient tous bien vêtus. Plusieurs étaient armés. A
« sa vue retentit le cri de guerre adopté depuis deux jours :
« *Vive la République ! vive la Constitution ! à bas le dictateur !*
« A ce dernier cri, aussi rapide que l'éclair, d'un seul bond, le
« colonel de Rochefort franchit les chaises et l'asphalte, tombe
« au milieu du groupe et fait aussitôt le vide autour de lui. Les
« lanciers se précipitent à sa suite ; un de ses adjudants abat, à
« coups de sabre, deux individus... En un clin-d'œil, le rassem-
« blement fut dispersé. Tous s'enfuirent précipitamment *en lais-
« sant bon nombre d'entre eux sur la place.* Le colonel continua
« sa marche en dispersant tout ce qu'il rencontrait devant lui,
« et *une trentaine de cadavres* restèrent sur le carreau, presque
« tous couverts d'habits fins. »

Ici ce ne sont pas des coups de fusil qui ont provoqué la charge ; c'est le cri de : « A bas le dictateur ! »

M. Mauduit, il est vrai, ajoute que dans le groupe se trouvaient quelques hommes armés.

C'est fort invraisemblable. Il eût fallu être insensé pour se montrer en armes, sur l'asphalte de Tortoni. en présence des masses de troupes qui couvraient les boulevards. Quoi qu'il en soit d'ailleurs, l'historien mi-litaire ne dit pas qu'un seul coup de feu ait été tiré, et le contraire ressort de sa narration.

Passons maintenant au seul récit quelque peu cir-constancié qui ait jamais été publié en France à ce sujet. C'est tout simplement la version qu'on trouve dans les journaux de l'époque.

Il n'est pas sans intérêt de signaler qu'elle fut insé-rée, en même temps, et en des termes à peu près iden-tiques, dans *la Patrie* et dans *le Constitutionnel*, deux feuilles semi-officielles.

Nous transcrivons d'abord ce qui concerne les faits du boulevard des Italiens.

« Un malheureux incident a signalé la journée d'hier sur le « boulevard des Italiens. Voici les faits détaillés :

« Au passage du 1er de lanciers, de la brigade Reibell, et de « la gendarmerie mobile, plusieurs coups de feu sont partis « *de différentes maisons, et plusieurs lanciers ont été blessés.* Ce « régiment a riposté, et *des dégâts regrettables et naturels, mais* , « *nécessaires,* en sont résultés.

« *Les individus qui se trouvaient dans ces maisons ont été* « *plus ou moins atteints* par les coups de feu de la troupe. Les « soldats, sur l'ordre de leurs chefs, ont ensuite dû pénétrer, de « vive force, *dans plusieurs maisons,* et notamment au café de « Paris, dans la Maison d'Or, au café Tortoni, à l'hôtel de Cas-« tille, dans la maison de la *Petite Jeannette* et au café du « *Grand Balcon. Ils ont saisi des fusils dont la culasse était en-*« *core chaude.* Les individus trouvés dans ces établissements ont

« été arrêtés. Deux ouvriers tailleurs *soupçonnés* d'avoir tiré de
« la maison du tailleur Dusautoy, rue Lepelletier, 2, ont été éga-
« lement arrêtés, et *ils auraient été fusillés* sans l'intervention
« du général Lafontaine.

« Le Cercle du Commerce, qui occupe le grand balcon du
« premier étage de cette même maison, et qui se compose de
« notabilités de l'armée, de l'industrie et de l'administration,
« propriétaires, rentiers, négociants, généraux, tous hommes
« honorables, a failli être victime de son voisinage avec le tail-
« leur. Les balles des lanciers ont malheureusement atteint deux
« membres distingués de ce Cercle, le général Billiard, et
« M. Duvergier. Le premier a été blessé à l'œil droit par un
« éclat et le second plus grièvement à la cuisse gauche. »

Voilà certes des affirmations précises, qui expliquent
comment le général Magnan a pu parler de la fusillade
assez vive essuyée par la cavalerie. Elles n'ont qu'un
défaut, c'est d'être fausses, sauf ce qui concerne les
deux membres du Cercle du Commerce blessés, les
maisons fouillées de vive force, « les individus qui s'y
trouvaient plus ou moins atteints, » les dégâts regrettables causés.

La preuve de la fausseté des autres détails, des
plus importants, de ceux qui donneraient raison à
l'explication de M. Magnan et à celle de M. de Cassagnac aussi bien qu'à celle des deux journaux, se
trouve dans ces feuilles mêmes.

Le *Constitutionnel* écrivait deux jours après :

« Nous avons dit par erreur qu'un coup de feu avait été tiré
« de la maison du café de Paris... Nous nous empressons de
« rectifier cette erreur. Rien de semblable ne s'est passé au café
» de Paris... On nous fait une réclamation semblable pour la
« Maison Dorée et pour le café Tortoni. Nous nous empressons
« de l'accueillir. »

« On a désigné à tort la maison où se trouve le café du
« Grand Balcon, sur le boulevard des Italiens, comme l'un des
« points d'où l'on a tiré sur la troupe. Aucun fait de cette na-
« ture ne s'est passé dans cette maison. »

La Patrie disait à son tour :

« C'est par suite d'une erreur, bien excusable en pareil cas,
« que les ateliers de M. Dusautoy, tailleur, sur le boulevard,
« ont été l'objet d'une perquisition de la part des troupes. Les
« sentiments de M. Dusautoy comme homme d'ordre sont con-
« nus... L'erreur a été reconnue quelques instants après. »

Des rectifications du même genre furent faites concernant l'hôtel de Castille et le magasin de la *Petite
Jeannette.* Il fut donc constaté que pas un coup de feu
n'avait été tiré des maisons désignées par les journaux. Si l'on considère que ces rectifications publiques furent faites dans un moment où la presse était
soumise à une véritable et rigoureuse censure, on admettra que nous les considérions comme la constatation d'un fait positif.

Avait-on tiré sur les lanciers d'autres points que des
maisons désignées?

Si vraiment, comme l'affirmait *la Patrie*, plusieurs
soldats de ce corps avaient été blessés, la chose ne serait pas douteuse. Mais nous possédons la liste détail-
lée, régiment par régiment, des militaires tués ou
blessés dans les journées de décembre, liste officielle,
et force nous est de constater que *pas un seul lancier*
n'a été ni tué, ni même blessé.

L'historien ne peut donc s'empêcher de douter fortement qu'aucun coup de fusil ait été tiré sur cette cavalerie du général Reibell, qui jeta tant de cadavres
sur le carreau du boulevard.

Ce dont il n'est malheureusement pas possible de douter, c'est de l'effet meurtrier des charges des lanciers et de la fusillade des gendarmes mobiles. Il suffit pour être convaincu à cet égard de jeter un coup d'œil sur la liste de morts de M. Trébuchet. On y trouve les noms de *trente-trois* personnes avec l'indication qu'elles ont été tuées boulevard des Italiens ou boulevard Montmartre.

Or, répétons-le encore une fois, cette liste est très-incomplète ; elle ne contient que 153 noms, tandis que *le Moniteur* évalue à 380 le nombre des victimes ; ajoutons encore que M. Trébuchet n'indique le lieu où sont tombées les personnes inscrites sur sa liste funèbre que pour 70 ou 72 d'entre elles. Aucune indication ne permet de dire avec précision combien parmi les trois cent dix autres tués, d'après le chiffre du *Moniteur,* sont aussi tombés sur les boulevards. Si la proportion était la même pour le total général que pour ceux qui sont inscrits sur la liste de M. Trébuchet, on arriverait à un chiffre de plus de deux cents cadavres sur les boulevards Bonne-Nouvelle, Poissonnière, Montmartre et des Italiens.

Passons maintenant au récit des deux journaux semi-officiels concernant les faits du boulevard Poissonnière. C'est là surtout, comme on l'a déjà vu par diverses citations, que les boulets, la mitraille et la fusillade de l'infanterie avaient troué diverses maisons. et criblé toutes les façades.

Voici la note conçue en termes presque identiques qui parut, comme la précédente, dans *le Constitutionnel* et dans *la Patrie :*

« Sur les boulevards Montmartre et Bonne-Nouvelle, des
« coups de feu ont été également tirés sur les soldats du 72ᵉ de
« ligne, de plusieurs maisons, et en particulier d'une maison fai-
« sant face au Cercle de l'Union, et du Cercle des Etrangers,
« de la maison Tolbecque, de l'hôtel Lannes, où sont les maga-
« sins de tapis de M. Sallandrouze, et de deux autres maisons
« voisines. »

« Le colonel et le lieutenant-colonel de ce régiment ont été
« dangereusement blessés, et un capitaine-adjudant a été tué ;
« quelques soldats ont été blessés.

« Un feu de tirailleurs, appuyé d'un obusier, a été instantané-
« ment dirigé contre les maisons d'où était parti le feu. Les fenê-
« tres, les façades ont été en partie détruites. Puis des détache-
« ments sont entrés dans l'intérieur, et ont passé par les armes
« tous les individus qui s'y trouvaient cachés. Six individus, en
« blouses, qu'on a découverts derrière des tapis qu'ils avaient
« amoncelés pour éviter les balles de la troupe et tirer sur elle
« sans danger, ont été fusillés sur l'escalier de l'hôtel
« Lannes, aujourd'hui dépôt des tapis de la fabrique Sallan-
« drouze.

« Plusieurs scènes de même nature se sont passées aux
« environs du théâtre des Variétés, et la troupe a fait justice
« de ses assassins. »

Il y a dans ce récit des faussetés non moins évidentes
que dans celui que nous avons reproduit plus haut
concernant le boulevard des Italiens.

En premier lieu, des coups de feu n'ont pu être
tirés des maisons désignées sur le 72ᵉ de ligne qui était,
à trois heures, aux prises, rue Saint-Denis, avec les
républicains qui défendaient la formidable barricade
de cette rue.

C'est en lançant leurs troupes à l'assaut de cette
barricade que tombèrent le colonel et le lieutenant-
colonel du 72ᵉ de ligne.

Aucun capitaine-adjudant n'a été tué. L'état officiel des militaires tués ou blessés, que nous avons sous les yeux, ne porte qu'*un seul* officier tué, le lieutenant-colonel du 72° de ligne.

Les propriétaires des maisons désignées par les journaux protestèrent comme ceux du boulevard des Italiens, et firent rectifier les assertions émises par les deux feuilles semi-officielles. M. Beaumeyer, directeur de l'établissement Sallandrouze, affirma que pas un coup de feu n'avait été tiré de l'hôtel Lannes. Sa lettre est dans tous les journaux du temps. On ne contesta pas son affirmation. M. Billecocq, marchand de châles, dont la maison était à côté de celle de M. Sallandrouze, affirma également, — et son affirmation est d'autant moins suspecte qu'il approuvait le Coup d'État, — qu'aucun coup de fusil n'était parti de chez lui. Sa maison était cependant, comme l'hôtel Lannes, trouée par les boulets et criblée d'une grêle de balles.

Il n'est pas douteux que le feu des soldats du général Canrobert n'eût été terrible sur ce point. L'aspect des lieux le lendemain, décrit par le capitaine Mauduit, le démontre amplement. Le même écrivain a dit encore, en parlant des événements du boulevard Poissonnière :

« ... Les soldats du général de Cotte, électrisés par la fusil-
« lade qui les entoure, ouvrent aussi le feu, mais à l'aventure,
« et le continuent pendant huit ou dix minutes, malgré les
« efforts du général et de ses aides de camp pour arrêter une
« consommation aussi inutile de munitions, et qui ne pouvait
« faire que des victimes innocentes ; car, certes, aucun combat-

« tant ne dut être tenté de se montrer aux fenêtres pendant cet
« effroyable ouragan. » (*Révolution militaire*, page 218)

Le Moniteur universel a publié, quelques jours plus
tard, le récit circonstancié d'une des scènes qui se
passèrent durant l'envahissement des maisons du boulevard par les soldats :

« Un libraire, M. Lefilleul, établi depuis plusieurs années sur
« le boulevard Poissonnière, était occupé à fermer son magasin
« peu avant le drame du 4 décembre, quand un coup de pistolet
« tiré par un commis du voisinage sur un clairon de la ligne
« vint dissiper la foule qui se pressait à ses côtés et laissa pas-
« sage libre à l'insurgé pour entrer dans la boutique. Celui-ci
« était suivi de près par le clairon, qui parvint à l'étendre
« mort derrière un comptoir, mais qui tomba lui-même sur le
« cadavre. D'autres soldats, venus au secours du clairon, bles-
« sent au bas-ventre le malheureux libraire, qui n'a rien vu et
« qu'on prend pour un adversaire. Une lutte terrible s'engage
« entre M. Lefilleul et un capitaine. Le premier est deux fois
« encore blessé à la cuisse et au bras, mais le second tombe
« mort sous les coups des soldats qui cherchent à le défendre.
« M. Lefilleul, qui, malgré ses blessures, conserve encore
« ses forces et son sang-froid, profite de ce terrible moment
« pour se dégager, et sort du magasin en y laissant trois cada-
« vres. On espère sauver la vie de M. Lefilleul, honnête com-
« merçant, tout à fait étranger aux passions politiques. »

Ce récit doit être vrai quant à l'ensemble. Il contient cependant une inexactitude. Il n'est pas possible
que le capitaine dont il y est parlé ait été tué. La liste
officielle des militaires tués ou blessés ne fait mention
d'aucun capitaine tué.

Quoique les extraits que nous venons de citer fas-
sent entrevoir bien des choses, qu'on puisse déjà
saisir quelques traits du drame des boulevards, ils

sont insuffisants pour en donner une vue d'ensemble;
et si nous ne possédions pas d'autres documents,
nous devrions renoncer à présenter un récit suffisamment exact et à chercher une explication plausible de
cette triste catastrophe.

Heureusement pour l'historien qu'il existe une relation des faits des boulevards, écrite par un témoin
oculaire, placé dans les meilleures conditions pour
bien observer et raconter ensuite avec une scrupuleuse
exactitude. Ce témoin est un officier de l'armée an-
glaise, le capitaine William Jesse, qui se trouvait
logé, le 4 décembre, dans un hôtel situé au coin de la
rue Montmartre et du boulevard. De ce point, la vue
s'étend, d'un côté jusqu'à l'extrémité du boulevard
Bonne-Nouvelle. de l'autre jusqu'au boulevard des
Italiens. Le récit de M. Jesse est extrêmement précis,
touchant ce que le narrateur a vu de ses propres yeux,
extrêmement réservé pour ce qu'il ne sait que par
ouï-dire. On sera frappé du calme et du sang-froid
britanniques dont ce récit est empreint. Ce document
a d'autant plus de prix pour nous, qui recherchons
simplement la vérité, que M. le capitaine Jesse, *gent-
leman* d'une honorabilité parfaite, a, en outre, le
mérite inappréciable en pareil cas d'être absolument
étranger aux passions politiques en jeu dans ces événements. La lettre dans laquelle il retrace ce qu'il
a vu, le 4 décembre, a été insérée dans le recueil historique anglais bien connu, *l'Annual Registrar;* elle
avait paru en premier lieu dans le *Times* du 13 décembre 1851.

Nous traduisons en suivant le texte d'aussi près

que possible. Nous avons remplacé par des points quelques lignes de réflexions du capitaine Jesse, voulant nous borner à reproduire ce qui est le récit pur et simple des faits observés par lui :

« A deux heures et demie, le 4 décembre, on entendait dis-
« tinctement le canon dans la direction du faubourg Saint-
« Denis (1) ; à trois heures, je me plaçai sur le balcon où se
« tenait ma femme, et j'y restai pour regarder les troupes. Tous
« les boulevards, aussi loin que la vue pouvait porter, en étaient
» couverts; c'était surtout de l'infanterie en colonnes serrées;
« il y avait également de la cavalerie; çà et là des pièces de
« douze et des obusiers; quelques-unes de ces pièces occupaient
« le terrain élevé du boulevard Poissonnière. Les officiers fu-
« maient leurs cigares. Les fenêtres étaient remplies de monde :
« il y avait des femmes, des commerçants qui avaient tous fermé
« leurs boutiques, des domestiques, des enfants, ou, comme
« c'était le cas pour ma femme et moi, des voyageurs logés dans
« les appartements.

« *Tout à coup*, pendant que je regardais attentivement, à
« l'aide d'une lunette, les troupes placées au loin, vers l'Est, sur
« le boulevard Bonne-Nouvelle, *quelques coups de feu furent*
« *tirés près de la tête de la colonne* qui me paraissait compter
« trois mille hommes environ. La fusillade s'étendit dans l'es-
« pace de quelques secondes , et après avoir été suspendue un
« instant excessivement court, descendit le boulevard comme
« une lance de flamme ondulante. Mais les décharges étaient si

(1) C'était, comme nous le savons déjà, l'attaque de la brigade de
Cotte contre la grande barricade de la rue Saint-Denis, et peut-être
aussi celle des barricades du faubourg Saint-Martin. Il n'est pas impossible que l'avant-garde du général Canrobert, 5ᵉ bataillon de chasseurs de Vincennes, n'eût commencé cette attaque, tandis que le gros
de la brigade était encore sur les boulevards Bonne-Nouvelle et Poissonnière. Plusieurs républicains, qui ont combattu aux barricades du faubourg Saint-Martin, croient se rappeler que les chasseurs ont engagé
le feu vers deux heures et demie, sinon plus tôt. L'un des survivants
nous le répétait encore récemment.

« régulières, au début, que la pensée me vint que c'étaient des
« salves de mousqueterie tirées en réjouissance de la prise de
« quelque barricade, ou bien un signal donné à quelque autre
« division. Ce n'est que lorsque la fusillade arriva à cinquante
« mètres environ de la place où j'étais, que je reconnus le son
« perçant de la cartouche à balle. Mais alors même, j'en pouvais
« à peine croire le témoignage de mes oreilles, *car mes yeux*
« *n'apercevaient pas d'ennemis* sur lesquels ont pût faire feu.
« Je continuai à regarder jusqu'à ce que la compagnie placée
« au-dessous de moi apprêtât ses armes ; un « *vagabond* » plus
« vif que les autres, — un vrai gamin sans favoris ni mousta-
« ches, — m'avait déjà couché en joue. A l'instant même, je
« poussai ma femme, qui venait de faire un pas en arrière, con-
« tre le massif entre les deux fenêtres, et une balle frappa le
« plafond directement au-dessus de nos têtes, nous couvrant de
« plâtras et de poussière. Une seconde plus tard, je fis coucher
« ma femme sur le parquet ; une autre seconde encore, toute
« une décharge de mousqueterie frappa la façade de la maison,
« les croisées et le balcon. Une balle brisa la glace placée au-
« dessus de la cheminée, une autre le globe de la pendule,
« toutes les vitres furent cassées, à l'exception d'une seule ; les ri-
« deaux et les châssis des fenêtres déchirés ou percés. Le balcon
« de fer, quoique un peu bas, nous protégea considérablement ;
« néanmoins plusieurs balles avaient pénétré dans la chambre,
« et, pendant que les soldats rechargeaient leurs fusils, j'entraî-
« nai ma femme vers la porte, et nous nous réfugiâmes dans les
« chambres de derrière. La fusillade se fit entendre encore pen-
« dant plus d'un quart d'heure. Quelques minutes après la pre-
« mière décharge, des canons furent braqués et tirés contre le
« magasin de M. Sallandrouze, cinq maisons à notre droite.
« L'objet et l'explication de tout cela était une complète énigme
« pour tous les habitants de l'hôtel, Français ou étrangers. Les
« uns supposaient que l'armée avait pris parti pour les rouges ;
« les autres suggéraient l'idée qu'on avait dû tirer sur les soldats
« de quelques maisons du boulevard ; ce ne pouvait être cepen-
« dant de la nôtre, ni d'aucune autre du boulevard Montmartre,
« *car je l'aurais certainement vu du balcon.* En outre, si cela eût

« été vrai, les soldats, disposés comme ils l'étaient, n'auraient pas
« attendu pour riposter que la tête de colonne placée à huit cents
« mètres de distance eût commencé le feu. Je pense que cette
« fusillade de..... a dû être le résultat d'une panique; les soldats
« ont cru sans doute que les croisées étaient remplies d'ennemis
» cachés, et ils ont voulu se garantir en faisant feu les pre-
« miers....... Comme je l'ai déjà dit, les soldats firent décharges
« sur décharges, pendant un quart d'heure, sans qu'il leur ait
« été aucunement riposté (1). Beaucoup de malheureux ont été
« tués, qui étaient restés sur le boulevard, et ne pouvaient en-
« trer dans les maisons. Plusieurs personnes tombèrent près de
« notre porte. Le sang remplissait encore les creux de terre au-
« tour des arbres, le lendemain, vers midi, quand j'y passai...
. . . .

    « Signé : VILLIAM JESSE, Ingatestone Cottage (Essex). »

Après ce lumineux récit, il nous semble facile, en
le rapprochant de tout ce qui a été déjà cité, d'arriver
à une compréhension exacte de la manière dont les
faits se sont passés.

A trois heures les troupes stationnaient ou défilaient
lentement, — avec des haltes fréquentes, — sur les
boulevards. La foule qui les entourait était surtout
curieuse; mais cependant en général peu sympathique ;
des cris hostiles au Président se faisaient entendre sur
quelques points ; souvent aussi des rires moqueurs, des
lazzis à l'adresse des soldats (2) ; ceux-ci, très-excités
contre la population, s'exagérant sans doute le degré
de son hostilité, l'esprit hanté par les souvenirs de la
terrible « guerre des fenêtres » en juin, s'imaginaient

(1) Comparer ce que dit le capitaine Mauduit des efforts du général
de Cotte pour faire cesser la fusillade inutile de ses soldats sur le boulevard Bonne-Nouvelle.

(2) On a vu plus haut ce détail, donné par le capitaine Mauduit,

être sous le coup d'une aggression subite ; il est certain qu'ils supposaient les maisons garnies d'ennemis
invisibles prêts à faire feu ; ils se croyaient environnés
d'embûches ; ils étaient dans un de ces états de su-
rexcitation nerveuse où les hommes gardent difficilement leur sang-froid, et s'ils sont réunis en grandes
masses, cèdent, par un entraînement irrésistible, à de
subites impulsions, — témoin tant de terreurs pani-
ques inexplicables en apparence.

Cet état mental des soldats, massés le 4 décembre
sur les boulevards était-il aggravé par des causes
physiques, des excès de nourriture et de boissons? On
l'a dit avec tant d'insistance que le gouvernement a cru
devoir le démentir dans son organe officiel. Nous ne
pensons pas qu'on puisse contester que la troupe n'ait
été, ce jour-là, infiniment mieux soignée qu'à l'ordinaire. Mais peut-on attribuer à cette cause une influence prépondérante sur les faits du boulevard ?
Nous ne le croyons pas. Les corps de troupes sta-
tionnés sur d'autres points n'avaient pas été moins

qu'un avant-train d'artillerie brisé avait servi à alimenter les feux de
bivouac de la troupe sur le boulevard Poissonnière. Nous avions lu, dans
un écrit de M. Victor Hugo, publié à l'étranger, que cet avant-train
avait été cassé, dans une fausse manœuvre des conducteurs d'artillerie,
vers deux heures et demie, près du coin du faubourg Montmartre, à la
montée du boulevard Poissonnière, et que la foule s'était fort égayée à
leurs dépens. — « Vous voyez bien qu'ils sont soûls! » aurait crié
un ouvrier. Ce fait nous avait paru douteux; mais la coïncidence de
l'observation faite par M. Mauduit, qui a vu brûler les débris de cet
avant-train, a modifié notre sentiment. L'incident rapporté par
M. Victor Hugo doit être exact. Il n'a sans doute pas une grande signification; mais il nous paraît bon à noter, comme contribuant à établir
l'attitude de certaines portions de la foule, en présence des soldats.

bien traités, et rien de semblable n'y est survenu.

Les dispositions des troupes étant telles que nous l'avons dit, on s'explique très-naturellement ce qu'a vu M. Jesse.

Des coups de feu sont tirés vers la tête de colonne, boulevard Bonne-Nouvelle ; les premiers pelotons ripostent, criblant de balles les fenêtres ; la masse est frappée comme d'une commotion électrique. Plus de doute pour les soldats, — c'est la guerre des croisées qui commence! Et, peloton par peloton, ils font feu, les uns après les autres, sur les groupes qui stationnent, sur les spectateurs des balcons et des fenêtres, criblant de balles ces ennemis imaginaires!

Vainement la plupart des officiers, — ceci a été constaté pour un grand nombre. — essayent-ils d'arrêter cet entraînement. Pendant un quart d'heure, c'est un véritable ouragan de feu et de plomb, depuis le boulevard Bonne-Nouvelle jusqu'à celui des Italiens.

M. Mauduit a écrit quelques lignes qui confirment bien notre manière de voir ; nous les transcrivons de nouveau :

« Les soldats du général de Cotte, électrisés par la fusillade « qui les entoure, ouvrent aussi le feu, mais à l'aventure, et le « continuent pendant huit ou dix minutes, malgré les efforts du « général et de ses aides de camp pour arrêter une consomma- « tion aussi inutile de munitions, et qui ne pouvait faire que des « victimes innocentes. »

Nous avons ouï raconter aussi, mais nous ne saurions garantir le fait, qu'un officier d'artillerie se jeta à la bouche de l'obusier qui bombardait l'hôtel Sallandrouze, pour arrêter cette canonnade insensée.

Le lecteur se figure l'affreux spectacle que dut présenter le boulevard, surtout pendant les premières minutes de la catastrophe. Quand on vit descendre cette « lance de flamme ondulante, » — selon l'expression de M. Jesse, — la foule se précipita, frappée d'épouvante, vers les portes des maisons, vers les débouchés des rues adjacentes, en proie à une terreur trop légitime. La grêle des balles s'abattit, en partie, sur ces groupes effarés. On les vit se courber sous l'ouragan, tomber sur les trottoirs, sur le seuil des portes. Quelques blessés se relevaient, chancelaient, pour tomber encore.

Une des personnes atteintes, qui a survécu malgré deux graves blessures, a dit : « Il semblait que ce fût « une trombe, venant du boulevard Poissonnière, qui « tordait et brisait sur son passage les hommes et « même les arbustes plantés le long des boulevards. » La personne dont nous rapportons les paroles était à quelques pas des Variétés, en face de la maison portant alors le n° 5 du boulevard Montmartre ; elle tomba pêle et mêle, avec un groupe de six ou huit autres, dont trois n'étaient plus que des cadavres.

Beaucoup aussi furent frappés, aux fenêtres, et dans l'intérieur des appartements par les balles qui ricochaient contre les murs.

Mais ne nous appesantissons pas davantage sur ce lamentable tableau.

Après ce quart d'heure ou ces vingt minutes de tempête de coups de fusil, ceux des officiers qui avaient tenté d'arrêter le désastre redevinrent à peu près maîtres de leurs soldats. La majeure partie des troupes d'infanterie de la brigade Canrobert défilèrent vers le faubourg Saint-Martin. Il ne demeura sur les boulevards que les lanciers du général Reibell et, semble-t-il, la gendarmerie mobile.

Des coups de fusil isolés retentirent longtemps encore. Ce triste fait que n'expliquent plus l'entraînement fébrile et la panique n'est que trop bien établi.

Rappelons quelques phrases d'un extrait cité plus haut du capitaine Mauduit, l'écrivain militaire si dévoué à la cause napoléonienne :

« Vous ne pouvez traverser le boulevard, lui disait, plusieurs
« heures après, un ancien officier, son camarade de régiment,
« sans vous exposer à des coups de pistolet ou de lance de la
« part des vedettes, placées à chaque angle des rues ; les boule-
« vards sont jonchés de cadavres. »

Un passant que M. Mauduit rencontrait un peu plus loin lui disait à voix basse :

« N'allez pas sur les boulevards, on tire sur tout ce qui
« traverse. »

L'honorable M. Jules Simon, aujourd'hui député de l'opposition, pour le département de la Seine, écrivait peu après à un journal de province une lettre qui fut insérée, et dans laquelle se trouvent ces détails :

« Rue Montmartre, vers quatre heures, on a tiré sur un
« groupe inoffensif, sans armes, ne criant pas. Un homme
« tombe, nous le relevons, il n'était que blessé ! A trois pas de là,
« un autre était mort. Une femme avait le bras cassé par une
« balle. Je retourne rue de Richelieu, je vois un soldat ajuster
« et tirer sur une fenêtre, etc. »

Nous n'avons plus, quant aux faits des boulevards, à examiner qu'une seule question. Comment la fusillade commença-t-elle à la tête de colonne?

On a vu qu'elle s'étendit des troupes placées vers le boulevard Bonne-Nouvelle jusqu'à celles qui occupaient le boulevard des Italiens, comme si l'on eût mis le feu à une traînée de poudre.

Il nous semble infiniment probable qu'un ou plusieurs coups de feu durent être tirés, contre les premiers pelotons de la colonne du général Canrobert.

Le Moniteur, dans le récit du drame accompli chez le libraire Lefilleul, parle d'un coup de pistolet tiré par un commis sur un clairon de la ligne. On a parlé également de coups de fusil qui seraient partis des hautes fenêtres de deux maisons situées sur le côté méridional du boulevard Bonne-Nouvelle, entre le poste en face du Gymnase et le coin de la rue de Cléry. Ces assertions n'ont rien de commun avec le conte, édité par les journaux, sur la fusillade partie des croisées du boulevard Poissonnière, notamment de l'hôtel Sallandrouze, invention dont ces journaux eux-mêmes ont reconnu la fausseté.

Le lecteur remarquera que moins d'une heure avant on s'était battu sur ce point. La brigade de Bourgon avait tiraillé quelque temps avec les républicains, postés aux barricades, en deçà de la porte Saint-Denis.

On se battait encore à trois heures et très-vivement dans des rues peu distantes de cette portion du boulevard Bonne-Nouvelle.

Sur ce point, la troupe était déjà, pour ainsi dire, en pays ennemi.

Il y a donc de fortes présomptions de croire que quelques-uns de ces coups de fusil isolés, entendus *tout à coup*, si distinctement, par le capitaine Jesse, vers la tête de la colonne, avaient été tirés par des insurgés, peut-être par quelques-uns de ceux qui s'étaient déjà battus au même endroit contre la brigade de Bourgon.

Telle serait, nous semble-t-il, la cause occasionnelle de cette panique, — l'expression nous paraît applicable, bien que ce ne soit pas le sens le plus ordinaire du mot, — de cette panique, disons-nous, qui se propageant instantanément dans la masse des troupes échelonnées sur près d'un quart de lieue en arrière, causa de si affreux malheurs.

C'est du moins, — jusqu'a preuve du contraire et révélation de faits inconnus à présent, — la seule explication plausible que nous puissions admettre (1).

L'impression produite dans Paris par ce fatal événement fut immense, au-dessus de tout ce qu'on peut imaginer.

La nouvelle s'en répandit rapidement, grossie par la rumeur publique. L'indicible épouvante de ceux qui avaient échappé se transmit aux masses et les glaça.

---

(1) Le lecteur sera peut-être surpris de voir que nous n'apprécions pas, au point de vue moral et justicier, cet evenement lugubre, sans exemple dans l'histoire de nos modernes luttes civiles ; il sera peut-être surpris aussi de ce que nous ne recherchions pas sur qui en retombe la responsabilite. Nous lui rappellerons que nous nous sommes volontairement circonscrit dans les etroites limites d'une simple narration des faits. Nous ne voulons pas, — et le voudrions-nous, — que nous ne pourrions pas faire d'avantage. Le temps de juger ce que nous racontons n'est pas encore venu.

Ce furent, dès le soir, une stupeur, une prostration universelles.

Un témoin, peu suspect d'exagérations en ce sens, le capitaine Mauduit, dont l'enthousiasme bonapartiste est sans bornes, a constaté cette impression.

Nous avons déjà cité quelques passages de son livre qui confirment ce que nous avançons ; nous allons les compléter par d'autres extraits :

« Dès sept heures du matin, le lendemain 5, je recommençai
» mes pérégrinations historiques. Peu d'habitants s'étaient en-
« core hasardés à sortir. L'aspect du quai, depuis l'Hôtel-de-
« Ville jusqu'aux Champs-Elysées, était *sombre*. Les quelques
« passants que je rencontrais *portaient sur leurs traits l'em-*
« *preinte de l'inquiétude, quelques-uns même de la stupéfac-*
« *tion.* » (*Révolution militaire*, page 261.)

« Au débouché de toutes les rues et jusqu'à la Bastille se
« trouvait un peloton de cuirassiers ayant tous des vedettes
« ambulantes, le sabre pendant à la dragonne et le pistolet au
« poing. Les abords de Tortoni et de la Maison Dorée étaient
« occupés par les mêmes groupes que les deux jours précédents et
« presque aussi compactes, mais les figures y étaient sombres et
« généralement silencieuses, et non provocatrices comme la veille.
« La colère s'était concentrée, mais non calmée (p. 264).

« Une expression de stupeur se fait remarquer sur toutes les
« figures. On ne s'aborde qu'avec hésitation et pour se demander
« avec inquiétude : Comment cela finira-t-il ? Peu de figures ne
« sont pas au moins soucieuses ; quelques-unes peignent la co-
« lère et la rage concentrées, et s'expriment à mi-voix ou ne
« respirent que la haine et la vengeance !... contre le président,
« contre les généraux et la graine d'épinards (p. 273, 274). »

Le Moniteur parisien, journal semi-officiel, disait aussi en parlant de cette journée du lendemain, 5 décembre :

« Les magasins et les maisons sont restés fermés toute la
« journée sur la ligne des boulevards, qui continuent à être oc-
« cupés militairement par la brigade des généraux Reibell et
« Marulaz. La circulation est interdite. De mémoire d'hommes
« les boulevards *n'eurent jamais un aspect si lugubre.* »

Le mouvement révolutionnaire, qui se prononçait
dans la première moitié de la journée du 4 avec tant
de force qu'il semblait devoir entraîner la ville entière, était donc brisé.

La bataille livrée dans les vieilles rues des quartiers
du centre avait écrasé l'élite des hommes d'action du
parti républicain. La moitié, sinon plus, de ceux qui
avaient combattu, étaient tués, blessés ou pris.

La catastrophe des boulevards, frappant la ville
d'un indicible sentiment de terreur, avait fait le
reste.

Les survivants des barricades et les représentants du
peuple qui essayèrent, le 5 au matin, de recommencer
l'agitation, se heurtèrent à une population glacée d'é-
pouvante. Quelques barricades élevées sur la rive
gauche de la Seine, à la Croix-Rouge, sur la rive droite
en quelques points des faubourgs, notamment barrière
Rochechouart, furent abandonnées sans combat à l'ap
proche des troupes.

« Les insurgés, dit le général Magnan, dans son rapport offi-
« ciel, *atterrés* par le résultat de la journée du 4, n'osèrent plus
« défendre leurs retranchements. »

Une foule morne et silencieuse s'amassa, pendant
toute cette journée du 5, devant les barreaux de la
cité Bergère, au faubourg Montmartre.

Un grand nombre de cadavres, — 35 disent les uns, 60 disent les autres, — avaient été rangés dans le passage. C'étaient des malheureux tombés la veille sur les boulevards. La plupart portaient le costume de la bourgeoisie. Il y avait deux ou trois femmes.

On transféra plus tard ceux-là ou d'autres, — nous ne savons pas au juste, — au cimetière du Nord. Ils y restèrent quelque temps, à demi-ensevelis, la tête à découvert, pour qu'ils pussent être reconnus par les familles.

Quel fut le nombre des victimes dans ces journées des 3 et 4 décembre?

Les déclarations officielles et officieuses ne donnent que peu de lumières sur ce point, sauf en ce qui concerne l'armée.

M. Granier de Cassagnac (2e vol. p. 433), dit **175** morts et **115** blessés; il emprunte ce chiffre à un rapport du préfet de police.

M. Mayer (p. 169) donne un chiffre différent, d'après les évaluations de M. Trébuchet, lequel, dit-il, a pu jurer devant Dieu et les hommes que son compte était exact. Ce chiffre, c'est **191** tués et **87** blessés.

Il est à peine besoin de faire remarquer l'invraisemblance colossale de ce dernier chiffre.

Le Moniteur du 30 août 1852, déjà cité, a donné comme résultant des constatations officielles le chiffre de 380 tués.

Il est fâcheux que *le Moniteur* n'ait pas jugé à propos de dire sur quels documents il se basait pour démentir ainsi les chiffres de **175** du préfet de police et de **191** du chef de bureau de la salubrité.

En présence de telles contradictions, l'historien doit s'abstenir s'il ne possède pas d'autres sources authentiques d'évaluation. Tout ce que nous pouvons dire, c'est que le chiffre de 380 nous paraît encore bien faible, en présence des indices graves que nous recueillons de divers côtés. Mais il n'y a pas lieu d'insister à ce sujet.

En ce qui touche l'armée, les chiffres officiels publiés n'ont jamais été contestés. Il y a eu, les 3 et 4 décembre, 1 officier et 23 soldats tués, plus 3 autres soldats morts ultérieurement de leurs blessures, soit, en tout, 27 *militaires tués*. Ce chiffre, rapproché des 380 *tués* non militaires, avoué par *le Moniteur*, n'est pas fait pour affaiblir l'opinion de ceux qui pensent que les malheureuses victimes des boulevards durent être en nombre bien supérieur à celui des combattants tués sur les barricades.

Le nombre des militaires blessés fut considérable, proportionnellement à celui des morts. Il atteignit le chiffre de 181 dont 17 *officiers*.

Nous ferons une dernière remarque sur ces pertes subies par l'armée. Si l'on en défalque les 7 à 8 hommes mis hors de combat dans les escarmouches du 3 décembre, les 4 ou 5 autres qui paraissent avoir été blessés par les balles de leurs camarades sur le boulevard Bonne-Nouvelle, il est constant que plus de 190 hommes ont été mis hors de combat à l'attaque des barricades, dans l'après-midi du 4 décembre. Si l'on considère que les troupes débutèrent toujours (voir le rapport du général Magnan) par battre en brèche, à coups de canon, les retranchements improvisés des républicains

avant de les assaillir de près ; que le nombre des défenseurs des barricades ne dépassa pas 1,000 ou
1,200 hommes, plus ou moins bien armés, on recon-
naîtra que ce total d'environ 200 militaires tués ou
blessés, — chiffre considérable, eu égard au petit nombre de combattants républicains — est une preuve ir-
récusable de l'énergique résistance de ces derniers.

CONCLUSION

Nous pourrions arrêter ici cette étude sur le Coup d'État du 2 décembre à Paris.

Dès le 5, le triomphe de Louis-Napoléon était assuré; la Constitution républicaine de 1848 n'était plus qu'un souvenir.

Nous résumerons néanmoins brièvement les faits accomplis entre ce jour et celui où fut proclamé le résultat du plébiscite du 20 décembre.

Le Moniteur du 5 publia un décret, signé la veille, spécifiant que le vote sur l'appel au peuple aurait lieu à la commune, par scrutin secret et non par vote sur registre public, comme il avait été indiqué dans la proclamation du 2, en souvenir sans doute du mode de votation adopté en 1804 par Napoléon Ier.

L'armée avait néanmoins voté de la sorte dans les quarante-huit heures. On avait fait l'appel, et officiers, sous-officiers et soldats avaient successivement signé sur un registre leur *oui* ou leur *non*.

Le résultat avait été : 303,290 *oui* et 37,359 *non*; 3,626 électeurs militaires s'étaient abstenus. Pour l'armée de mer le relevé fournissait : 15,979 *oui*, et 5,128 *non*; 486 marins s'étaient abstenus.

Le 8 décembre parut une proclamation de Louis-Napoléon au peuple français. Le Président se félicitait de l'apaisement des troubles, conviait les citoyens à voter et remerciait en particulier les ouvriers parisiens du bon esprit dont ils avaient fait preuve.

Signalons un trait saillant de cette proclamation : le nom de la République n'y était pas prononcé.

Le même jour était signé un décret non abrogé encore aujourd'hui donnant à l'administration la faculté de déporter à Cayenne, par mesure de sûreté publique, c'est-à-dire sans jugement, les anciens condamnés en rupture de ban et les *individus reconnus coupables d'avoir fait partie d'une société secrète.*

Pendant ces mêmes journées, et presque sans interruption jusqu'au mois suivant, des arrestations innombrables furent opérées dans Paris. En moins de huit jours les prisons et les forts détachés de l'enceinte fortifiée furent encombrés de prisonniers. Le nombre en dépassa plusieurs milliers. A de très-rares exceptions près, ils appartenaient tous aux diverses nuances du parti républicain. Le contingent de la bourgeoisie parisienne dans ce nombre de captifs fut énorme, hors de proportion avec tout ce qui avait été vu depuis le commencement du siècle. Les ouvriers cependant étaient en majorité. Il y avait, a dit quelqu'un, un habit pour chaque blouse. C'est à peu près la vérité, mais non d'une exactitude absolue.

Par contre, les représentants de la droite, incarcérés le 2, furent mis en liberté à peu près tous.

Les seuls d'entre eux qui furent frappés appartenaient au parti orléaniste. Un décret exila momentanément, avec les généraux Bedeau, Changarnier, Lamoricière et Leflô, MM. Duvergier de Hauranne, Creton, Baze, Thiers, Chambolle, Rémusat et Jules de Lasteyrie.

Ce décret n'a été publié que postérieurement au

20 décembre, mais il rentre dans notre sujet comme conséquence immédiate du Coup d'État.

Les représentants républicains furent frappés en grand nombre.

Cinq d'entre eux furent, par décret, désignés pour la transportation à Cayenne : c'étaient MM. Marc-Dufraisse, Greppo, Mathé, Miot et Richardet.

Il faut dire que cependant M. Miot seul fut déporté en Afrique et non à Cayenne. M. Mathé avait réussi à s'évader, et MM. Dufraisse, Greppo et Richardet reçurent un ordre d'exil, au moment où ils s'attendaient à partir pour la Guyane. On a dit,—mais nous ignorons si la chose est exacte, — que cette commutation de peine fut décrétée à la sollicitation de Mme George Sand. Ce qui est certain, c'est que les représentants avaient absolument ignoré que cette démarche ou toute autre eût été faite en leur faveur.

En même temps que pour MM. Dufraisse, Mathé et Richardet, un ordre d'exil commua la peine d'un certain nombre de républicains de Paris et d'un département voisin, le Loiret, qui étaient déjà, en rade de Brest, à bord du navire qui devait les transporter à Cayenne. Parmi eux se trouvaient l'ancien représentant à la Constituante, Xavier Durrieu, deux membres de la Législative, Michot-Boutet et Martin, représentants du Loiret ; un ancien préfet, ancien membre de la Constituante, M. Pereira, d'Orléans ; des hommes de lettres bien connus, le fabuliste Lachambeaudie, Hippolyte Magen, Kesler, journalistes ; un des agrégés les plus distingués de la Faculté de médecine de Paris, le doc-

teur Deville, fils du représentant des Hautes-Pyré-
nées, etc.

Six représentants républicains furent frappés
d'exil provisoire par le même décret que les généraux Bedeau, Changarnier, etc. C'étaient MM. Pascal
Duprat, Victor Chauffour, général Leydet, Edgard
Quinet, Antony Thouret et Versigny. M. Émile de Girardin était frappé en même temps que ses collègues
républicains avec lesquels il avait d'ailleurs fait cause
commune depuis quelque temps.

Soixante-six autres représentants, tous républicains,
furent exilés, par décret spécial. Voici leurs noms,
dans l'ordre adopté par *le Moniteur* :

Edmond Valentin, Paul Racouchot, Agricol Perdi-
guier, Eugène Cholat, Louis Latrade, Michel Renaud
(des Basses-Pyrénées), Joseph Benoît (du Rhône), Joseph Burgard, Jean Colfavru, Joseph Faure (du Rhône),
Pierre-Charles Gambon, Charles Lagrange, Martin Nadaud, Barthélemy Terrier, Victor Hugo, Cassal, Signard, Viguier, Charrassin, Bandsept, Savoye, Joly,
Combier, Boysset, Duché, Ennery, Guilgot, Hochstuhl,
Michot-Boutet, Baune, Bertholon, Schœlcher, de Flotte,
Joigneaux, Laboulaye, Bruys, Esquiros, Madier-Montjau, Noël Parfait, Émile Pean, Pelletier, Raspail, Théodore Bac, Bancel, Belin (Drôme), Besse, Bourzat, Brives, Chavoix, Dulac, Dupont (de Bussac), Gaston Dussoubs, Guiter, Lafon, Lamarque, Pierre Lefranc, Jules
Leroux, Francisque Maigne, Malardier, Mathieu (de la
Drôme), Millotte, Roselli-Mollet, Charras, Saint-Fer-
réol, Sommier, Testelin (Nord).

L'article 2 du décret, signé Louis-Napoléon, contresigné de Morny, menaçait les *individus* (textuel) ci-dessus nommés de la déportation s'ils rentraient sur le territoire français.

C'est vers la fin de décembre que furent organisées, par circulaire ministérielle, les fameuses *commissions mixtes*. On les a parfois comparées aux cours prévôtales de la Restauration; cette assimilation n'est pas exacte selon nous. Les cours prévôtales furent des sortes de conseils de guerre, jugeant sommairement, mais enfin *jugeant*, admettant le débat contradictoire et la défense en audience publique. Les commissions mixtes de 1852 ont décidé sans procédure, sans audition de témoins, sans débats contradictoires, sans défense des prévenus, sans jugement public, du sort de milliers et de milliers de républicains. L'échelle des peines prononcées (en secret) par ces commissions était graduée depuis la surveillance de la haute police jusqu'à la déportation à Cayenne.

Pendant la première quinzaine de décembre, *le Moniteur* publia souvent des décrets mettant en état de siége divers départements où se produisaient des résistances au Coup d'État. Le nombre des départements placés sous le régime militaire dépassait, au 20 décembre, le chiffre de trente, plus du tiers de la France.

Trois commissaires extraordinaires avaient été envoyés, investis de pleins pouvoirs: M. Carlier, l'ex-préfet de police, dans l'Allier, le Cher, la Nièvre et l'Yonne; M. Maurice Duval dans les départements de l'Ouest (Bretagne et Vendée); M. Bérard, dans la

Somme. Leur mission fut très-courte. Ils furent rappe-
lés au bout de huit jours.

Les décrets se succédaient rapidement au *Moniteur*,
ainsi que les instructions ministérielles. C'est vers le
milieu de décembre que fut rendu celui qui plaçait
l'industrie de maître d'hôtel, cabaretier ou cafetier
sous le régime de l'autorisation préalable.

L'armée, comme il était naturel, fut largement ré-
compensée. Les décorations et les promotions furent
nombreuses. Les journées de décembre furent comp-
tées comme *campagnes* à tous les militaires dont les
régiments avaient concouru à réprimer les résistances
au Coup d'État, à Paris ou en province.

Le clergé catholique fut comblé de prévenances et de
faveurs. Il y répondit par une adhésion au Coup d'État
dont l'unanimité et l'enthousiasme rappelaient celui
dont il avait fait preuve après le **24** février, quand il
bénissait les arbres de la liberté et prêchait l'al-
liance de l'Évangile et de la démocratie. Les causes
étaient bien différentes, mais l'enthousiasme du clergé
catholique était resté le même.

Un décret avait, dès les premiers jours, transformé
le Panthéon en église de Sainte-Geneviève.

On peut lire parmi les documents officiels de cette
période telle circulaire de M. de Morny, touchant l'observation du repos prescrit par l'Église dans le saint
jour du dimanche, qui respire la piété et la ferveur
catholiques les plus parfaites.

Nous avons dit comment, le 2 décembre, au matin,
des mesures avaient été prises pour empêcher la presse
indépendante de continuer sa publication. Ces mesures

furent régularisées quelques jours plus tard. Beaucoup de journaux furent définitivement supprimés. Le seul journal républicain important qui put reprendre sa publication, *le Siècle*, fut condamné à n'enregistrer longtemps que des nouvelles diverses et des documents officiels. Il lui fut interdit non-seulement de discuter les conditions dans lesquelles allait s'ouvrir le scrutin populaire, d'exposer les raisons qui devaient faire voter dans tel ou tel sens, mais il ne put même pas inscrire en têtes de ses colonnes : « Nous votons *non*. » Il en fut de même de tous les organes de la presse indépendante. M. P. Mayer a dit le mot vrai en ce qui concerne la situation de la presse après le 2 décembre : « *Le Moniteur*, dit-il, parla donc, et dans le *silence unanime de l'ancienne presse, morte* elle aussi du Coup d'État, le journal officiel devint, etc... » '

Le scrutin pour le plébiscite s'ouvrit. Les opérations s'accomplirent généralement au milieu du plus grand calme matériel.

Le résultat donna **7,439,216** *oui*, et **640,737** *non*.

Les bulletins nuls furent au nombre de **36,880**.

Le relevé officiel ne donne pas le chiffre des abstentions. Mais on peut le déduire de ce fait que les listes électorales de 1849, qui furent prises comme base pour l'inscription après le 2 décembre, portaient le chiffre des électeurs à **9,618,057**. Il y aurait donc eu environ **1,500,000** abstentions.

Nous devons, pour compléter le récit du Coup d'état à Paris, donner le résultat du scrutin dans la capitale.

Le nombre des électeurs inscrits dans les douze arrondissements de Paris était de 291,795.

Le nombre des votants fut de 216,693.

Les votes émis se répartirent comme suit :

Oui : 132,981.

Non : 80,691.

Bulletins nuls : 3,021.

Il y avait eu 75,102 abstentions. Le nombre des oui était demeuré inférieur à la moitié du chiffre des électeurs inscrits.

Le résultat général du plébiscite fut présenté solennellement le 31 décembre à Louis-Napoléon par la Commission consultative chargée du recensement des votes. Deux discours furent prononcés à cette occasion, le premier par M. Baroche, le deuxième par Louis-Napoléon. Nous allons les reproduire textuellement, d'après le Moniteur. Ils sont la conclusion naturelle d'un récit du Coup d'État.

M. Baroche, après avoir remis au Président un extrait du registre de la Commission consultative qui établissait les résultats du plébiscite tels qu'ils sont donnés ci-dessus, prit la parole en ces termes :

« Monsieur le Président,

« En faisant appel au peuple français par votre proclamation du 2 décembre vous avez dit :

« Je ne veux plus d'un pouvoir qui est impuissant à faire le « bien et m'enchaîne au gouvernail quand je vois le vaisseau « courir vers l'abîme. Si vous avez confiance en moi, donnez-« moi les moyens d'accomplir la grande mission que je tiens de « vous. »

« A cet appel loyal fait à sa conscience et à sa souveraineté,

la nation a répondu par une immense acclamation, par plus de
sept millions quatre cent cinquante mille suffrages.

« Oui, *Prince*, la France a confiance en vous! elle a confiance
en votre courage, en votre haute raison, en votre amour pour
elle! et le témoignage qu'elle vient de vous en donner est d'autant plus glorieux qu'il est rendu après trois années d'un gouvernement dont il consacre ainsi la sagesse et le patriotisme.

« L'élu du 10 décembre 1848 s'est-il montré digne du mandat que le peuple lui avait conféré? A-t-il bien compris la mission qu'il avait reçue?

« Qu'on le demande aux sept millions de voix qui viennent
de confirmer ce mandat, en y ajoutant une mission et plus grande
et plus belle?

« Jamais dans aucun pays la volonté nationale s'est-elle aussi
solennellement manifestée? jamais gouvernement obtint-il un
assentiment pareil, eut-il une base plus large, une origine plus
légitime et plus digne du respect des peuples! (Murmures d'approbation.)

« Prenez possession, *Prince*, de ce pouvoir qui vous est si
glorieusement déféré.

« Usez-en pour développer par de sages institutions les bases
fondamentales que le peuple lui-même a consacrées par ses
votes.

« Rétablissez en France le principe d'autorité, trop ébranlé
depuis soixante ans par nos continuelles agitations.

« Combattez sans relâche ces passions anarchiques qui atta-
quent la société jusque dans ses fondements.

« Ce ne sont plus seulement des théories odieuses que vous
avez à poursuivre et à réprimer; elles se sont traduites en faits,
en horribles attentats.

« Que la France soit enfin délivrée de ces hommes toujours
prêts pour le meurtre et le pillage, de ces hommes qui, au dix-
neuvième siècle, font horreur à la civilisation et semblent, en
réveillant les plus tristes souvenirs, nous reporter à cinq cents
ans en arrière. (Vif assentiment.)

« *Prince*, le 2 décembre vous avez pris pour symbole : *la
France régénérée par la révolution de* 1789 *et organisée par l'Em-*

pereur, c'est-à-dire une liberté sage et bien réglée, une autorité forte et respectée de tous.

« Que votre sagesse et votre patriotisme réalisent cette noble pensée. Rendez à ce pays si riche, si plein de vie et d'avenir les plus grands de tous les biens : l'ordre, la stabilité, la confiance. Comprimez avec énergie l'esprit d'anarchie et de révolte.

« Vous aurez ainsi sauvé la France, préservé l'Europe entière d'un immense péril et ajouté à la gloire de votre nom une nouvelle et impérissable gloire. »

(Ces paroles sont suivies de marques unanimes et significatives d'approbation.)

Louis-Napoléon a pris ensuite la parole :

« Messieurs,

« La France a répondu à l'appel loyal que je lui avais fait. Elle a compris que *je n'étais sorti de la légalité que pour rentrer dans le droit.* Plus de sept millions de suffrages *viennent de m'absoudre* en justifiant un acte qui n'avait d'autre but que d'épargner à la France et à l'Europe peut-être des années de troubles et de malheurs. (Vives marques d'assentiment.)

« Je vous remercie d'avoir constaté officiellement combien cette manifestation était nationale et spontanée.

« Si je me félicite de cette immense adhésion, ce n'est pas par orgueil, mais parce qu'elle me donne la force de parler et d'agir ainsi qu'il convient au chef d'une grande nation comme la nôtre. (Bravos répétés.)

« Je comprends toute la grandeur de ma mission nouvelle, je ne m'abuse pas sur ses graves difficultés. Mais avec un cœur droit, avec le concours de tous les hommes de bien qui, ainsi que vous, m'éclaireront de leurs lumières et me soutiendront de leur patriotisme, avec le dévouement éprouvé de notre vaillante armée, enfin avec cette protection que demain je prierai solennellement le Ciel de m'accorder encore (sensation prolongée), j'espère me rendre digne de la confiance que le peuple continue de mettre en moi. (Vive approbation.) J'espère assurer les destinées de la France en fondant des institutions qui répondent à la fois et aux instincts

démocratiques de la nation et à ce désir exprimé universelle-
ment d'avoir désormais un pouvoir fort et respecté. (Adhésion
chaleureuse.) En effet, donner satisfaction aux exigences du moment en créant un système qui constitue l'autorité sans blesser
l'égalité, sans fermer aucune voie d'amélioration, c'est jeter les
véritables bases du seul édifice capable de supporter plus tard
une liberté sage et bienfaisante (1). »

(Des cris de : *Vive Napoléon! vive le Président!* se font entendre... etc.)

(1) Le lecteur curieux de rapprochements piquants et instructifs n'a
qu'à se reporter au chapitre Ier de ce livre : il y trouvera des manifestes,
lettres et discours utiles à relire apres celui-ci.

APPENDICE

Liste d'un certain nombre des personnes non militaires, tuées les 3 et 4 décembre, dressée par M. Trébuchet, chef du bureau de la salubrité à la Préfecture de police.

ADDE, libraire, boulevard Poissonnière, 17 ; tue chez lui.

AVENEL, allumeur de gaz ; tué boulevard Montmartre.

BOYER, pharmacien, rue Lepelletier, 9 ; tué boulevard des Italiens.

BOYER, cocher, rue Grange-aux-Belles, 15 ; tue boulevard des Italiens.

BERTAUX, garçon marchand de vins, rue Grenéta, 4 ; tué boulevard des Italiens.

BIDOIS, employé, rue Notre-Dame-de-Nazareth ; tué boulevard des Italiens.

BRUN, négociant, place du Châtelet, 6 ; tué boulevard des Italiens.

BACFORT, cordonnier, rue de la Verrerie, 5 ; mort à l'Hôtel-Dieu.

BOULET-DESBARREAUX, clerc d'huissier ; tué boulevard Montmartre.

BAUDIN, ex-représentant, rue de Clichy, 88 ; tue faubourg Saint-Antoine.

BASTARD, cuisinier ; à la Morgue.

BEAUFOND, tailleur ; à la Morgue.

BOURSIER, enfant de sept ans et demi, fils d'un conducteur aux Messageries ; tue rue Tiquetonne.

BELVAL, ébéniste, rue de la Lune, 10 ; tué chez'lui.

BOR, ferblantier ; à la Morgue.

BRICAUT, commis ; à la Morgue.

BOQUIN, menuisier, aux Batignolles ; tué boulevard Montmartre.

BUCHOLTZ, tailleur, rue Pagevin, 5 ; tué rue Pagevin.

COLET, carrossier, rue de Varenne, 80 ; tue boulevard Poissonnière.

CARPENTIER, clerc d'avoué, faubourg Saint-Martin ; tué boulevard Montmartre.

COIGNIÈRE, carrossier, rue Croix-des-Petits-Champs, 5 ; tué boulevard Montmartre.

CLARET, peintre, rue Beauregard, 17 ; tué boulevard Saint-Denis.

CHAUDRON, gantier, passage du Grand-Cerf ; tué boulevard Saint-Denis.

CAMBIASO, sans profession, rue Louis-le-Grand, 24 ; mort à la Charité.

COQUARD, propriétaire, à Vire (Calvados) ; tué boulevard Montmartre.

CHARPENTIER DE BELCOURT, négociant, faubourg Montmartre, 5; tué boulevard Montmartre.

CASTRIQUE, peintre; à la Morgue.

COCHEU, marchand de journaux; à la Morgue.

COINTIN, bourrelier; à la Morgue.

CLAIRE, boucher, barrière du Roule, 21; mort à la Charité.

CARREL, tourneur, rue du Vertbois, 41; tué boulevard Montmartre.

CASSÉ, employé, rue Saint-Magloire, 3; mort à l'Hôtel-Dieu.

CHAUSSARD, domestique, tué boulevard Montmartre.

DEBEAUCHAMP, rentier, boulevard Montmartre, 19, reconnu au cimetière du Nord.

DERAINS, avocat, rue Plumet, 4; tué boulevard Montmartre.

DURAND, charpentier, faubourg Saint-Martin, 236; tué boulevard Montmartre.

DEVART, entrepreneur, rue Dauphine, 20; tué boulevard Poissonnière.

DERANSART, coiffeur, rue Saint-Lazare, 18; tué boulevard Poissonnière.

DEBAECQUE, négociant, rue du Sentier, 15; tué chez lui.

DAVID, professeur, rue de Vendôme, 18; tué rue Saint-Denis.

DUBOSC, employé, rue d'Astorg, 28; à la Morgue.

DOUCERAIN, cordonnier, rue Jean-l'Épine, 2; mort à l'Hôtel-Dieu.

DELORME, maçon, rue Menilmontant, 162; mort à l'Hôtel-Dieu.

DUDÉ, charretier, rue de la Corroierie; mort à l'Hôtel-Dieu.

DE CASTRE, tailleur, rue Feydeau, 26; mort à la Charité.

DEMARSY, rentier, rue Saint-Nicolas-d'Antin; à la Morgue.

DUCHESNAY, propriétaire, rue Dupuytren, 3; tué boulevard Montmartre.

DELON, commis voyageur; à la Morgue.

DAUBIGNY, polisseur d'acier; à la Morgue.

DE COUVERCELLES, fleuriste, rue Saint-Denis, 235; tué chez lui.

DORÉ, cordonnier; à la Morgue.

DEMAZY, rentier, rue du Rocher, 4; mort à l'hospice Beaujon.

DAGNAN, menuisier, rue Pepinière, 27; à la Morgue.

DUSSOUBS (GASTON), avocat; à la Morgue.

DESLIONS, papetier; à la Morgue,

FRIEDEL, menuisier, rue de Varennes, 80; tué boulevard Poissonnière.

FÉVRIER, propriétaire, rue du Temple, 15, tué boulevard Poissonnière.

FILLY, commis, rue Saint-Denis, 311; tué boulevard Poissonnière.

FROIS DU CHEVALIER, négociant, rue de la Banque, 20; tué boulevard Poissonnière.

FÈVRE, sellier; à la Morgue.

FIRMIN, passementier; à la Morgue.

GOUGEON, domestique, rue d'Alger, 6; tue boulevard Montmartre.

GRELLIER (demoiselle), femme de menage, faubourg Saint-Martin, 209, tuée boulevard Montmartre.

GUILLARD (femme), dame de comptoir, faubourg Saint-Denis, 77; tuee boulevard Saint-Denis.

GARNIER (femme), dame de confiance, boulevar l Bonne-Nouvelle, 6; tuee boulevard Saint-Denis.

GEOFFROY, fondeur, place du Chevalier-du-Guet, 6, à la Morgue.

GANTILLON, dessinateur, cour de la Grâce-de-Dieu; a la Morgue.

GENON, garçon marchand de vins, place des Victoires, 6; mort à l'hospice Beaujon.

GRIMAUD, arçonnier, rue Saint-Jean-de-Latran, 5; tue boulevard Montmartre.

GARONY, cordonnier; à la Morgue.

GONT, journalier; à la Morgue.

GAUMEL, architecte, faubourg Saint-Martin, 105; à la Morgue.

GOBI, domestique, faubourg Saint-Martin, 6; à la Morgue.

GRILLARD, garçon boulanger, cour Batave, 15; à la Morgue.

GUIBLIER, commis marchand, avenue Montaigne, 61; tue rue Neuve-Saint-Eustache.

HOFFE, rentier, rue de l'Union, 19; tue boulevard Poissonnière.

HOULEY, cocher; à la Morgue.

HAGAUX, bimbelotier, rue Saint-Denis, 271; à la Morgue.

N. .
N...
N... } INCONNUS, dont on n'a pu constater l'identite, passes par les
N...   armes ou trouvés morts sur les barricades.
N...
N...

JOUIN, scieur de pierres, rue des Dames, 10, tue boulevard Poissonnière.

JULLIETTE, bitumier, à Montrouge; mort à l'Hôtel-Dieu.

LIÈVRE, négociant, rue de Richelieu, 78; tue boulevard Bonne-Nouvelle.

LEMIÈRE, commis libraire, boulevard Montmartre, 5; tué boulevard Bonne-Nouvelle.

LAPLACE, sculpteur (quinze ans), rue Amelot; à la Morgue.

LÉAUTY, rentier, à Gentilly (Seine); mort à l'Hôtel-Dieu.

LEFLOQUE, journalier, rue de la Tacherie, 18; mort à l'Hôtel-Dieu.

LABILTE, bijoutier, boulevard Saint-Martin, 63; tue chez lui.

LEMERCIER, broyeur, rue Saint-Placide, 4; tué boulevard Poissonnière.

LELIÈVRE, commis, rue des Vertus, 25; tue boulevard Poissonnière.

LEFEVRE, cuisinier, rue Tirechappe, 25 ; à la Morgue.

LANGLOIS, porteur aux halles ; à la Morgue.

LECLIR. employe, rue des Recollets ; à la Morgue.

LACROIX, fabricant d'abats-jour, rue Bourbon-Villeneuve, 22, a la Morgue.

LEFORT, polisseur, impasse de la Pompe, 18 ; à la Morgue.

LACOUR, concierge, faubourg Saint-Martin, 148 ; à la Morgue.

LAINÉ, ebéniste, faubourg Saint-Antoine, 115 ; à la Morgue.

LALY, homme d'affaires, rue de l'École-de-Medecine, 18, tue boulevard Poissonnière.

LEDAUST (femme), femme de menage, passage du Caire, 76 ; à la Morgue.

LAURENT, sellier, à Batignolles ; tue cloître Saint-Merry.

LECLERC, garçon boucher, avenue de Neuilly, 121 ; tue cloître Saint-Merry.

MULLER, domestique, boulevard des Italiens, 1 ; tue cloître Saint-Merry.

MERLET, ancien sous-prefet, rue Casimir-Périer, 17 ; tue boulevard Montmartre.

MATHOS, chapelier, rue des Fosses-Saint-Germain-l'Auxerrois, 6, tue boulevard Montmartre.

MORMARD, rentier, rue du Temple, 207 ; mort à l'Hôtel-Dieu.

MOREAU, corroyeur, rue Montgolfier, 18, mort à l'Hôtel-Dieu.

MOREAU, gantier, rue Hautefeuille, 4, mort à l'Hôtel-Dieu.

MAULUY, journalier, à Belleville ; mort à l'hospice Saint-Louis.

MOUTON, teinturier, à Neuilly ; mort à la Charite.

MALOISEL, coiffeur, rue Saint-Marc, 7 ; tue boulevard Poissonniere.

MOREAU, sculpteur (dix-huit ans) ; à la Morgue.

MONPELAS, parfumeur, rue Saint-Martin, 181 ; tue chez lui.

MOLIN, courtier, à Bercy ; tue boulevard Poissonnière.

MOREL, journalier, rue Saint-Placide, 12 ; à la Morgue.

MERMILLIOD, tabletier ; a la Morgue.

MAURY-BERNARD, portefaix, rue de la l'archeminerie, mort à la Clinique.

MAHÉ, domestique, rue Reaumur ; mort à l'Hôtel-Dieu.

NICOLLAS, commis en marchandises, boulevard Saint-Denis, 19 ; mort à l'Hôtel-Dieu.

NAVEAU, fleuriste, rue Saint-Denis, 280 ; mort à l'Hôtel-Dieu.

NOEL (Françoise), giletière, rue des Fosses-Montmartre, 29 ; morte à la Charite.

OINVILLE, gantier, rue des Écrivains, 46 ; mort à la Charite.

PROCHASSON, laitier, Maison nationale de santé ; mort à la Pitie.

PECOT, marchand de vins, rue Poissonnière, 44 ; mort à la Pitie.

Pontet, proprietaire à Grenelle; tue boulevard Montmartre.

Poninski (le comte), rentier, rue de la Paix, 31; tue boulevard Montmartre.

Pillon, ouvrier bijoutier, à Courbevoie; tue boulevard Montmartre.

Pierrard, cordonnier; à la Morgue.

Pineau, charpentier; à la Morgue.

Paisgneau, fabricant de boutons; à la Morgue.

Pariss, pharmacien, place Vendôme, 26; tue boulevard Montmartre.

Parisot, cuisinier; à la Morgue.

Pouyand, maçon; mort à l'hospice Saint-Louis.

Poussard, greffier du juge de paix de Brie-Comte-Robert; tue faubourg Saint-Denis.

Robert, marchand de coco, faubourg Poissonnière, 95; tue rue Montmartre.

Raboisson (femme), couturière; morte à la Maison nationale de santé.

Robert, peintre en bâtiments, rue Saint-Honore, 23; tue boulevard Montmartre.

Rio, professeur de langues, rue de Bourgogne, 58; tué boulevard Montmartre.

Roussel, employé, faubourg Poissonnière, 139; tue boulevard Montmartre.

Remy, bijoutier; à la Morgue.

Rosset, cocher, ne en Savoie; mort à l'hospice Beaujon.

Seguin (femme), brodeuse, rue Saint-Martin, 210, morte à l'hospice Beaujon.

Simas (demoiselle), demoiselle de boutique, rue du Temple, 196, morte à l'hospice Beaujon.

Selan, proprietaire, à Grenelle; tué boulevard Montmartre.

Thirion de Montauban, proprietaire, rue de Lancry, 10; tue sur sa porte.

Thiébaut, paveur, faubourg Saint-Martin, 166; tue boulevard Montmartre.

Theillart, maçon, rue de la Poterie, 9; mort à l'Hôtel-Dieu.

Vatré, peintre en bâtiments, rue Neuve-Bourg-l'Abbe, 16, mort à l'Hôtel-Dieu.

Vidal (femme), rue du Temple, 97; morte à l'Hôtel-Dieu.

Vidot, teinturier, rue Cocatrix, 8; mort à l'Hôtel-Dieu.

Vial, cocher, rue de Grenelle-Saint-Germain; tue boulevard Montmartre.

Vassont, corroyeur; à la Morgue.

Vannier, tailleur de cristaux, rue du Petit-Crucifix, 5, à la Morgue.

Varen, peintre en bâtiments; à la Morgue.

TABLE DES MATIÈRES

CONCLUSION

APPENDICE

FIN DE LA TABLE DES MATIÈRES

Paris. — Imp. E. Voitelain et Comp., rue J.-J. Rousseau, 61.

www.ingramcontent.com/pod-product-compliance
Lightning Source LLC
Chambersburg PA
CBHW071854020726
47502CB00003B/751